Julian Mores

Achterbahn des Daseins

Eine autobiografische Aufarbeitung und Reflexion

Copyright: © 2020 Julian Mores
Lektorat: Erik Kinting – www.buchlektorat.net
Umschlag & Satz: Erik Kinting

Verlag und Druck:
tredition GmbH
Halenreie 40-44
22359 Hamburg

978-3-347-19173-0 (Paperback)
978-3-347-19174-7 (Hardcover)
978-3-347-19175-4 (e-Book)

Bibliografische Information der Deutschen Nationalbibliothek:
Die Deutsche Nationalbibliothek verzeichnet diese Publikation in der Deutschen Nationalbibliografie; detaillierte bibliografische Daten sind im Internet über http://dnb.d-nb.de abrufbar.

Inhalt

Vorwort

Herzlich willkommen in einer Achterbahn – einer Achterbahn, die sich Leben nennt und bei der ich der Meinung bin, meine Erkenntnisse als Inspiration für andere weitergeben zu können. Ich freu mich sehr, dass Du mir mit dem Lesen dieses Buches die Möglichkeit dazu gibst. Noch mehr freue ich mich, wenn Du Dich dazu entschließt, etwas Neues anzugehen oder eine Neugier zu befriedigen. Weil ich das nicht als selbstverständlich erachte, bedanke mich für das Vertrauen, das Du mir damit entgegenbringst.

Vielleicht hast Du ja etwas viel Heftigeres erlebt als ich, etwas, was mit meiner Achterbahn in keiner Weise zu vergleichen ist. Dennoch glaube ich, dass ich etwas Wertvolles in diesem Buch vermitteln kann, nämlich. Erfahrungswerte von meiner Achterbahnfahrt, die durchaus auch anders hätte enden können. Erfahrungen, die mich nicht in den Abgrund rissen, sondern mich am Ende doch im Sinne eines Lehrgeldes bereicherten. Diese Lehrgelder, diese Erlebnisse, Einflüsse, Bedeutungen und Prägungen finden sich in meinem Buch wieder, aber auch, wie ich anfing, sie zu reflektieren.

Jeder hat auf die eine oder andere Weise sein Päckchen zu tragen und steht immer wieder vor neuen unbekannten Situationen, die bewältigt werden müssen. In meinem Fall handelte es sich um Reisen, Fußball, Homosexualität, Alkohol aber vor allem um die Menschen in meinem Umfeld, die mich beeinflussten.

Die Erfahrungen, die ich hier anhand meiner Geschichte preisgebe, sind natürlich nicht das Einzige, das ich in meinem Leben erlebt habe, es handelt sich hierbei lediglich um die elementaren Dinge meiner Achterbahn.

Am Ende des Buches lag es mir am Herzen, zu verdeutlichen, dass die vermeintlichen Schwächen, die ich auch heute noch habe, auch zu einer Stärke werden können, sofern man sie denn annehmen möchte.

Betrachte dieses Buch als das, was es für Dich ist: Inspiration, Unterhaltung oder Warnung. Falls Du ein Kollege oder ein alter Mitstreiter bist und Dich fragst, wie ich solche persönlichen Dinge preisgeben konnte, dann danke ich Dir, dass Du Deine Neugier befriedigt hast. Aus meiner Sicht ist es keine Schwäche, all das preisgegeben zu haben.

Ich habe mich bemüht, nicht nur authentisch zu sein, sondern auch Verständnis für die weiteren Kapitel aufzubauen. Da ist zunächst die Achterbahnfahrt an sich, die veranschaulichen sollte, was so alles in einem Leben passieren kann, aber am Ende meiner Fahrt trudelte die Achterbahn ganz gemütlich aus und es ergab sich so, die Fahrt zu reflektieren. Es war eine wilde Fahrt, die nicht spurlos an mir vorüberging, dennoch ging es immer in Richtung Freiheit.
Am Ende war es mir wichtig zu folgern, welche Fehler ich machte und wie ich draus lernen konnte. Ich gebe als Beobachter dieser Achterbahnfahrt meinem jungen Ich Hinweise und Fragen an die Hand, die ich für die nächste Fahrt als wichtig erachte, um auf diese Weise jenen, die merken, dass in ihrem Leben irgendetwas zum Glück fehlt, eine Orientierungsmöglichkeit anzubieten.

Kapitel 1

Los geht die wilde Fahrt

Dein Kind sei so frei es immer kann. Lass es gehen und hören, finden und fallen, aufstehen und irren.

Johann Heinrich Pestalozzi

Warum dieses Kapitel so wichtig ist:
Anhand dieser ersten Phase meines Lebens versuche ich, mit mir als Beispiel, Dir die Möglichkeit zu geben, die Ursprünge Deiner eigenen Entwicklung zu ergründen. Wie in den meisten späteren Kapiteln auch, beginne ich mit genau dieser Message. Ich werde später anhand meines Backgrounds beziehungsweise meiner Achterbahn versuchen aufzuzeigen, wie wichtig es für mich war, zu verstehen, dass meine Vergangenheit nicht meine Zukunft sein durfte. Durch mein Unterbewusstsein war meine Vergangenheit jedoch sehr lange präsent. Genau aus diesem Grunde erachte ich dieses Kapitel für wichtig, denn ich hatte in diesem Lebensabschnitt die meisten *Schattenthemen.*
Ich denke, dass einige Menschen Schattenthemen in sich tragen, sich darüber aber nicht bewusst sind. Sie sind prägend und haben mich vermeintlich zu dem gemacht, der ich heute bin. Genauso wie alle positiven Erfahrungen meines Lebens galt es auch dies zu akzeptieren, denn alles war ein Teil von mir. Es galt zu verstehen, zu akzeptieren und umzusetzen. Vor allem aber galt es, daraus etwas Positives zu entwickeln, was ich im späteren Verlauf dieses Buches noch näher beleuchtete.

Background:
(0 bis 13 Jahre)

Neumond, ein kühler bewölkter Donnerstag mit etwas Schneeregen. Es war der 5. März 1981 und ich wurde mit dem Namen *Julian* geboren. Ich verbrachte meine ersten Lebensmonate in einer Wohnung in Köln und erlebte dann bereits meinen ersten Umzug. Meine Eltern, auch selbst noch in jungen Jahren, erhielten die Möglichkeit, ein Eigenheim in einer kleinen Stadt südlich von Köln zu erwerben, begünstigt durch das Bauunternehmen von Mutters Vater und vorhandenem Grundbesitz der anderen Großeltern.

Schon früh reiste ich mit meinen Eltern in Form von Urlauben durch die Welt. Laut meiner Mutter ging meine erste Reise im Alter von einem halben Jahr nach Sylt beziehungsweise St. Peter Ording, wo man neben der Erholung auch Alternativen für Windeln finden wollte, da ich wohl unter einer Windeldermatitis litt. Auch die erste Flugreise ließ nicht lange auf sich warten – nach Madeira. So wuchs ich von Anfang an mit dem Reisen auf, sozusagen ein Frühstart des Reisens, den ich in meinem weiteren Leben so fortführen sollte.

Ich ging dann im Nachbarort in den Kindergarten, später in die Grundschule, die mein Großvater Jahre zuvor mit seiner Firma erbaut hatte. Zeitgleich meldeten mich meine Eltern im örtlichen Fußballverein an. Da ich sehr sportbegeistert zu sein schien, meldeten mich meine Eltern zusätzlich in einem Tennisverein an.

Die sozialen Kontakte aus Schule und Sport waren nicht das Einzige, was neu war. – Neu waren auch meine ersten Ängste, und zwar die vor Ärzten. Laut meiner Mutter wurden diese durch ein traumatisches Erlebnis beim damaligen Kinderarzt ausgelöst. Dieser setzte mir wohl auf eine brutale Art eine Spritze. Dieses einschlägige Erlebnis verfolgte mich bis in die Pubertät.

Durch meine beginnende Leidenschaft für den Fußball ergaben sich dann meine ersten guten Freundschaften, die teilweise Jahrzehnte hielten. Aber nicht nur dort und in der Schule verbrachte ich Zeit mit anderen, auch mit den Nachbarskindern verstand ich mich gut. Den direkten Nachbarn machte ich damals wohl eher Ärger, denn meine Fuß- und Tennisbälle ruinierten den Zaun und mussten ständig aus dem Garten und vom Flachdach geholt werden. Auch der Rasen litt.

Mit einem meiner besten Freunde aus diesen Tagen kam es durch den Boris-Becker-Hype zu immer mehr Tennismatches. Zusammen mit anderen Kindern bildete sich dann eine kleine Clique, mit der wir auf dem beheimateten Bolzplatz auch Fußball in sämtlichen Formen spielen. Eine der Spielformen war beispielsweise *englisch*, bei der man den Ball *volley*, also aus der Luft ins Tor schießen oder köpfen musste. Einer von uns hielt sich stets für den Besten und wollte immer um eine Cola spielen, das waren sozusagen meine ersten Sportwetten.

Damals gab es die ersten Spielkonsolen. Ein weiterer Kamerad aus dieser Clique war Tom. In den späteren Jahren übernachtete ich oft bei ihm und wir zockten meist am Wochenende die ganze Nacht Spiele wie *Mariokart* oder *Fußball* auf dem *Supernintendo*.

An diesem Punkt könnte man sich sicher die Frage stellen, wie es mit der Schule war. Kurzum: Ein gänzlich schlechter Schüler war ich nicht, aber auch nicht allzu strebsam, was zwangsläufig zu Problemen führte. In dieser Zeit, in der ich nach der Schule lieber den Fußball gegen die Mauer warf und hinterherhechtete, statt mich den schulischen Belangen zu widmen, war es eher der Standard, dass ich allein zu Hause und auf mich allein gestellt war. Das beflügelte mich natürlich in meinem Tun. Des Öfteren aß ich auch mittags bei unseren Nachbarn, wenn meine Mutter anderweitig beschäftigt war.

Mein Vater, ein Beamter des höheren Dienstes, war arbeiten, während meine Mutter damals teilweise wohl etwas Besseres zu tun hatte, als sich um mich zu kümmern. Gewiss nicht jeden Tag, dennoch oft genug, dass es wohl auffällig wurde, da sich meine Eltern bei meinen Grundschullehrern erklären mussten. Beim Recherchieren dieses Buches bestätigten sich diese Erinnerungen auch durch ehemalige Nachbarn, die ich danach fragte. Da ich aber wie gesagt nicht der schlechteste Schüler war und mich durchaus auch um Hausarbeit kümmerte, stellte sich meine Mutter gegenüber den Lehrern auf meine Seite.

Ich fing im Laufe der Zeit an, Zimmertüren zu zerstören, es flogen auch mal Sachen durch die Gegend. Meiner Oma missfiel das. Sie war sehr konservativ und oft bei uns im Haus. Oft zahlte sie die Zeche meiner Zerstörungen, denn das Geld spielte mehr oder weniger keine Rolle. Aber erst in meinem späteren Leben, als sie eine bedeutendere Rolle darin einnahm, erkannte ich die Tragweite ihrer Religiosität und Zuwendungen. Meinen Eltern, meiner drei Jahre jüngeren Schwester und mir fehlte es jedenfalls an nichts. Wir bekamen fast immer, was wir wollten. Es gab selten ein *Nein.*

Meine Eltern, die selbstverständlich keine Lust auf meine Zerstörungswut hatten, fanden eine Lösung und schickten mich in eine Kur nach Bad Wörishofen in Bayern. Doch was erlebte ich da für einen Scheiß: keine Freunde, kein Fußball und vor allem Heimweh. Die erste Kinderkur dauerte allerdings nur drei Wochen, die ich tapfer durchhielt.

Vielleicht war ich in dieser Zeit der Tropfen, der das Fass zum Überlaufen brachte, denn damals fingen meine Eltern an zu streiten. Immer häufiger erledigte ich Hausarbeiten meiner Mutter, um eben nicht die Oma im Haus zu haben, und mähte – zugegebenermaßen für Geld – den Rasen, das alles allerdings noch nicht auf täglicher Basis.

Im Jahre 1990 passierte jedoch etwas Folgenschweres, was erhebliche Auswirkungen nach sich ziehen sollte: Ich kam aus meinem Kinderzimmer und sah meine Mutter heftig zitternd auf dem Küchenboden liegen. Ich schrie, heulte und rannte zu unseren Nachbarn, um Hilfe zu holen. Diese riefen sofort den Notarzt. Es stellte sich heraus, dass meine Mutter einem epileptischen Schock erlitten hatte.

Durch diese Erkrankung veränderte sich im Laufe der Jahre vieles rund um die Familie. Meine Mutter, die seit dieser Zeit Tabletten einnehmen musste, vernachlässigte ihre Hausarbeiten immer häufiger, sodass ich neben meinen Hobbys mehr putzte, als Hausaufgaben zu machen. Fortan tauchte in immer kürzeren Abständen meine Oma in unserem Haus auf. Dies führte dazu, dass sie meine Schwester und mich immer öfter zu sehen bekam, das ausnutzte und uns mit Geldgeschenken in die Kirche lockte. Meinem Vater missfiel das, denn er war zu diesem Zeitpunkt bereits aus der Kirche ausgetreten.

In diesen Jahren benötigte dann auch noch meine Großmutter väterlicherseits durch ihr hohes Alter immer mehr Hilfe. Und da ich ja auch von ihr Geld erhielt, fing ich an, für sie einzukaufen und ihren Rasen zu mähen. Eine Vorstufe von dem, was ich in späteren Jahren erleben sollte.

Trotz dieser Widrigkeiten planten meine Eltern indes eine Art Umfunktionierung unseres Hauses. Der Plan war ein Anbau, der zunächst dazu dienen sollte, meine altersschwache Oma bei uns unterzubringen, danach sollten ich oder meine Schwester diesen Anbau als Wohnung nutzen. Tatsächlich war dieser Plan schon sehr weit fortgeschritten, doch es verging Zeit und die Krankheit meiner Mutter wurde schlimmer.

Durch die extreme finanzielle Ruhe, die es meinen Eltern erlaubte, mit uns Kindern mehrfach im Jahr in Urlaub zu fahren, und die noch nicht allzu weit fortgeschrittene Epilepsieerkrankung meiner Mutter, hielt der Burgfrieden in unserem Haus jedoch noch. Des Öfteren ging es bei unseren Reisen sogar so weit, dass mich mein Vater aus der Schule nahm, um unseren Urlaub zu verlängern. Dies kaschierte alles und alle schwerer werdenden Umstände.

Im vierten Schuljahr stand nun meine Versetzung auf die weiterführende Schule an.
Meine Eltern, wahrscheinlich eher meine Mutter als mein Vater, erwarteten die Empfehlung für das Gymnasium. Ich war trotz allem immer noch nicht ganz miserabel in der Schule, dennoch bekam ich nur die Empfehlung für die Realschule. Im Gegensatz zu meinen Eltern freute ich mich darüber, weil ich so mit meiner Fußballclique auf eine Schule gehen konnte. Meiner Mutter missfiel das zwar, aber sie konnte in diesem Fall nichts tun, zumal sie sich immer häufiger in Kuren befand und mein Vater sich mehr und mehr um diese Versetzungsangelegenheiten kümmerte.
So landete ich im Prinzip wunschgemäß auf der Realschule. Eigentlich war fast alles perfekt. Ich konnte weiter Fußball spielen, und all meinen Hobbys nachgehen. Dabei bemerkte ich jedoch nicht beziehungsweise ignorierte, wie es eigentlich bergab ging. Was im weiteren Verlauf meines Lebens im schulischen Bereich passieren sollte, war mehr als ein Albtraum. Nun hatte ich aber zunächst erst mal ein Etappenziel meiner Achterbahnfahrt erreicht und ging auf die weiterführende Realschule. Ich war absolut und rundum zufrieden – genau das, was man jedem Kind wünscht.

Nicht nur die Freunde, die ich über den Fußball und die Grundschule kennengelernt hatte, sondern auch die Möglichkeit, weiter meinen zahlreichen Hobbys nachzugehen, führten zunächst also in die Glückseligkeit. Übliche Dinge, wie das erste Mal verliebt zu sein beziehungsweise einen Schwarm zu haben, waren da noch eher nebensächlich. Ich wurde in der Schule jedenfalls ein immer faulerer Sack, nun stimmten auch die Noten nicht mehr. Dies führte letztlich zu Problemen bei meiner Versetzung.

Zu Hause häuften sich die Streitereien meiner Eltern. Je mehr sie sich stritten, desto mehr arbeitete ich im Haushalt. Ich wurde mehr und mehr auch der *Greenkeeper* unseres Rasens beziehungsweise des ganzen Gartens. Für den war eigentlich mein Vater zuständig, aber er als *Vorzeigebeamter* hatte keinen Spaß daran, sich um den Garten zu kümmern. Was er am liebsten machte war, neue Bäume zu kaufen und sich um sein relativ großes Aquarium zu kümmern. So kam es ihm sehr recht, dass ich durch Rasenmähen mein erstes Taschengeld verdiente. – Leider fast immer auf Kosten meiner Hausaufgaben.

In dieser Zeit kam ich auch das erste Mal mit Alkohol in Berührung, allerdings nur in der Form, dass ich die Gäste meiner Eltern bei deren Geburtstagspartys oder Skat-Abenden mit Bier zu versorgen hatte.

Gegen Ende des Schuljahres wurden meine Eltern darauf hingewiesen, dass es wahrscheinlich nicht für eine Versetzung reichen würde. Da solche Sachen meistens immer noch meine Mutter regelte, kümmerte sie sich in gewohnter Manier um diese Belange und legte sich einmal mehr mit den Lehrern an. *Mama macht das schon*, dachte ich wahrscheinlich. Jedoch waren meine Noten so schlecht geworden, dass da nichts mehr zu machen war. Aber sitzen bleiben? Auf keinen Fall! Statt mich die Klasse wiederholen zu lassen, schickten meine Eltern mich einfach auf eine andere Schule. Fündig wurde sie in der für mich nicht gerade nahe gelegenen Stadt Königswinter. Die dort gerade eröffnete *CJD*-Schule beinhaltete sowohl einen Real- als auch einen Gymnasialbereich und war teils privat, teils halböffentlich. Sie war aber blöderweise 15 Kilometer entfernt, was für mich in diesem Alter der blanke Horror war und neue Probleme vorprogrammiert.

Mir ging es fortan mental absolut miserabel. Ironischerweise begann ich wieder in der fünften Klasse, aber eben mit Aussicht aufs Gymnasium. Durch den bereits erlernten Stoff fiel es mir natürlich sehr leicht, gute Noten zu schreiben. Noten, die dazu führten, dass ich nach einem halben Jahr tatsächlich aufs Gymnasium ging. Konnte das vielleicht sogar der Plan meiner Eltern gewesen sein?

Trotz der guten Noten war ich sehr oft krank in dieser Zeit. Manchmal war ich es tatsächlich, manchmal tat ich einfach so, um mit meinem Arsch im Bett zu bleiben. Nun kam hinzu, dass ich mich immer öfter aus der Schule verdrückte und schwänzte. Wenn mir was nicht passte oder ich Heimweh hatte, gab es für mich kein Halten. Aufgrund meiner entsprechenden Krankheitstage schleppte mich meine Mutter daraufhin zu einem Kinderarzt. Um rauszufinden, was mit mir los war, führte dieser sämtliche Tests mit mir durch. Zwecks Lernanalyse zu meinem Unwohlsein beziehungsweise Befinden und der dazu gehörigen Psychologie zeichnete er mit mir ein Videointerview auf. Leider habe ich heute nur noch grobe Erinnerung daran. Da ich mich aber diesem Arzt keineswegs anvertraute und auch meinen Eltern nichts von meinem Heimweh erzählte, blieb alles beim Alten.

Um nur ja weiter die guten Noten aufrechtzuerhalten und sicherzustellen, dass ich überhaupt zur Schule ging, versorgte mich meine Mutter so gut wie jeden Tag mit Geld, Versprechen oder Leckereien aus der Bäckerei. Doch es wurde schlimmer. Ich war mittlerweile so koordiniert, dass ich genau wusste, wie und wann ich zurück nach Hause kam.

Ein Schulfreund, mit dem ich dann doch einigermaßen grün wurde, war Erwin. Er war meines Wissens nach adoptiert und kam aus dem asiatischen Raum. Diese Freundschaft rührte daher, da er den Sport genauso liebte wie ich. Er brachte mir das Badmintonspielen bei. Da er aber aus genau der entgegengesetzter Richtung meines Wohnorts kam, einem Ort namens Erpel, traf ich mich maximal alle sechs Wochen mit ihm. Doch auch er konnte nicht verhindern, dass es immer schlimmer wurde. Ich war mittlerweile in der sechsten Klasse angekommen.

In meinen ersten Sommerferien in dieser Schule erfuhr ich, dass ein weiterer Junge aus meinem Dorf dieselbe Schule besuchen sollte. Ein Hoffnungsschimmer, aber es gab für mich zwei Probleme damit: Der andere ging nicht in dieselbe Stufe und hatte auch nicht wirklich dieselben Interessen wie ich, sodass ich nicht wirklich was mit ihm zu schaffen hatte.

Dadurch, dass ich immer öfter blaumachte, konnte ich aber wenigstens weiter Fußball spielen, denn Konsequenzen hatte es nicht. Das war für mich die Welt, in der noch alles in Ordnung war, und in der ich mich wohl und geborgen fühlte.

Aber dann gab es etwas, was ich auf dieser Schule doch irgendwie cool fand: Meine Klassenlehrerin war nebenberuflich Musikerin. Da ich mich mit ihr irgendwie gut verstand, überredete sie mich dazu, in ihre Musik-AG einzutreten. So sang ich dann in einem Chor. Da sie wohl einige Engagements hatte, kam es dazu, dass wir einmal in einer Altersresidenz in Bad Honnef auftraten. Dennoch ging mir nichts über meinen Fußball.

Zu Hause wurde ich währenddessen immer aggressiver, um meinen Willen durchzusetzen. Ich kam fast immer damit durch und konnte zu Hause bleiben. Konsequenzen wie Hausarrest oder vergleichbare Dinge gab es so gut wie nie. Durch meinen Erfolg versuchte ich das dann zunehmend auch bei meinen Lehrern – mit den entsprechenden Folgen.

Das Heimweh hätte ich zu diesem Zeitpunkt wahrscheinlich unter keinen Umständen zugegeben, denn es passte nicht in meine heile Fußballwelt, wo *Coolness* über alles ging. Mittlerweile war dies aber nicht mehr das einzige Problem, das ich entwickelte: Meine Eltern wurden wegen meines Verhaltens immer häufiger zum Direktor gebeten, was schließlich auch zu einem sogenannten *Tadel* führte. Da klinkte sich mein Vater zum ersten Mal richtig in die schulischen Belange ein, doch hätte es nichts gebracht, meinem Vater den wahren Grund für mein Verhalten anzuvertrauen. Vielleicht war ich ein guter Schauspieler, denn bei keinem ließ ich mein Heimweh wie Heimweh aussehen und auch er verstand es nicht. Ich gab immer wieder andere Gründe für mein Verhalten an. Schließlich sollte ich von der Schule geworfen werden. Da mein Vater allerdings sehr diplomatisch war, wobei ich nicht weiß, ob auch Geld geflossen ist oder er sonstigen Einfluss geltend machte, handelte er mit dem Schuldirektor einen Deal aus.

Für mich war es allerdings kein guter Deal, da er es nicht besser, sondern noch viel schlechter machte. Vater schickte mich ein zweites Mal in eine Kur nach Bad Wörishofen, für ganze sechs Wochen. Ich war natürlich nicht damit einverstanden und versuchte, wie gewohnt, aggressiv meinen Willen durchzusetzen. Da ich aber sonst der Schule verwiesen worden wäre, behielten meine Eltern diesmal die Oberhand und zogen diese Sache konsequent durch. Meine Eltern setzten mich bei den dortigen Nonnen ab und fuhren wieder nach Hause. Ja, Nonnen, weil es sich um eine Art Kloster handelte.

Während der fünfstündigen Autofahrt dorthin hatte ich aber bereits Pläne geschmiedet und es dauerte nur eine Nacht, sie in die Tat umzusetzen. Da ich ja das zweite Mal dort war, kannte ich die Umgebung schon. Ich hatte trotz meiner jungen Jahre genug Geld, dank der vielen Reisen mit meinen Eltern auch genügend Ahnung und organisierte mir kurzerhand ein Nahverkehrsticket nach München. Wenn man so will, war dies meine erste eigenständige Reise. Und ich war stolz auf mich, denn ich hatte alle ausgetrickst.

Auf der knapp anderthalbstündigen Fahrt nach München bekam ich dann aber doch erste Gewissensbisse und auch etwas Angst, aber eher Angst vor der Reaktion meiner Eltern als davor, dass mir etwas passieren könnte.

In München angekommen stellte ich dann aber fest, dass mein Plan Fehler hatte – mein Budget reichte nicht aus, um die Reise nach Hause fortzusetzen, da ich von München aus ein Fernverkehrsticket gebraucht hätte. Aus Angst vor meinen Eltern wollte ich natürlich nicht zu Hause anrufen. Also kam ich auf die Idee, meinen Hausarzt anzurufen, dessen Nummer ich dabei hatte, weil er die Kur verschrieben hatte. Es gab damals noch keine Handys, dafür aber Telefonzellen.

Ich kann nicht mehr sagen, wie das damalige Gespräch mit dem Arzt verlief, jedoch fand er eine Lösung, um mir bei meiner Weiterfahrt behilflich zu sein. Vermutlich erschien es ihm als die beste Methode, mich nach Hause zu holen.

Ich machte mir also von meinem verbliebenen Geld einen schönen Tag in München, aß Weißwürste mit süßem Senf, besuchte die *Ebener Straße*, in der mein Lieblingsverein *FC Bayern München* beheimatet war, und schaute mir das Olympiastadion an.

In den ersten Abendstunden setzte ich mich dann in den Zug Richtung Bonn. Seltsamerweise bekam ich nun immer mehr Angst, nach Hause zu kommen oder auch nur auszusteigen. Dennoch tat ich es, aber lief dann so schnell es ging vom Bonner Hauptbahnhof weg, um meinen Eltern aus dem Weg zu gehen, die zweifelsohne dort auf mich warteten.

Nun hatte ich Panik. Um erst einmal die Lage zu checken, rief ich zu Hause an. Da mich meine Mutter tatsächlich am Bahnhof in Empfang nehmen wollte, ging mein Vater ans Telefon. Normalerweise war es eher er, der lautstark oder cholerisch wurde, doch zu meiner Überraschung blieb er ruhig und beruhigte auf diese Art sogar mich. Er überzeugte mich davon, nach Hause zu kommen. Dennoch war ich unsicher und schlich erst mal um unser Haus rum, um weiter die Lage zu checken. Da meine Mutter ja mit dem Auto schneller war als ich mit dem Bus, war sie natürlich schon vor mir zu Hause. Sie hatte wohl vom Bahnhof aus angerufen, als ich nicht da war.

Da ich den Eindruck hatte, dass die beiden ruhig waren, wagte ich es endlich, an der Tür zu klingeln. Meine Mutter öffnete und bekam einen Heulkrampf. Anders als erwartet, beruhigte mein Vater eher meine Mutter als mich. Er war wie gesagt bei so etwas eher cholerisch, aber diesmal sagte er mir, dass es das Wichtigste sei, das ich wieder zu Hause war. Vielleicht war dies das erste Mal, dass er sah, das ich unter Heimweh litt. Statt mich auszuschimpfen, trank er entspannt sein Bier und sagte in ruhigem Ton zu mir, dass er noch keinen Zwölfjährigen erlebt habe, der imstande war, so eine eigenständige Reise auf die Reihe zu bekommen. Die Art, wie er es sagte, habe ich kurioserweise bis heute nicht vergessen. Wahrscheinlich, weil ich das erste Mal spürte, das er mich vielleicht verstanden haben könnte.

Inwieweit meine Eltern über das weitere Vorgehen diskutierten, vermag ich nicht zu sagen, wie üblich war jedoch das Erste, was wir machten, spontan in Urlaub zu fahren. Es war irgendeine kanarische Insel. Dass ich von der Schule flog, war nicht mehr zu ändern. So fand wahrscheinlich mein Vater eine Lösung, die auch für mich zunächst einmal in Ordnung zu sein schien: Sie schickten mich auf eine reine Privatschule.

Diese Privatschule war in Bonn. Da es sich um eine rein private Schule handelte, gab es pro Sekundarstufe maximal drei Schüler. Nicht nur der etwas nähere Standort, sondern auch die Prämisse, dass mich meine Mutter dort jeden Tag abholt, und es eine Halbtagsschule war, stimmten mich einigermaßen zufrieden, obwohl ich immer noch nicht richtig bei meinen Freunden war. Aber da ich zum einen selbst keinen anderen Weg für mich sah und ja sehr schnell zu Hause war, wurde es zunächst kurze Zeit ruhig um mich. Durch mein immer noch schlechtes Gewissen und der zunehmenden Krankheit meiner Mutter, die dadurch immer öfter zu Kuren fuhr, wurde ich mehr und mehr zum Hausmann der Familie.

Leider dauerte der Aufenthalt in dieser Schule nur ein bisschen länger als ein halbes Jahr. Diesmal war es jedoch nicht das Heimweh, das mich aus der Bahn warf, vielmehr war es der erste Kontakt zu Drogen. Da es sich ja um eine reine Privatschule handelte, die monatlich rund 1.000 Mark kostete, plus die Lehrmaterialien, wurde diese Schule von entsprechend gut betuchten Schülern besucht. Da es ja nur sehr wenige Schüler gab, kam ich in Kontakt mit den älteren Mitschülern und hing mit ihnen in der Pause ab. Rauchen war das eine, aber die kifften nicht nur, sondern unterhielten sich auch über *Koks, Nutten und Knarren.* Für mich als mittlerweile Dreizehnjähriger, der nur Fußball und das Dorf kannte, war das natürlich etwas beängstigend. Zwar waren die Mitschüler schon etwas älter, aber aufgrund der kleinen Größe der Schule wurde auch dies zu einem Problem, weil man ihnen ja nicht aus dem Weg gehen konnte. Nach und nach weigerte ich mich immer öfter, zur Schule zu gehen. Ich koppelte mich immer weiter ab, da dies für mich ein No-Go und nicht meine Welt war.

Das ging natürlich nicht lange gut. Im Grunde war es das alte Spiel: Ich lief weg, wurde zornig und flog am Ende von der Schule. – Anderer Grund, selbes Ergebnis.

Mein Weg war jedoch nun zu Ende, zumindest auf dieser Schule. Nun war ich als mittlerweile Dreizehnjähriger ein Teenager und kein kleines Kind mehr.

Analyse:

Der Beginn meines Lebens startete mit noch sehr jungen Eltern. Von Beginn an wuchs ich mit einem kleinen, aber goldenen Löffel auf. Auch die dörfliche Umgebung hätte eigentlich ein gutes Leben vorprogrammieren sollen. Durch die Reiselust meiner Eltern lernte ich früh andere Orte kennen. Nach einer normalen Zeit im Kindergarten und der Grundschule lernte ich ebenfalls früh eine Sozialgemeinschaft kennen. Durch mein traumatisches Ereignis bei meinem damaligen Kinderarzt entwickelten sich meine ersten bewussten Ängste. Sehr schnell begann sich der Fußball zu meiner Leidenschaft zu entwickeln. Schulisch lief es nicht so gut, und so ergaben sich die ersten Probleme, die über die Norm der gesunden Emotionen hinausgingen. Daran änderte auch der konservative Einfluss meiner Großmutter nichts.

Durch die Kur wurde es nicht besser, sehr viel veränderte sich indes durch den Schicksalsschlag bei meiner Mutter. Von Beginn an sah ich dabei zu, wie meine Mutter kränker wurde, Tabletten nahm und ich daher früh anfangen musste, sie bei der Hausarbeit zu unterstützen. Durch meine Oma lernte ich, mich kaufen zu lassen.

Den Beginn des Albtraumes war die Entscheidung meiner Eltern, mich auf eine weit entfernte Schule zu schicken. Ich lernte dadurch schnell, eine Maske aufzusetzen. Durch meine Käuflichkeit hielten meine Eltern, in erster Linie meine Mutter, mich zunächst bei der Stange, aber Vertrauen in die Liebe meiner Eltern war fortan verschwunden. So entwickelten sich schnell negative Emotionen, die sich durch meine Erfolge mithilfe von Aggression immer weiter verstärkten.

Durch den Fußball entwickelten sich aber auch neue Bezugspersonen, Halt und Geborgenheit. Der Fußball entwickelte sich zu meinem Zugpferd. Es war kurioserweise mein Vater, der mir, obwohl ich definitiv ein Mutterkind war, die erste liebevolle Anerkennung gab.

Kapitel 2

Turbulenzen, die Achterbahn ruckelt

Warum dieses Kapitel so wichtig ist:
In der Teenagerphase, um die es hier geht, ruckelte es gewaltig – rechts, links, hoch und runter. In dieser Phase meines Lebens ging es darum, zu ergründen, wieso ich zu keiner Zeit in eine innere Ruhe fand, die mir Sicherheit gegeben hätte und bei der ich mich selbst hätte finden können. Letztlich führte das aber dazu, dass ich diese Zusammenhänge und das Fehlen dieser inneren Ruhe und Sicherheit erkannte. In diesem Kapitel offenbart sich zudem, wie ich unterbewusst um die innere Ruhe kämpfte und früh Verantwortung übernehmen musste. Alles in allem war ich in dieser Situation nicht in der Lage, durch innere Ruhe oder Frieden mein Leben dahingehend zu entwickeln, wie ich sein wollte. Erst später sollte ich es schaffen, inneren Frieden zu finden, was im weiteren Verlauf des Buches genauer beleuchtet wird.

Background:
(13 bis 18 Jahre)

Nun war ich ein Teenager und der erste Fauxpas ließ nicht lange auf sich warten. Dieser Fauxpas hatte diesmal allerdings nichts mit meinen schulischen Belangen zu tun, es ging vielmehr um das Thema Fußball, denn es stand meine erste große Mannschaftstour an. Es ging nach Lloret del Mar in Spanien. Ich freute mich riesig auf diese Reise mit meinen Fußballjungs.
Ich kam aus einem Dorf, wo sich die ortsansässigen Vereine zu Festlichkeiten trafen und gegenseitig unterstützten, daher organisierten wir diese Tour zusammen mit unserem Karnevalsverein,

dementsprechend auch mit dessen sogenannten *Tanzmariechen*. In ein, zwei davon war ich ziemlich verknallt. Sie mochten mich meiner Erinnerung nach zwar scheinbar ganz gern, jedoch wurde meine Liebe nicht unbedingt erwidert. Nun wusste ich ja um die Wirksamkeit der moralischen Erpressung und wollte mir in dieser Art und Weise nun auch bei der Damenwelt Liebe beziehungsweise Zuneigung erzwingen.

Ich stellte mich also während dieser Reise irgendwann provokant so auf ein Treppengeländer, dass es aussehen sollte, als würde ich mir etwas antun wollen. Da dies aber sehr viele Mitreisende mitbekamen, wurde das zu einer sehr peinlichen Geschichte, die mir bis heute anhängt. Soweit ich mich erinnere, wollte man mich sogar nach Hause schicken, tat es dann aber doch nicht, vermutlich, weil ich mich wieder beruhigt hatte und die erwachsenen Begleitpersonen wussten, dass ich ein bisschen am Rumpubertieren war.

Auf den weiteren Verlauf meines Fußballlebens nahm diese peinliche Geschichte aber glücklicherweise keinen Einfluss. Vielmehr zeigte sich, dass mich gerade mein Trainer nicht fallen ließ.

Was mein schulisches Fortkommen betraf, kam nun einmal mehr mein Kinderarzt ins Spiel. Dieser vermittelte mich an meine nächste Schule. – Nicht irgendeine Schule, das wäre in dieser Situation wahrscheinlich nicht mehr möglich gewesen. Man sah sich wohl gezwungen, mich an einer Schwererziehbaren- und Behindertenschule unterzubringen.

Das war für mich natürlich noch viel schlimmer als alles vorher Geschehene, denn die Schule war in Köln. Meine einzigen beiden Hoffnungsschimmer waren der Umstand, dass mein Vater ebenfalls in Köln arbeitete und ich notfalls zu ihm flüchten konnte, sowie die Behauptung, dass es sich nur um eine zeitlich begrenzte Zwischenlösung handeln sollte, bis man eine weitere Lösung gefunden hatte.

Die Entfernung das Beschissenste, was mir aus meiner damaligen Sicht passieren konnte, aber ich hatte keine andere Wahl. Meine Eltern drohten mir sogar mit stationärem Aufenthalt, was für ein entsetzlicher Gedanke!

So blieb mir nichts anderes übrig, als diese Schule tatsächlich zu besuchen, allerdings in gewohnter Manier, sodass es nicht allzu lange anhielt und ich mich bald wieder regelmäßig verdrückte. Allerdings ging ich diesmal zu meinem Vater ins Büro. Ich hatte keine Ahnung warum, aber meine Ausflüge gestalteten sich immer sehr ruhig. So ging er mit mir des Öfteren erst einmal zu einer Bäckerei, Kaffee und Kuchen essen. Er schaffte es so, mich zu beruhigen und es erträglich zu machen.

In dieser Zeit verheimlichte ich das erste Mal vor Freunden, in welche Schule ich ging, denn diese Blamage wollte ich mir einfach nicht antun.

Schnell merkte ich jedoch auch dort, dass diese Schule etwas Positives für mich hatte, denn ich wurde dort irgendwie zu einer Art Star. Da sich auch schwerbehinderte Kinder auf dieser Schule befanden, ergab sich mein erster Kontakt zu behinderten Menschen.

Dass ich recht passabel Fußball spielte, fiel auch dem dortigen Sportlehrer auf. Dieser war für mich deswegen sehr interessant, weil er eine Fußballbundesligamannschaft trainierte, zwar nur die der Damen, aber immerhin. Er brachte mich dann dazu, meinen Mitschülern etwas beizubringen.

Unterm Strich fühlte ich mich so mit den teilweise behinderten Kindern wohler als auf der vorherigen Schule. Es war eine Erfahrung, zum ersten Mal ehrliche Anerkennung zu erhalten.

Es wurde trotz der weiten Entfernung zwar dadurch geringfügig besser, aber sogar dort gab es weiter die bekannten Probleme. Immer wieder stand ich aufgrund dessen kurz davor, stationär gegen schwere Erziehbarkeit behandelt zu werden. Die Blaumacherei war nun mal noch gegeben, weil ich nicht da war, wo ich sein wollte, was scheinbar selbst die Pädagogen nicht erkennen konnten.

Durch die Besuche bei meinem Vater im Büro bekam ich zu ihm ein besseres Verhältnis und so schickte er mich dann dorthin, wo ich hinwollte: in die Nähe unseres Hauses, zu meinen Freunden, wo ich mich wohlfühlte. – Na ja, zumindest fast. Es handelte sich zunächst um eine Hauptschule, bei der man auch den Realschulabschluss machen konnte. Für mich war das erst mal die beste Lösung, denn diese Schule lag direkt neben der Realschule, in der das Drama seinen Lauf genommen hatte.

So war ich in dieser Zeit der glücklichste Mensch der Welt und die Achterbahn fuhr steil bergauf, denn die Form des Schulabschlusses interessierte mich ja einen Dreck.

Wahrscheinlich aufgrund der Dankbarkeit, wieder richtig zu Hause zu sein, steckte ich mir das erste Mal selbst ein schulisches Ziel: den Realschulabschluss zu machen. Von da an ging es auch schulisch steil bergauf.

Zwar war es für mich etwas sehr Neues, mich mit den Gegebenheiten einer Hauptschule auseinanderzusetzen, aber dies sollten nur anfänglich Probleme bereiten. Abhauen war fortan jedenfalls in keiner Weise mehr ein Thema, vielmehr wurde ich ein bisschen zum Streber.

Nach anfänglichen Orientierungsschwierigkeiten lernte ich, mit meiner strengen Klassenlehrerin gut umzugehen, vermutlich wurde ich mit der Zeit sogar zu einem ihrer Lieblingsschüler. Ich wollte einfach nicht riskieren, wieder die Schule zu wechseln, denn ich war ja nun glücklich.

Auf einer Hauptschule führten solche Geschichten zwar grundsätzlich zu Problemen, aber ich hatte ja ein As im Ärmel: den Fußball.

So kaschierte ich meine Strebsamkeit im Umgang mit Mitschülern. Da der Vertrauenslehrer eine Fußball-AG leitete und ich dieser angehörte, hatte ich auch zu ihm ein gutes Verhältnis. Das sollte sich fürs mich noch auszahlen.

In meinem zweiten Jahr auf der Hauptschule wurde abgestimmt, wo unsere Klassenfahrt hingehen sollte. Zu Auswahl standen unter anderem europäische Großstädte wie London, Paris oder Barcelona, aber letztlich wurde es dann Würzburg. Das passte mir als schon immer verwöhntem Bengel natürlich gar nicht in den Kram, aber damals machte ich mir natürlich keine Gedanken darüber, dass sich einige meiner Mitschüler vielleicht einfach nicht mehr leisten konnten. Ich wollte jedenfalls nicht mit nach Würzburg und lieber weiter zur Schule gehen. Grundsätzlich war das auch möglich, doch aus irgendeinem Grund zwangen mich meine Eltern zu dieser Fahrt.

Ich hatte meine schlechten Angewohnheiten nicht komplett abgelegt und kündigte meiner Klassenlehrerin an, dass ich direkt wieder zurückfahren und in die Schule gehen würde, wenn ich mit nach Würzburg musste. Ich bin mir nicht sicher, ob sie von meinen Eltern gebrieft wurde, aber scheinbar wusste sie schon sehr genau, dass ich meine Ankündigungen schnell in die Tat umsetzen würde. Aber immerhin wurde jetzt offen damit umgegangen und darüber gesprochen.

Also ging es erst mal nach Würzburg. Meine Klassenlehrerin schaffte es, mich durch unser gutes Verhältnis davon zu überzeugen, wenigstens eine Nacht zu bleiben. Das tat ich. Es war ein Tag voller Langeweile, ohne Fußball und mit Mitschülern, mit denen ich nichts anfangen konnte. Am zweiten Tag setzte ich mein Vorhaben dann um und fuhr mit dem Zug nach Hause, allerdings diesmal nicht aus Heimweh, sondern um wie üblich meinen Willen durchzusetzen, weil ich ein verwöhnter Bengel war. Mir wurde allerdings klar gesagt, dass ich mich sofort in der Schule melden musste.

Das tat ich und mein Verhalten hatte keinerlei Konsequenzen, denn ich hatte den Joker *Fußball*. Der Vertrauenslehrer half mir in dieser Situation, indem er mich sämtliche Trainingspläne für seine Fußball-AG entwickeln ließ. Das machte mir nicht nur Spaß, sondern führte auch zu so viel Vertrauen, das ich wirklich gern zu Schule ging.

Nun wurde es also erst einmal ruhig in der Schule. Aber so ruhig, wie es nun in der Schule zuging, so unruhig wurde es zunehmend zu Hause. Meine Mutter wurde immer kränker. Immer öfter besuchte sie Kuren, immer öfter kam lautstarker Streit auf. Das führte dazu, dass sich auch immer mehr meine Oma bei uns blicken ließ. Dies war natürlich in keiner Weise förderlich, denn sie bestach meine Schwester und mich immer öfters mit noch mehr Geld, sonntags die Kirche zu besuchen. Meinem Vater, der zu diesem Zeitpunkt ja bereits aus der Kirche ausgetreten war, missfiel das so sehr, dass dies zu weiterem Streit führte.

Meiner anderen Großmutter ging es derweil ebenfalls immer schlechter. Weil meine Mutter nicht mehr in der Lage war, sich um sie zu kümmern, entschlossen sich meine Eltern und mein Onkel väterlicherseits, den bereits fertigen Bauplan ad acta zu legen. Diese Oma wurde ein oder zwei Jahre später in ein Altersheim transferiert. Für sie war das natürlich ein inakzeptabler Zustand, für mich aber auch nicht optimal, weil so meine später geplante Wohnung hinfällig wurde. Durch ihr hohes Alter aber wahrscheinlich auch Unglückseligkeit verstarb meine Oma nach etwas mehr als einem Jahr in diesem Altersheim. Sie wurde 88 Jahre alt.

Die Halbtagsschule hatte zur Folge, dass ich sehr viel Zeit hatte, die ich damit verbrachte, Fußball zu spielen, mich um den Haushalt zu kümmern oder all den Hobbys nachzugehen, die ich so hatte. In dieser Zeit, als sich andere Jungs für Mädchen interessierten, war mein Augenmerk doch tatsächlich eher auf Fußball gerichtet – vielleicht auch aufgrund des peinlichen Erlebnisses während der Bustour. Dennoch ergaben sich erste sexuelle Handlungen, allerdings nicht mit einem Mädchen, sondern mit einem Jungen. Es war damals wohl eher ein Ausprobieren, aber da es mehrmals vorkam, war es womöglich ein Vorläufer meines weiteren sexuellen Lebens. Ich dachte damals eher *ein bisschen bi schadet nie*. Wir hatten teilweise ungeschützten Sex, weil wir uns in dem Alter überhaupt keine Gedanken darüber machten beziehungsweise glaubten, dass uns dadurch, dass wir ja aus dem Dorf kamen, so etwas wie Geschlechtskrankheiten nicht passieren würde. Für mich war es eher Spielerei und hatte nichts mit schwul zu tun. Natürlich geschah dies in aller Heimlichkeit, wir lebten ja in einem Dorf. Interessanterweise war dieser Dorfkumpane ein paar Jahre später mit einer Frau verheiratet und hat meines Wissens sogar mehrere Kinder. Doch ich war Fußballer und so schlief dieses erste Ausprobieren zunächst einmal ein.

Fernab dieser sexuellen Phase verbrachte ich zudem mit einem anderen Freund mittlerweile immer mehr Zeit. Er spielte ebenfalls Fußball, aber erfreute sich nicht so wie ich großer Beliebtheit. Er kam auch bei Weitem nicht an mein fußballerisches Level heran. Dennoch hatte er für mich einen riesigen Vorteil: Seine Eltern hatten im Keller ein Schwimmbad, wo wir sehr oft schwammen und Wasserball spielten. Da er in der Nachbarschaft wohnte, übernachtete ich das eine oder andere Mal bei ihm. Er hatte im Gegensatz zu mir zwei Zimmer zur Verfügung. Das Zimmer auf dem Dachboden wurde zu einer Zocker-Arena umfunktioniert. Bis tief in den Morgen spielten wir an den Wochenenden mit der Konsole *Supernintendo* oder schauten einfach amerikanischen Basketball, denn in dieser Zeit war der Hype um Leute wie Michael Jordan oder Dennis Rodman einfach riesig und cool.

Nichtsdestotrotz wurde ich mit meiner Fußballmannschaft immer erfolgreicher. So erfolgreich, dass wir später auf einem Level mit Fußballern, die es später bis in die Bundesliga schafften, spielten.

So erfolgreich ich im Fußball auch war, desto mehr Ungemach braute sich zu Hause zusammen. Ungewollt hatte ich ein neues Hobby: Streit schlichten. Immer häufiger stritten sich meine Eltern, sodass ich mich veranlasst fühlte, Frieden zwischen ihnen zu stiften. Durch die häufigen Streitereien meiner Eltern sowie die eingekehrte Ruhe in schulischen Belangen bekam ich noch mehr Freiheiten, als ich sowieso schon hatte. So hatte ich beispielsweise keine Sperrstunde bei den ersten Partys, die ich besuchte. Einige meiner Freunde hatten Partykeller und zudem wohnten wir ja sehr idyllisch an einem Fluss Sieg, den man auch zum *Partymachen* nutzen konnte. Da mir Bier bitter war, landete ich bei einer Bier-Cola-Mischung, aber schnell wechselten wir zu Schnaps, sodass sich im Laufe der Zeit der Promillegehalt deutlich erhöhte. So kam ich auch zu meinen ersten Spitznamen: Meine Lauffreunde nannten mich gerne *Kipptest* oder auch *Promille*, weil ich ziemlich kräftig zulangte, wenn es Alkohol gab. Ich hatte also ein weiteres neues Hobby: Saufen.

Es verging dann einige Zeit, bis es darum ging, was ich beruflich machen würde. Im Prinzip war mein Weg geebnet: Ich sollte Beamter werden, wie mein Vater. Ich bewarb mich also bei der Stadt Köln und wurde zu einem kurzen Vorstellungsgespräch eingeladen. Ich sollte im gärtnerischen Bereich einsteigen, dort hatte ich im Laufe der Zeit ein Schulpraktikum absolviert. Ein Arbeitskollege meines Vaters führte dieses Gespräch. Eigentlich ziemlich schnell wurde ich daraufhin zu einem Eignungstest beim alten Rathaus der

Stadt Köln eingeladen. Meiner Erinnerung nach waren es 150 Bewerber, von denen 25 zu einem finalen Vorstellungsgespräch eingeladen werden sollten. Ein zweites Vorstellungsgespräch brauchte ich allerdings nicht, denn mein Vater brachte mir den Vertrag direkt mit nach Hause. Das Einzige, was ich noch tun musste war, den Realschulabschluss zu Ende bringen.

Da ich ja zweimal dieselbe Stufe in einem Schuljahr besuchte, war ich nun in der zehnten Klasse und alt genug, um den Führerschein zu erwerben, den ich natürlich spendiert bekam. Alles lief bestens. Nach einem Mal Durchfallen in der Theorie schaffte ich den *Lappen* in kürzester Zeit. Beim Fußball lief ebenfalls alles bestens. Zum Führerschein bekam ich mit 18 Jahren dann ein Budget von 10.000 DM für ein Auto und mein beruflicher Weg war ja eigentlich auch schon geebnet. – Eigentlich.
Da ich einfach nur glücklich und natürlich auch stolz auf die jüngsten Erfolge war, bekam ich die zunehmenden Probleme meiner Eltern nicht so richtig mit. Während ich den Führerschein machte, fuhr meine Mutter wieder in eine Kur. Da sie so etwas ja mittlerweile öfters tat und ich mit dem Fußball, der Schule, den Hausarbeiten und dem Führerschein beschäftigt war, besuchte ich sie diesmal nicht. Ich wollte mir von ihr einfach nicht mehr anhören, dass sie sehr früh sterben werde, was sie mir und meiner Schwester gerne zu verstehen gab, damit wir ihr Leid angemessen würdigten.
Meine Schwester und mein Vater besuchten sie ebenfalls nur einmal. Bei diesem Besuch kam es laut meinem Vater wohl wieder mal zu einem Streit, unter anderem deswegen, weil ich meine Mutter nicht besucht hatte. Als mein Vater sie nach der Kur abholen wollte, war sie bereits weg. Vater sagte uns Kindern, dass meine Mutter alleine mit dem Zug nach Hause gefahren sei.

Nichts ahnend warteten wir auf sie. Die Zeit verging, aber sie kam nicht. Wir fingen an, uns Sorgen zu machen. Gegen 23 Uhr rief mein Vater bei der Polizei an und machte eine Vermisstenanzeige.

Grundsätzlich riet die Polizei erst einmal zum weiteren Abwarten, da meine Mutter jedoch an epileptischen Anfällen litt, wurde die Sache dann aber doch ernst genommen. Drei Tage später wurde meine Mutter ausfindig gemacht: Sie war schlichtweg abgehauen und bei Freunden untergetaucht.

Meine Schwester und ich wussten nicht, was los war, und waren verängstigt. Später war Mutters Version die, dass sie es sehr wohl meinem Vater gesagt habe. Alles in allem schlussfolgerte ich aber, dass sie nicht zu Hause angerufen hatte und sich selbst wichtiger war, als uns die Sorge um sie zu ersparen.

Nun ja, jetzt waren wir zumindest beruhigt, dass nichts passiert war, jedoch bekam ich nun Angst, dass sich meine Eltern scheiden lassen würden. Diese Aktion schlug Wellen. Meine noch lebende Großmutter väterlicherseits, die sich ja sowieso schon im Altersheim herumplagte, verkraftete dies gar nicht und auch für meine Großeltern mütterlicherseits war diese Aktion ein Schock. Für mich allerdings der größte, weil ich ja sehr tief in unserem Haus verwurzelt war. Nun war auf einmal alles in der Schwebe.

Aber es sollte noch schlimmer kommen.

Als ich eines schönen Novembertages zur Schule ging, hatte ich eine Vertretungsstunde, da einer meiner Lehrer krank war. Diese Vertretungsstunde war bei einer Lehrerin, mit der ich nicht zurechtkam. Ich war gerade in einer sensiblen Phase und sehr anfällig für negative Äußerungen, wie sie diese Frau über meine Eltern machte. Ich rastete nicht aus, aber ich verlangte eine Entschuldigung – bekam sie jedoch nicht. Gereizt wie ich war, wollte ich mich zusammenreißen, aber hätte Amok laufen können vor Wut. Ich erinnere mich nicht mehr an das, was diese Frau sagte, aber es führte zumindest dazu, dass ich weiter energisch darauf pochte, dass sie sich entschuldigen sollte. Ich würde sogar auf die Pause verzichten, wenn es sein musste. Auch als alle anderen Mitschüler schon längst auf dem Pausenhof waren, blieb ich stur vor Ort. Diese Frau schickte mich weg und drohte mir mit einem Klassenbucheintrag. So wartete ich vor dem Lehrerzimmer auf sie. Als sie dann auftauchte, forderte ich sie mit sturem Nachdruck nochmals auf, sich zu entschuldigen. Nicht nur, dass sie es nicht tat, sie legte auch noch nach und versuchte, mich zu ignorieren, was mich noch wütender machte. Sie wollte sich ins Lehrerzimmer verdrücken, also steckte ich schnell meinen Fuß in die Tür und drückte sie wieder auf, blöderweise so, dass sie stolperte und umknickte. Zwar wusste ich in dem Moment, dass es natürlich mein Fehler gewesen sein könnte, aber zum einen wollte ich nur mein Zuhause schützen, das ja in den Seilen hing, zum anderen war für mich diese Frau auch nicht das, was ich damals *pädagogisch wertvoll* genannt hätte.

Diese Lehrerin hatte ein bekanntes Verhältnis mit dem Schuldirektor. Zunächst wurde ich nach Hause geschickt, doch dann kam es zum Schlimmsten: Sie warfen mich von der Schule, und das kurz vorm Ziel. Aufgrund des persönlichen Verhältnisses zwischen dieser Frau und dem Schuldirektor konnten mich selbst meine Klassenlehrerin und der Vertrauenslehrer nicht mehr retten. Vor allem dem Vertrauenslehrer tat diese Situation unheimlich leid und so besuchte er mich sogar zu Hause und sagte mir, wenn er dabei gewesen wäre, wäre das nicht passiert. Immerhin etwas.

Ich hatte also meine Schulpflicht erfüllt, aber der berufliche Plan, Beamter zu werden, war in sehr weite Ferne gerückt, denn statt

Realschulabschluss Klasse zehn, war es nun nur Hauptschulabschluss Klasse neun. Ich weiß nicht, ob diese Situation meine Eltern wieder zusammenbrachte, aber irgendwie kamen sie sich näher. Mein Vater schlug mir nun die Lösung *Abendschule* vor. Meine Mutter könne mich, solange ich den Führerschein noch nicht ausgehändigt bekommen hatte, hinbringen und abholen.

Sylvester dieses Jahres gab es dann eine von Fußballkollegen veranstaltete Party. Als mich mein Vater dorthin fuhr, fragte er mich, ob ich bei Freunden übernachten könne, denn er hatte meine Mutter zu einem Neujahrskonzert in der Kölner Philharmonie eingeladen und wollte eine Nacht allein mit ihr in unserem Haus verbringen.

Total glücklich freute ich mich darüber und übernachtete bei Freunden. Das war wahrscheinlich auch für mich besser, weil ich an diesem Abend so richtig besoffen war. Als ich dann wieder nach Hause kam, erzählte mir mein Vater, dass alles sehr gut gelaufen sei, aber meine Mutter noch etwas Zeit brauchen würde.

Diese Freude hielt genau zwei Tage.

Mein Vater öffnete einen Brief. Ich konnte ihm schon im Gesicht ansehen, wie sehr ihn das traf: Er war vom Anwalt meiner Mutter, die die Scheidung einreichte. Das war der Tag, an dem mein Vater meine Mutter aufgab.

Aufgrund des vergangenen Jahres hatte dies nicht mehr die Tragweite, die man nun eventuell annehmen könnte. Für mich war mittlerweile am wichtigsten, dort wohnen zu bleiben, und das war durch meinen Vater möglich. Zu ihm entwickelte ich zu dieser Zeit ein überraschend gutes Verhältnis.

Was die Schule anging, so fiel mir die Abendschule doch erheblich schwer. Die Gesellschaft einiger Mitschüler, die gar keinen

Bock hatten zu lernen und lieber über Aktivitäten im Knast plauderten, den sie wegen Rowdytums und ähnlichem Mist schon besucht hatten, passte überhaupt nicht zu meinen Zielen. Ich hoffte, mit dem Führerschein würde ich es einfacher haben.

Den Führerschein erhielt ich schließlich, die Schule klappte allerdings nicht, gar nicht, sodass ich einmal mehr abbrach. Zu heftig war der Unterschied zwischen dem Leben, das ich kannte, und dem meiner Mitschüler.

Nun war sie vorbei, die Schulzeit, und damit mein Lotterleben, aber wenigstens hatte ich noch ein Zuhause. Doch wie sollte es weitergehen? Ich war mittlerweile 18 Jahre alt – volljährig!

Da mein Vater nicht gerne sah, dass ich mit seinem noch relativ neuen *Audi A6* herumfuhr, waren wir beide uns einig, dass ich ein eigenes Auto bekam. Ich hätte mich wahrscheinlich mit weniger zufriedengegeben, aber mein Vater legte Wert auf einen Neuwagen, auch wenn es ein *Fernost-Auto* werden sollte. Ihm war das so wichtig, dass er auch anmerkte, dass er für die Reparaturen aufkommen würde. Wie gesagt, bekam ich ein üppiges Budget. So wurde mein erstes Auto ein *Hyundai Absent*.

Mein Vater suchte sich im Laufe des Jahres eine neue Frau, aber zunächst wohnten er, meine Schwester und ich zu dritt in unserem Haus. Fortan gingen meine Schwester und ich öfter bei meiner Oma essen, die natürlich mittlerweile mitbekommen hatten, dass es mit meinem Berufswunsch nicht mehr klappen würde. Und so endete meine Teenagerzeit mit vielen Fragezeichen, aber immerhin mit Erfolg beim Führerschein und dem Fußball, bei dem ich zu diesem Zeitpunkt auf dem Höhepunkt angekommen war.

Analyse:

In dieser wichtigen Phase, in der sicherlich auch *Scheißebauen* dazu gehören kann, durchlebte ich eine sehr turbulente Zeit. Eine Zeit, die mehr war, als nur *ein bisschen Scheiße bauen*. Ich war kein Kind mehr, aber auch noch nicht erwachsen. Zu reifen und mich selbst entwickeln, war unter diesen Umständen nur schwer möglich und mir nicht gelungen. Ich konnte durch all die Sorgen und Probleme nicht zu mir selbst finden, da ich keine innere Ruhe hatte.

Kapitel 3

Der Sicherheitsgurt öffnet sich

Wenn die Sonne des Lebens untergeht, dann leuchten die Sterne der Erinnerung.

Warum dieses Kapitel so wichtig ist:
Ich hatte in meinen ersten 18 Jahren ja schon einiges an Turbulenzen und Schattenseiten auf meiner Achterbahn erlebt. Nun fehlten, um noch mehr *Action* in die scheinbar *langweilig* werdende Achterbahn zu bekommen, Schicksalsschläge und Dummheiten, das Pendant dazu, während der Achterbahnfahrt den Sicherheitsgurt zu öffnen. Durch die Höhen, die ich in meiner Achterbahn erlebte, konnte ich einige Aussichten genießen. Es drohte dann aber der freie Fall, sodass ich kämpfen musste, im Sitz zu bleiben. Dabei hatte ich Glück, wofür ich dankbar sein konnte. Dieses Glück ist etwas, was man schnell vergessen kann und das ich erst viele Jahre später verstand. Und genau hier möchte ich gerne eine Inspiration dafür sein, dass Du erkennst, wo vielleicht auch Du Glück hattest oder wofür Du dankbar sein könntest. Denn wie viel Glück ich hatte, und vor allem, wie dankbar ich sein sollte, stellte ich eben erst viele Jahre später fest.

Background:
(18 bis 27 Jahre)

Nun war ich volljährig, aber es gab noch offene Fragen. Vor allem dieser niedrige Schulabschluss ließ nicht zu, das zu machen, was ich geplant hatte. Das Problem musste dringend gelöst werden, auch wenn ich noch kostenfrei zu Hause wohnte.

Hier half mein Großvater. Da er überall gute Connections hatte, besorgte er mir eine Lehrstelle in einer Bäckerei im Nachbarort. Ich backte zwar in meiner Freizeit ganz gern, aber beruflich war das für mich nicht so das Highlight. Nichtsdestotrotz musste ich ja nun etwas machen, und so begann ich eine ungeliebte Lehre zum Bäcker. Nicht nur, dass ich eigentlich andere Berufspläne hatte, nein, auch die Arbeitszeiten waren von Anfang an eine Qual.

Mittlerweile war ich im Seniorenbereich des Fußballs angekommen, beziehungsweise im Übergang dorthin. Zwar war die damalige erste Mannschaft auch verhältnismäßig erfolgreich, jedoch nicht zu vergleichen mit dem, was wir in der Jugend auf die Reihe bekommen hatten. Dort hatten wir sportlich Vereinsgeschichte geschrieben. Da ich ja inzwischen auch das Saufen gut in mein Leben integriert und den Verein nicht gewechselt hatte, spielte es mir damals natürlich in die Karten, das wir nach unseren Trainingseinheiten längere Mannschaftssitzungen hatten. Im Grunde ging die Besprechung immer eine halbe Stunde, anschließend wurde sich dann den *wichtigen Themen* gewidmet. Es wurde *geschockt* (ein Würfelspiel) oder Karten gespielt. Dies ging zeitweise bis tief in die Nacht. Und genau das war es, was für mich den Fußballverein, dem ich angehörte, so ausmachte: Zusammenhalt, etwas, das ich von Haus aus so nicht kannte. Das war der Grund, dass ich, obwohl ich Möglichkeiten hatte, nicht in Erwägung zog, den Verein zu wechseln.

In dieser Zeit konnte ich so einiges wegsaufen, aber das vertrug sich natürlich überhaupt nicht mit den Arbeitszeiten meiner Ausbildung, denn dort war der Arbeitsbeginn um 04.15 Uhr, also mitten in der Nacht. Dennoch verspürte ich innerlichen Druck, die Ausbildung durchzuziehen. Hauptsächlich weil ich meinem Opa diese Ausbildung zu verdanken hatte und ihm zeigen wollte, dass ich endlich mal etwas beenden würde.

Gerade in der Anfangszeit, als ich praktisch alleine im Haus lebte, da mein Vater ja tagsüber arbeiten war, kam es nicht selten vor, dass ich quasi von der Theke kurz ausnüchterte und von dort aus zur Arbeit fuhr. Ich trank so den unterbewussten Ballast weg. Da es zudem auch überhaupt nicht meine Zeit war, kam es häufig vor, dass ich mich mit dem frischen Arbeit-T-Shirt ins Bett legte, um etwas länger oder überhaupt schlafen zu können.

Mein Vater, für den sowohl ich als auch meine Schwester Verständnis hatten, dass er sich eine neue Frau suchte, fand diese dann auch relativ zügig. Sie war Hauswirtschafterin und hatte einen kleinen Sohn. Sehr schnell zog sie in unser Haus ein. Keine Ahnung, warum das so schnell ging, aber die Erste, die ernsthafte Probleme bekam, war meine Schwester, weil diese Frau sehr dominant war und keinerlei Respekt vor mir oder meiner Schwester hatte. Gleich von Anfang an zeigte sie, dass sie der Boss sein wollte. Gerade mal drei Monaten, nachdem sie in unser Haus eingezogen war, flüchtete meine Schwester zu meinen Großeltern, die ja selbst ein großes Haus hatten. Da selbstverständlich alle Kinder ausgezogen waren und dementsprechend Platz hatten, stellte dies kein Problem dar.
Ich selbst bemühte mich um Burgfrieden. Zum einen war es das Haus, in dem ich groß geworden bin, und zum anderen wollte ich nicht wegen einer anderen Person das Haus verlassen. Ich konnte meine Schwester grundsätzlich schon verstehen, doch so schnell aufzugeben und nicht mal zu versuchen, mit der *Neuen* auszukommen, empfand ich als falsch, zumal es ja um einiges ging. Dennoch sorgten sich meine Großeltern auch um mich und ich konnte immer zu ihnen kommen. Dass ich das tat, ging der Neuen richtig auf die Nerven und so brachte sie meinen Vater gegen mich auf.
Das Schlimme war, dass mein Vater sich tatsächlich gegen seine Kinder wandte. Vor allem mich, der augenscheinlich alles versuch-

te, mit dieser Person auszukommen, ermutigte er immer öfter, ebenfalls bei meinen Großeltern einzuziehen. Ich verstand es nicht. Der Frust wuchs. Nach etwas über einem halben Jahr warf er mich dann tatsächlich einfach raus. Er sagte, er würde das Haus verkaufen und mit seiner neuen Frau nach Spanien gehen. Immer mehr erhöhte er den Druck, endlich zu gehen. Alles aus heiterem Himmel und in riesiger Schnelligkeit. Ich soff noch mehr. Als er mich schließlich zwang, das Haus zu verlassen, kam an diesem Tage zusätzlich noch seine neue Frau an, um mir zu sagen, dass ich endlich schneller machen solle und sie noch andere Sachen zu tun hätten. Nicht nur, dass ich mein geliebtes Haus verlassen musste, also rausgeschmissen wurde, sondern auch das *Wie* vergrößerte meine Wut.

Ich hätte sie umbringen können, aber irgendwie war mir wichtiger, meine Klamotten zu packen, sodass diese von ihr nicht auch noch weggeworfen werden konnten, was sie sich zeitweise anmaßte. Als ich alles beisammenhatte, und sie einen Spruch losließ, nahm ich einen vollen Putzeimer, pisste hinein, ging zu ihr und schüttete ihn ihr über den Kopf. Dann verschwand ich zu meinen Großeltern.

Ich hatte aus meiner Sicht alles verloren: unser Haus. Ein Riesenschlag für mich. Das war, zumindest bis dahin, einer der schwersten Momente meines Lebens und mir kamen die Tränen. Mein Opa, der ansonsten kalt wie ein Stein war, fand zum ersten Mal tröstende Worte – eine völlig neue Erfahrung für mich. Dass ich so eine neue Seite an ihm kennenlernte, war das einzig Positive an dieser Scheißsituation. Dieses Erlebnis förderte dann tatsächlich das gute Verhältnis zu meinem Opa.

Nun lebte ich zusammen mit meiner Schwester bei meinen Großeltern. Da ich mich ja auch ummelden musste und nach wie vor im selben Dorf wohnte, sprach sich mein Umzug schnell rum. Ich hatte zwar immer noch Selbstbewusstsein, aber heulte mich mehr oder minder immer öfter bei Freunden aus. Getröstet wurde ich mit Saufabenden, bei denen ich alles vergaß. Die anderen störte das nicht, denn es war ja lustig, was ich im Rausch so anstellte.

Meine Gewohnheiten bezüglich Fußball und Saufen änderten sich selbstverständlich nicht. Trotzdem ich bei meiner tief religiösen Oma und meinem Opa wohnte, konnte ich das Leben so weiterführen. Möglich war das, weil mein Zimmer im Erdgeschoß lag und sich das Schlafzimmer meiner Großeltern im oberen Geschoß befand.

Als ich einmal einen Schokoladenfleck an meinem T-Shirt hatte, bestellte der Chef der kleinen Bäckerei meine Oma ein, weil er natürlich wusste, dass ich inzwischen dort lebte. Beim Einbestellen beließ er es jedoch nicht, nein, sie wurde wegen mir vor den anwesenden Kunden bloßgestellt. Meine Oma, die normalerweise immer kritisch mit mir war, mied fortan diese Bäckerei und stellte sich sogar auf meine Seite. Mein Verhältnis zum Chef wurde richtig schlecht. Da ich als Azubi praktisch unkündbar war, ließ er sich nun immer neue Sachen einfallen, um mich zu demoralisieren. Eines Morgens schubste er mich – laut seiner späteren Aussage unabsichtlich – so gegen den Backofen, dass ich am Unterarm eine Verbrennung hatte.

Dass ich das durchstand, hatte drei Gründe: Da war zum einen die Berufsschule, die für mich so leicht war, dass ich dort nur so viel Zeit wie nötig verbrachte, um zur Prüfung zugelassen zu werden. Bei meinen oftmals nicht allzu gebildeten Berufsschulkameraden war ich der Held, weil ich so oft blaumachte. Was sie natürlich nicht mitbekamen war, dass ich trotzdem lernte. Ich hätte sicherlich Probleme bekommen, wenn ich mich damals nicht meinem Klassenlehrer anvertraut, ihm die Geschichten rund um meine Ausbildung erzählt und mit ihm ein Abkommen geschlossen hätte. Jede Woche, in der ich anwesend war, kam ich zuerst zu ihm und führte ihm vor, was ich gelernt hatte. Da ich ja immer wusste, was man lernen musste, zog ich die Berufsschule wie eine Art Studium auf. Ich hatte alle Lehrbücher und fing an, ein Heft zu schreiben, in dem alles vorkam, was wichtig war. Das ließ ich mir dann von meinem Klassenlehrer unterzeichnen, sodass er immer Einsicht hatte, wie weit ich war.

Der zweite Grund waren der damalige Geselle und mein Azubikollege. Da mein Chef alles tat, um mich loszuwerden, anstatt mir was beizubringen, sprang des dafür der Geselle ein. Er war ein sehr ruhiger Vertreter und schon lange in diesem Betrieb beschäftigt. Da ihm auch auffiel, dass ich gemobbt wurde, half er mir in sämtlichen Lagen aus der Patsche und brachte mir das Handwerk bei. Meinem Azubikollegen ging es nicht viel anders, allerdings ging er mit einer frechen Art besser damit um. Oder anders gesagt: Es war ihm scheißegal. Mit ihm, den ich schon aus Schulzeiten kannte, hatte ich, sofern unser Chef nicht anwesend war, jede Menge Spaß. Eine Sache werde ich wohl nie vergessen: Unser Chef war auf einem Kurztrip zum Nürburgring und ein ganzes Wochenende nicht anwesend. An diesem Donnerstag hatten wir wieder unsere Mannschaftssitzung, wo wir uns richtig vollaufen ließen. Direkt von dieser Mannschaftssitzung ging ich sturzbesoffen zur Arbeit und dachte noch: *Lass mal schön die anderen machen.* Als ich ankam, hatte mein Azubikollege leider dieselbe Idee gehabt, da wir nicht allzu oft mit dem Gesellen alleine waren. Also mir ging es ja schon ziemlich mies, aber der Kollege verschwand glatt hinten raus zu den Mülltonnen und kotzte sich richtig schön aus. Wir bekamen aber trotzdem alles hin, weil wir am Vortag alles vorbereitet hatten und über einen sogenannten *Gärunterbrecher* verfügten. Bei all dem Scheiß, den ich erlebte, waren es doch diese Momente, die für mich alles erhellten.

Der dritte und wichtigste Grund waren aber meine Großeltern, speziell das gute Verhältnis zu meinem Opa. Ich schwor mir, dass, egal was passierte, ich für ihn diese Ausbildung abschließen würde. Zu dankbar war ich ihm beziehungsweise allen beiden.

So stolperte ich in den drei Jahren hin zur Prüfung. Stolpern, weil ich ja nun bei meiner tiefreligiösen Oma wohnte. Diese Situation, für die ich dankbar war, war der Beginn einer jahrelangen Lügengeschichte zum Wohle meiner Oma. Ich wollte meine Ausbildung machen aber auch mit meiner Fußballmannschaft saufen gehen, mein Leben leben. Das passte natürlich nicht in das Bild meiner Oma. Mein Opa glich zu dieser Zeit zwar viel aus, dennoch fing ich an, meiner Oma zu erzählen, dass ich sonntags brav die Kirche besuchen würde. Durch meinen Führerschein und mein Auto fuhr ich in das nahe gelegene Bonn, angeblich um die Kirche zu besuchen, aber in Wirklichkeit fuhr ich zwar nach Bonn, holte aber lediglich das dortige Kirchenblättchen und legte es meiner Oma auf den Küchentisch. Das bescherte mir noch mehr Freiheiten und Ruhe, der Aufwand lohnte sich also. Direkt im Anschluss fuhr ich in unsere Vereinskneipe und stieß mit den Jungs an.

Alles lief seinen Gang, doch dann kam etwas, was wieder einmal alles in Wanken bringen sollte.

Ich hatte ja nun im Gegensatz zu meiner Schwester den Führerschein. Da sie noch minderjährig war, brauchte sie eine Unterschrift unseres Vaters, der sich zur Überbrückung vor der Ausreise nach Spanien eine neue Wohnung im Bergischen Land gemietet hatte. Da ich mich in dieser Zeit mit meiner Schwester einigermaßen gut verstand, fuhr ich mit ihr eines Abends zu ihm nach Hause. Ich ließ meine Schwester alleine aussteigen und sie ging zu ihm hoch. Ich wartete im Auto. Als meine Schwester wiederkam, platzte mir erneut der Kragen. Die neue Frau meines Vaters hatte ihr das

Gesicht zerkratzt. Auf 180 stürmte ich hoch und schlug ihr mit voller Wucht gegen den Oberarm. – Zu meinem Glück nicht ins Gesicht.

Ich ging und wir fuhren nach Hase, dort wartete schon die Polizei auf uns. Mein Vater, der gar nicht dabei war, hatte ihnen erzählt, dass ich betrunken sei und Auto gefahren wäre. Das war aber nicht der Fall.

Ich dachte, dass ich nun richtig Ärger mit Großvater bekommen würde, aber er sah das zerkratzte Gesicht meiner Schwester und nachdem wir ihm erzählt hatten, was passiert war, beruhigte er uns erst einmal und zeigte Verständnis.

Mein Vater erstattete dann Anzeige gegen mich, aber außer einem großen Hämatom am Oberarm seiner Frau war nichts passiert. Die Strafe, die mir dennoch aufgebrummt wurde, waren 25 Sozialstunden. Da ich kurz vor meiner Gesellenprüfung stand, war das zeitlich allerdings ein Ding der Unmöglichkeit.

Was das alles noch weiter erschweren sollte, waren die gerichtlichen Auseinandersetzungen mit meinem Vater. Er weigerte sich zunächst, Unterhalt zu zahlen, wozu er dann aber verurteilt wurde.

In all dieser Zeit zeigten sich meine wahren Freunde. Ich stellte einige ganz sicher hart auf die Probe, indem ich mich bei ihnen ausheulte, wobei keiner wusste, wie er damit umgehen sollte. Eine Freundschaft stach jedoch besonders hervor: Auf einem Stadtfest mit zugegeben viel Alkohol lernte ich die Ehefrau eines älteren Fußballkollegen kennen, woraus sich eine neue Freundschaft entwickelte.

Was meine Strafe anging, so sprang mir mein Opa zur Seite. Er beauftragte einen seiner Anwälte, diese Strafe aufgrund meiner Prüfungssituation in eine Geldstrafe umzuwandeln. Zu wichtig war ihm, dass ich die Prüfung schaffte. Es funktionierte.

Als die Prüfung anstand, wollte mein Chef mit mir um zehn Kästen Bier wetten, dass ich die Prüfung nicht schaffen würde.

Zwar nervös, aber selbstbewusst und locker ging ich in die theoretische Prüfung. Dass mein Klassenlehrer auch im Prüfungsausschuss war, verlieh mir weitere Sicherheit und so gab ich dann auch als einer der Ersten die Prüfungsunterlagen ab. Das ich sie nicht schon als Erster abgab, lag lediglich daran, dass ich nicht glauben konnte, wie lächerlich einfach diese Prüfung für mich war. Abgesehen von einer längeren mathematischen Aufgabe, die mir schwerfiel, weil so eine Art zu backen weder theoretisch noch praktisch angewendet wurde, und ich mich damit nicht beschäftigte, wurde ich später im Prüfungsergebnis bestätigt.

Zwei Wochen später, im praktischen Teil der Prüfung, lief es jedoch anders. Ein paar Dinge liefen gut, wie meine Sahnetorte, die ich herstellte, aber viele Dinge liefen komplett aus dem Ruder. Im Großen und Ganzen war es kein Highlight, weil ich einfach sehr schlecht war. Ich wäre vielleicht sogar durchgefallen, wenn nicht mein Klassenlehrer immer anwesend gewesen wäre. Er wusste, wie schlecht ich von meinem Betrieb vorbereitet worden war. Er wusste aber auch, wie ich mich in meiner Ausbildung durchgekämpft und zu Hause alles dafür getan hatte.

Als dann kurze Zeit später die Prüfungsergebnisse anstanden, war ich richtig nervös, fast ängstlich, doch im Gegensatz zu meinem Kollegen bestand ich die Prüfung. Eine riesige Last fiel von mir ab. Als mein Klassenlehrer im Anschluss zu mir kam, sagte er: »Du hast es dir verdient! Das Praktische war nix, das weißt du. Deswegen mussten wir deine theoretischen Noten etwas anpassen. Aber das sage ich dir, du warst von allen Absolventen im Gesamtbild der Zweit- oder Drittbeste. Nutze deine Chance.«

Mir waren die Noten scheißegal, Hauptsache, ich war durch. Dennoch tat es gut, so etwas zu hören.

Anschließend fuhr ich mit meinem Wisch in der Bäckerei vorbei, um ihnen das Ergebnis mitzuteilen. Das Einzige, was ich mit einem Lächeln im Gesicht sagte, war: »Bestanden.«

Ungläubig starrte mich mein Chef an und fragte: »Im Ernst? Kann ich mir nicht vorstellen.«

Als ich ihm dann die Bescheinigung in die Hand drückte und er sah, dass ich tatsächlich bestanden hatte, sagte er zum Abschluss: »Nicht dass die sich vertan haben …«

Ich verabschiedete mich mit den Worten: »Scheinbar nicht! Tschüss.«

Ich war durch. Eine harte Lehrzeit ging zu Ende – jedoch nicht der gerichtliche Streit mit meinem Vater.

Ein paar Wochen nach meiner bestandenen Prüfung klagte er zu viel bezahlten Unterhalt ein. Es ging, meiner Erinnerung nach, um 1.000 Euro. Er ging sogar so weit, dass ich vor Gericht erscheinen musste.

Nachdem alles offengelegt war, stellte sich heraus, dass er tatsächlich. 600 Euro zu viel bezahlt hatte. Auch heute erinnere ich mich noch genau an diesen Richter. Er gab zwar formell meinem Vater recht, ließ sich jedoch zu den Worten hinreißen. »Sie haben hier zwar mehr oder weniger gewonnen, aber finden Sie Ihr Verhalten wirklich angemessen? Ich meine, andere Kinder bekommen für ihre abgeschlossene Ausbildung Autos geschenkt und Sie verklagen Ihren Sohn?«

Stillschweigend verschwand mein Vater.

Das meinem Vater das so scheißegal war, traf mich richtig tief; ein weiterer Schlag ins Gesicht, aber diesmal von ihm persönlich. Sehr emotional verließ ich das Gericht und fuhr nach Hause.

Nach einer dreimonatigen bewussten Arbeitslosenzeit begann jetzt ein neuer Abschnitt. Egal wofür ich mich entschied: Ich war nun

Geselle und frei. – Vor allem im Kopf, denn ich hatte die Hölle der Lehrzeit überstanden und abgeschlossen. Meinem Opa hatte ich nun etwas zurückgegeben, obwohl es im Grunde ja eigentlich zu meinen Gunsten geschah.

Ich entschied mich im Anschluss nicht gegen die Bundeswehr, sondern für einen Zivildienst. Der Grund war ziemlich simpel: Nach all den schweren Jahren plante ich einfach mal das, was ich in den Jahren zuvor glaubte, nicht ausreichend gehabt zu haben: Saufen mit Freunden, Fußball spielen und mein Leben genießen. Aber nicht wie in den Jahren zuvor, als ich versuchte, Dinge zu klären und mich mit Dingen herumschlagen musste, die ich absolut nicht wollte. Ich wollte das Leben halt einfach mal genießen.

Nun wohnte ich ja bei meinen Großeltern, was mir insofern in die Karten spielte, da ich nach wie vor keinerlei Ausgaben hatte. Dadurch, dass ich durch den Abschluss meiner Ausbildung bei meinem Opa gewonnen hatte, kaschierte er umso mehr und in sämtlicher Hinsicht die Eigenschaften meiner Oma weg.

Ich machte meinen Zivildienst an einer Schule für geistig Behinderte, die in unmittelbarer Nähe meines Dorfes beheimatet war. Gerade in dieser anfänglichen Zeit war ich noch sehr skeptisch gegenüber dieser Arbeit. Im Grunde dachte ich, dumm wie ich war, dass die einzige Aufgabe darin bestehen würde, kleinen Kindern den Hintern abzuwischen. Durch Fußballkameraden, die dort ebenfalls ihren Zivildienst absolviert hatten, bekam ich jedoch insofern positives Feedback, dass die Arbeit dort Spaß machen würde.

Ich trat meinen Zivildienst mit zehn Kollegen an. Es erwartete mich eine komplett andere Stimmung, eine ganz andere Welt. Es waren fast alles nette Kollegen und Vorgesetzte, mit denen man gut zurechtkommen konnte. Mit meinen Zivildienstkollegen verstand ich mich richtig gut. Zwar war einer dabei, der arrogant war und auch irgendwie nicht ins Bild passte, aber der suchte sich zeitnah einen anderen Platz, an dem er seinen Zivildienst absolvieren konnte.

Ich entwickelte dort auch eine komplett neue Weltansicht, denn ich hatte nun teilweise Kollegen, die eben nicht dieselbe Geschichte wie ich durchgemacht hatten und auch nicht aus einem Dorf kamen. Das war anfangs für mich befremdlich, aber es legte sich bald. Mit der Zeit entwickelte sich so das kollegiale eher zu einem freundschaftlichen Verhältnis. Es trat etwas ein, was ich nie erwartet hätte: Spaß an der Arbeit mit Menschen.

Meine privaten Probleme waren nicht vergessen aber größtenteils überwunden. Ich kam mit meinem Geld gut aus, machte jetzt beruflich etwas, woran ich Spaß hatte und war glücklich und zufrieden.

Was mir in die Karten spielte war, dass wir *Zivis* einen Freifahrtschein bezüglich der Anwesenheit hatten. Aufgrund verschiedener Krankheitsbilder der Kinder wurde uns bei der kleinsten Krankheit nicht gestattet, zu arbeiten. Seinerzeit ging der Zivildienst über zehn Monate. Einen davon hatte man sowieso Urlaub. Ich nutzte das aus, indem ich viel krankfeierte, gleichzeitig nahm ich als Nebenjob aber eine Teilzeitstelle als Bäckergeselle an. Das war schön, das Betriebsklima gut und ich lernte sogar noch das eine oder andere.

Meine Aufgaben unterteilen sich offiziell in rein pflegerische Tätigkeiten, doch trotz meiner geringen Anwesenheit identifizierte ich mich auf der Arbeit voll und ganz mit meinem Job. Ich wurde einer Klasse zugeteilt, in der Kinder im Alter von sechs und sieben Jahren waren. Die Kinder litten alle an unterschiedlichen Krankheitsbildern, vom Downsyndrom über Autismus bis hin zu einem Mädchen, das Glasknochen hatte. Zugewiesen wurden unsere Aufgaben von zwei unterschiedlichen Stellen: Zum einen der zuständigen Person für die Zivildienstleistenden, die auch zeitgleich Pflegerin an dieser Schule war, zum anderen von den Lehrern. Die Aufgaben der Pflegerin waren tatsächlich in diesem Bereich vorzufinden. Die der Lehrer gestaltete sich hingegen oft so, dass wir alles vorbereiteten, was sie geplant hatten, sei es die Bestuhlung der Lehrerkonferenzen, das Aufbauen der Spiele oder der Aufbau des Sportunterrichts. Das machte mir natürlich am meisten Spaß, vor allem deswegen, weil die Schule alles, aber wirklich alles hatte, was man sich als Kind wünschen konnte. Meine liebste Arbeit dabei war das Aufbauen des Trampolins, das wir alle selber nutzten. Eine Stunde war für den Aufbau und das Drumherum eingeplant, tatsächlich brauchten wir aber maximal 20 Minuten und nutzten den Rest der Zeit das Trampolin selbst.

Das Blatt in meinem Leben schien sich zu wenden und durch meinen *Freifahrtschein* nahm ich in dieser Zeit aber auch wirklich jede Festivität mit, die es gab. Natürlich war es eine sehr gute Zeit, doch dadurch, dass ich soviel Zeit hatte, bestimmte zunehmend der Alkohol mein Leben, sodass ich immer versoffener wurde. Ich war auf dem besten Wege, ein Alkoholiker zu werden, wodurch mir nun Spitznamen wie *Promille* verliehen wurden. Ich fasste dies aber positiv auf und empfand es nach all den schweren Jahren als Wohltat. Aus dieser Zeit stammen Geschichten, die eigentlich nur peinlich, aber teilweise auch lustig sind, über die ich heute lachen kann, weil ich über mich selbst lachen kann, auf die ich aber nicht stolz bin. Doch diese Geschichten gehören nun mal zu meinem Leben.

In Bezug auf dieses Buch fragte ich einen Mitstreiter der damaligen Zeit, was er denn für Erinnerungen daran hätte. Daraufhin schrieb er mir Folgendes:

Jetzt kommt das Lustigste, was in diesem Buch stehen wird. Es ergab sich zu der Zeit, als Julian bei seiner Oma wohnte. Wir wollten uns an einem Karnevalsdonnerstag Getränke holen und heimlich an ihrem Haus vorbeischleichen, da es auf direktem Weg lag. Als sie uns sah, öffnete sie das Fenster und rief: »Pass mir up, dat der

Jung nit widde in de Vürjaade kotzt«. (Passt auf, dass der Junge
nicht wieder in den Vorgarten kotzt.)
Amüsiert gingen wir weiter zur Bushaltestelle. Julian trug stolz
seinen »Stoffbüggel«, den Stoffbeutel mit der Beute, und trank in
gewohnter Manier seine Flasche Bier und machte den Kipptest. –
Kipptest weil ich mit Abstand am schnellsten Bierflaschen wegessen konnte. – Kipptest ließ die Flasche in den Mülleimer der Bushaltestelle fallen und, zack, fiel dieser in sich zusammen. Durch
unseren tosenden Applaus und den Lärm des heruntergefallenen
Mülleimers wurde Julian daraufhin von einer Anwohnerin angebrüllt. Dann kam der Bus und wir fuhren weiter zur Marktplatte
Sankt Augustin.
Dort angekommen versuchte sich Julian daran, einen Fußballerabschlag über drei Flaschen Bier machen, der jedoch kläglich scheiterte. Ein wenig später fing Julian an zu tanzen, aber so, dass er so
auffiel, dass ihn dann die ganze Marktplatte beklatschte. So etwas
hatten diese Leute wohl noch nicht gesehen. Ich allerdings auch
nicht.
Weiter ging es dann mit der Bahn zu unserer nächsten Station in
Siegburg. Dort traf Julian einen Arbeitskollegen, dem er voller
Stolz seinen Beutel zeigen wollte. Julians Orginalkommentar dazu
war: »Ich habe noch so viel im Stoffbüggel, dass es bis Montag
reicht.« Jeder, der Julian kannte, wusste, was passieren würde.
Dieser Stoffbeutel fiel genau in dem Moment, als er dies sagte, auf
den Boden. Klirr! Alles kaputt.
Gegen 18 Uhr war der Spaß auf der Siegburger Marktplatte vorbei
und wir zogen, wie viele andere auch, in die Siegburger »Steffi«,
die damals die einzige größere Disco in der Umgebung war. Auf
dem Fußmarsch dorthin musste Julian pinkeln. Er hatte an diesem
Karnevalstag eine Latzhose an, von der schon ein Träger herunterhing. Da wir weitergingen, versuchte er, uns im Laufschritt wieder

einzuholen. Dabei löste sich der zweite Träger und er legte sich mitten auf der Siegburger Hauptstraße auf die Fresse. So lag Julian dann in Unterhose da rum, während Dutzende Leute vorbeiliefen und klatschten.

Im Steffi angekommen trafen wir dann eine gemeinsame Bekannte, die Julian etwas besser kannte. Diese wiederum hatte sich denselben Pegel wie Julian angesoffen. Sich auf einander freuend liefen sie auf der Tanzfläche aufeinander zu und versuchten, sich zu umarmen, legten sich aber nur einmal mehr auf die Fresse. Standesgemäß gab es wieder Beifall der anderen Discobesucher.

Am nächsten Morgen saß Julian zwischen mir und meiner Mutter auf der Couch und sagte. »Ach Scheiße, ich habe mein Portemonnaie verloren.« Ich fragte ihn daraufhin, wo er denn gewesen sei, denn ich hatte ihn im Verlauf des Abends aus den Augen verloren. Er erwiderte, dass er zu Fuß nach Hause gelaufen sei und sich noch einen Döner geholt habe. Dann fuhr er fort und verlor sichtlich die Farbe: »Hoffentlich ist es nicht da ...« Ich fragte nach: »Ja wo warst du denn nun?« Er antwortete: »Ich musste so dringend scheißen, dass ich in Sankt Augustin vor einen Copyshop gekackt habe.« Drei Sekunden Stille, dann platzte es aus uns allen heraus. Wir konnten gar nicht mehr aufhören. Das Einzige, was Julian noch sagte, war, dass er dort doch nicht fragen gehen könne. Zu seinem Glück stellte sich aber heraus, dass die Geldbörse beim Dönerladen verloren gegangen war. Dies war mit Abstand das Witzigste, was ich mit Julian erlebte, und wird unvergesslich bleiben.

Und das war nur eine der vielen Geschichten, die ich in dieser Zeit erlebte.

Aber nicht nur mit meinen Freunden oder Fußballkollegen soff ich wie ein Loch, auch mit meinen Zivikollegen, die sich ja in meinem Alter befanden, wurde es zur Normalität, sich mindestens einmal die Woche, in der Regel mittwochs, zu treffen. Mit anderen Themen, aber in gleichem Konsum feierten wir uns jeden Mittwoch selbst. Dennoch beherrschte mich der Alkohol nicht komplett, sodass ich schon noch in der Lage war, mich auf meinen Job zu konzentrieren. Nicht nur, dass ich mich konzentrieren konnte, nein, es machte ja sogar plötzlich auch richtig Spaß. Das half mir ungemein, mich mit meinem Job zu identifizieren und nicht komplett dem Alkohol hinzugeben. Ich befasste mich immer intensiver mit den Kindern beziehungsweise den Krankheitsbildern.

In meiner Klasse war ein Autist. Dieser Schüler hatte eine Angewohnheit, die ich von mir selbst kannte: Er lief ständig weg. Außerdem konnte oder wollte er nicht sprechen. Vielleicht weil ich dieses Weglaufen nur zu gut kannte, interessierte mich sein Verhalten besonders. Was war wirklich los mit ihm? Aus eigener Erfahrung setzte ich alles daran, ihn zu verstehen. – Genau das, was bei mir niemand getan hatte. Ich merkte, dass dieser Junge im Grunde in der Lage war, vieles schnell zu verstehen. Beispielsweise setzte dieser Sechsjährige in Windeseile ein Puzzle zusammen, das die meisten der anderen Kinder nicht mal verstanden. Aber was mich wirklich interessierte war sein Weglaufen. Immer wieder musste ich ihn einsammeln und zurück zur Klasse führen. War er besonders bockig, pisste er sich einfach in die Hose, was dazu führte, dass ich die Aufgabe bekam, ihn zur Toilette zu begleiten, um ihn zu ermutigen, sein Geschäft dort zu verrichten. Es war echt eine sehr unangenehme Situation, weil er dies ja nur aus Bockigkeit tat. Er entschloss sich zudem auch einfach mal, sich beim Pinkeln umzudrehen und auf den Boden zu pissen. Natürlich hörte er nicht auf mich, bis zu einer Situation, in der er weggelaufen war und sich auf der Bank sitzend weigerte, die Schuhe auszuziehen. Daraufhin zeigte ich ihm das erste Mal seine Grenzen auf: Da er immer den Kopf wegdrehte, wenn ich ihm etwas sagte, hielt ich ihn fest, sodass er mich ansehen musste. In gehobener Lautstärke sagte ich ihm, dass es das letzte Mal sei, dass er vor mir weglief. – Trotzdem versuchte er es anfangs weiterhin, aber schnell begriff er, dass ich keinen Meter mehr von im weichen würde, bevor er nicht zurück im Klassenraum war. Von diesem Moment an kam eine solche Situation nie wieder vor. Es funktionierte und fortan hörte er auf mich. Allerdings nur auf mich. Immer wenn er weglaufen wollte, aber meine Stimme hörte, wurde er handzahm. Vielleicht aus Angst, aber aufgrund meiner eigenen Erfahrung glaubte ich zu wissen, dass er einfach nur mal Regeln brauchte. Und es funktionierte ja. Zu keinem Zeitpunkt war es je wieder nötig, lauter zu werden. Es war im Laufe der Zeit sogar so, dass er ohne Worte auf mich hörte. Dies fiel auch den Lehrern auf. Erstaunt fragten sie mich, was ich mit ihm gemacht habe, und boten mir aufgrund dieses Erfolges an, mich mehr an der Unterrichtsgestaltung zu beteiligen. Die Lehrer dieser Schule agierten eher wie meine Eltern, nämlich offen und frei.

Aber ich erlebte noch eine andere Geschichte, eigentlich genau das Gegenteil, aber genauso erfolgreich. Wir hatten in der Klasse ein Mädchen, das zusätzlich zu ihrer geistigen Behinderung auch noch im Rollstuhl saß. Auch sie sprach nicht. Aber nicht nur, dass sie nicht sprechen konnte, sie musste auch noch pürierte Mahlzeiten zu sich nehmen und gefüttert werden. Es war ein superliebes Mädel, was sich unter anderem darin zeigte, dass sie einem im Gegensatz zu anderen Kindern sogar half, wenn man ihr die Windeln wechseln musste. Mit dem Essen tat sie sich generell sehr schwer. Viel von ihren Mahlzeiten ging, wenn sie es nicht mochte, in ihren Schlabberlatz. Eines Tages war eine Art Elternabend, bei dem die Eltern dem Unterricht beiwohnen konnten. – Zumindest sofern sie wollten, denn es war keine Selbstverständlichkeit. Ihre Mutter nahm diese Möglichkeit in Anspruch. Die Mutter liebte ihr Kind und befasste sich im Gegensatz zu manch anderen Eltern sehr mit ihm. Sie war uns Zivis und den dortigen Lehrern auch dementsprechend sehr dankbar. An diesem Tag versuchte sie selbst, ihre Tochter zu füttern, um uns die Möglichkeit zu geben, uns mit anderen Dingen zu beschäftigen, doch es klappte nicht. Als ich das sah, fragte ich sie, ob ich es einmal versuchen sollte. Sie freute sich über die Frage und so nahm ich mich dieser Aufgabe in ihrer Anwesenheit an. Mit fast schon väterlicher Liebe flüsterte ich dem Mädchen ein paar Dinge ins Ohr, streichelte ihren Kopf dabei und gab ihr dann in kleinen Portionen ihre Löffel, in diesem Fall Schokoladenpudding. Es funktionierte. Die Mutter, die während des ganzen Vorgangs zugegen war, war hellauf begeistert. Sie bedankte sich fast unter Tränen bei mir und war einfach nur glücklich, dass ihr Kind aß. Diesen Ausdruck, diese Freude, die ich in ihrem Gesicht sah, waren für mich in diesem Moment mehr wert, als der Gedanke daran, dass ich dafür Geld bekam.

Diese Erfahrungen, die ich auf unterschiedliche Weise machte, und all die anderen Geschichten, die ich in dieser Zeit erlebte, brachten mich nun auf einen neuen Berufswunsch. Da ich ja durch meine abgeschlossene Ausbildung die Möglichkeit hatte, mein Fachabitur zu machen, kam ich auf die Idee, Sozialpädagoge zu werden.

Immer mehr befasste ich mich so mit meinem Job. Da dies wohl auch den Lehrern auffiel, banden sie mich immer mehr ein. Das ging im Laufe der Zeit sogar so weit, dass ich ab und an, im Beisein der Lehrer, den Unterricht leitete.

Zwar gab es viele solcher Geschichten, aber eine, die mich ebenfalls besonders ergriff, war die Geschichte eines anderen Autisten, dessen Krankheitsverlauf wesentlich intensiver war, als der seines Mitschülers. Als ich eines Tages die Schulhofaufsicht hatte, kam er hinzu. Eine Situation, die insofern besonders war, da sich im Gegensatz zu anderen Schulen die Unterrichtszeiten der einzelnen Klassen manchmal etwas verschoben. Er war in diesem Fall vom

Unterricht ausgeschlossen worden, weil ihn seine Lehrer nicht beruhigt bekamen und er den Unterricht störte. Im Normalfall durfte man sich ihm nicht nähern, da er sonst sofort rumquengelte. Zu seinem Autismus hatte er zusätzlich auch noch ein Downsyndrom. Ich behielt ihn im Auge und machte mir Gedanken, was er denn haben könnte. Mir fiel auf, dass er nicht das Spielzeug hatte, womit er sich sonst immer beschäftigte. Da ich wusste, dass dieses Spielzeug in unserer Klasse lag, dachte ich mir, dass ich es ihm einfach mal holen sollte. Was dann kam, werde ich wahrscheinlich niemals vergessen: Dieser kleine Mensch lachte im Grunde nie, er war einfach nur mal mehr und mal weniger am Quengeln. Doch als ich ihm sein Spielzeug gab, schaute er mich mit großen Augen an, zögerte einen Moment, bis er es entgegennahm, und dann lachte er. Er lachte und schien sich wirklich zu freuen. Zwar war dies nur ein kurzer Moment und als er sich mit dem Spielzeug verdrückte, verschwand er wieder in seiner eigenen Welt, doch dieser Moment, ihn lachen zu sehen, fühlte sich an, als würde die Sonne aufgehen. Die Kleinen versuchten zu spucken, zu treten und mit Schimpfworten um sich zu werfen, wenn sie grad der Meinung waren, dass man es verdient hatte, aber genauso impulsiv, wie sie das taten, so schnell beruhigten sie sich auch wieder. Am Ende lernte ich eines: Sie konnten ihre Emotionen nicht steuern, waren auf ihre Art aber viel ehrlicher als die meisten von uns.

Etwas, was mir auch in Erinnerung bleiben sollte, war ebenso gefährlich, wie am glücklichen Ende lustig. Dass man darüber lachen kann, liegt allerdings nur daran, dass nichts passiert ist. Es kam durchaus vor, dass Kinder versuchten, sich zu entfernen. In der Regel brauchte man aber nicht allzu lange, bis man sie fand, denn im Grunde war alles umzäunt, außer dem Schuleingang und der wurde beaufsichtigt. Drei Kinder waren jedoch nicht mehr aufzufinden. Meine Kollegen und ich machten uns trotz des Wissens, dass es nicht sein konnte, auf dem Weg nach draußen, um sie da zu suchen. Die Schule lag an einem Feld, einem Sportplatz und in Reichweite eines Einkaufszentrums. Auf dem Weg Richtung Einkaufszentrum begegneten wir ihnen dann vollkommen überraschend. Sie trugen einen kleinen Koffer mit sich herum. Gesund und munter und vor allem voller Stolz erfreuten sie sich daran und zeigten uns ihren Koffer. Mein Kollege fragte die Kinder, was es mit dem Koffer auf sich habe. Sie sagten, dass sie *Reise nach Jerusalem* gespielt hätten. Dabei öffneten sie den Koffer. »Da«, sprach eines der Kinder. Als sie den Koffer öffneten, konnten weder mein Kollege noch ich uns ein Lachen verkneifen. Sie hatten es tatsächlich fertiggebracht, ins Einkaufszentrum zu wandern, und befanden sich auf dem Rückweg. Sie hatten sich einfach in den Geschäften bedient und alles Mögliche mitgehen lassen: *tic tacs*, Stifte, ein Heft und ein paar andere Kleinigkeiten. Wir führten die sieben- und achtjährigen Kinder zurück zur Schule. Da natürlich alle in heller Aufregung waren, ging der Koffer erst einmal unter. Alle waren froh, dass die Kinder so schnell gefunden wurden. Nachdem sich alles etwas gelegt hatte, fragten wir die mittlerweile erleichterten aber auch zunehmend amüsierten Lehrer, was wir jetzt mit dem Krempel machen sollten. Dieses Einkaufszentrum hatte ja nicht nur einen Laden, sondern gleich mehrere, sodass nicht bei allem klar war, wo es herkam. Die Lehrer meinten, wir sollten die Sachen zurückbringen. Mit Ausnahme eines Schreibwarenhandels bekamen wir jedoch immer wieder die Antwort: »Nein, von uns kann das nicht sein.« Wahrscheinlich war es ihnen zu peinlich, zuzugeben, dass sie sich von drei Achtjährigen hatten beklauen lassen.

Mein Zivildienst neigte sich dem Ende zu. Zu meinem Erstaunen merkte ich, das mir sehr viele Kinder ans Herz gewachsen waren, dass ich Ekel überwinden konnte und vor allem, dass ich Spaß an etwas entwickelt hatte, das ich mir nie hätte vorstellen können.

Eine ernste Sache stand jedoch noch an, na ja, eigentlich zwei. Zum einen eine Operation am Fuß, bei der mir ein Knochen gerichtet werden musste, zum anderen eine Klassenfahrt. Freunde machten eine Fahrradtour zu mir ins Krankenhaus, natürlich mit Alkohol für ihren Kumpel *Kipptest* im Gepäck. Nicht nur, dass ich im Krankenhaus unerlaubt Alkohol trank, nein, sie nahmen mich im Rollstuhl sitzend mit in die Stadt und wir machten eine Menge Blödsinn, so wurde zum Beispiel der Rollstuhl etwas zweckentfremdet, um damit Saufspielchen zu spielen.

Die Klassenfahrt war dann der Abschluss des Jahres. Als wir, am Ziel angekommen, die Kinder versorgt hatten, war das Erste, was mein Kollege und ich machten, Bier für die zwei Abende einzukaufen. Die Jugendherberge, in der wir untergebracht waren, war gespickt voll mit Luxus und befand sich im relativ nahen Westerwald. Sie war frisch renoviert. Auch auf dieser Klassenfahrt ereigneten sich so viele lustige Geschichten, dass man viele weitere Seiten brauchen würde, um alles niederzuschreiben. Es gab die lustigste Wasserschlacht meines Lebens und Tollpatschigkeit ohne Ende. Was aber auch etwas Neues für mich war, war der Umgang mit Joints. Abends, als mein Kollege und ich Zeit für uns hatten, fragte er, immerhin Sohn eines Verdienstkreuzträgers, ob ich Bock hätte, mit ihm zu kiffen. Voll wie ich war und gut gelaunt war ich dabei. So hatte ich nun auch meine erste Drogenerfahrung zusätzlich zum Alkohol. All dies war möglich, weil die Lehrer uns etwas Gutes tun wollten, indem sie uns am Abend freie Hand ließen und wir Spaß haben sollten – praktisch als Dankeschön für unser Jahr. Das berührendste Dankeschön kam dann jedoch von den Kindern und meinen Lehrern zusammen: Am letzten Abend versammelten sich alle im Kreis und ich musste nichts ahnend in die Mitte kommen. Oh mein

Gott, wie ich so etwas hasste, aber ich musste da durch. Nach den Lobreden sagten sie, dass die Kinder eine Überraschung für mich hätten. Sie schenkten mir einen Teller mit all ihren Handabdrücken drauf. Neben ein paar anderen Kleinigkeiten kam dann die größte Überraschung: Die Lehrer hatten für mich ein Lied komponiert, das sie mit den Kindern zusammen sangen. Ich war sprachlos – und vor Aufregung völlig verschwitzt, sodass ich noch mal duschen musste. Auch heute noch bin ich sehr stolz darauf und habe diesen Teller noch immer, denn mehr Anerkennung konnte es nicht geben.

Als wir dann zurück in der Schule waren, wurde ich sehr melancholisch. Es war der letzte Tag. Ich lief noch einmal durch alle Räumlichkeiten, sah das Schwimmbad, das ich immer mied, die Schlafecken der Kinder, die wir, bevor diese kamen, zum Ausnüchtern benutzten, die Turnhalle und all die Räume, in denen ich so schöne, aufregende und mich positiv verändernde Dinge erlebt hatte.

Doch nun war es vorbei und ich hatte einen neuen Lebensplan. Zwar war ich zu einem halben Alkoholiker gereift, aber da ich nun wusste, dass diese Zeit zu Ende war, scherte mich dies einen Dreck.

Doch bevor ich meinen Lebensplan in die Tat umsetzen würde, wollte ich noch die kurze restliche Zeit bis dahin genießen und alles mitnehmen, was so möglich war. Das war für mich eine sehr gefährliche Zeit, da ich fast jeden Tag Alkohol konsumierte, aber das ging mir am Arsch vorbei. Zu jeder Zeit war mir bewusst, dass dies in dem Moment enden würde, wenn ich meine Pläne in die Tat umsetzen würde.

Um noch ein bisschen Urlaubsgeld zu verdienen und wenigstens einmal als richtiger Geselle gearbeitet zu haben, suchte ich mir parallel zu meiner Anmeldung in einer Abendschule zunächst einen Job und wurde fündig. Ich war mir aber dennoch sicher, einen neuen Beruf ausführen zu wollen.

Zunächst arbeitete ich jedoch wie geplant drei Monate als ausgelernter Bäckergeselle in einer Großbäckerei. Zeitgleich meldete ich mich a schon auf einer Abendschule an, um mein Fachabitur nachzuholen. Da ich ja noch bei meinen Großeltern wohnte und mein Opa mich unterstützte, war klar, dass ich meinen erlernten Beruf nicht weiter ausführen musste und mich so meinen neuen Zielen widmen konnte. Ich suchte ich mir dann also einen Teilzeitjob, bei dem ich in Ruhe mein Fachabitur machen konnte. Dieser Job als Geselle brachte mir durch viele Überstunden einen Haufen Geld ein und ich hatte nun auch gar nicht mehr die Zeit, das Geld für Saufgelage auszugeben – dafür gab ich es für andere Dinge aus.

Da ich gern reiste, bewarb ich mich am nahen Flughafen Köln/Bonn bei einem Logistikunternehmen, in dem ich bis heute tätig bin. Zeitgleich wechselte ich auch das erste Mal den Fußballverein, weil ich mich mit einem der damaligen Funktionäre des Vereins verkrachte. Ich wurde zu diesem Zeitpunkt von einem ehemaligen Trainer meines Heimatklubs angeworben. Selbst meine zwischenzeitliche Operation konnte ihn nicht davon abbringen, mich davon zu überzeugen, mich diesem Verein anzuschließen. Meine fußballerischen Fähigkeiten waren zugegebenermaßen schon so bekannt, dass er wusste, dass ich auch andere Möglichkeiten hatte.

Dadurch, dass ich praktisch die ganze Saisonvorbereitung ausfiel, startete ich in diesem Verein in der untersten Kreisklasse, das Ganze in der zweiten Mannschaft. In so einer Klasse zu überzeugen empfand ich als sehr leicht, da ich ja nun zwei Klassen tiefer spielte als im vorherigen Verein. Mit dieser Mannschaft den ersten Tabellenplatz zu erklimmen und neue, sehr liebe Menschen kennenzulernen, war ein unvergessliches Erlebnis, sodass die Spielklasse auch keine Rolle mehr spielte. Nach sechs oder sieben Spielen war es dann soweit: Ich wechselte in die erste Mannschaft, die zu diesem Zeitpunkt etwas durchhing. Deren Ziel war der Aufstieg. Durch einige neue Trainingsmethoden wurde ich immer besser und so überzeugte ich mit meinen Leistungen fast alle Zweifler. Ich musste mich in diesem neuen Verein beweisen und tat es. Vor allem empfand ich es als meine Pflicht, das in mich gesetzte Vertrauen zu rechtfertigen. Von da an spielte ich auch aufgrund des Erfolges nur noch in der ersten Mannschaft. Es entstanden neue Freundschaften, die mich später bis nach Australien führten. Es passte einfach. Am Ende der Saison stiegen wir tatsächlich mit beiden Mannschaften auf. Das Beste daran war, dass ich an beiden teilhaben dürfte.

Es war ein richtig schönes und erfolgreiches Jahr, aber leider nicht in anderen Bereichen. Zunehmend fiel mir das Leben bei meiner Großmutter schwerer. Derjenige, der dies noch erträglich machte, war mein Opa. In dieser Zeit lernte ich ihn richtig kennen und lieben. Immer mehr kam der religiöse Fanatismus meiner Oma zum Vorschein. Die Sonntage wurden für mich im wahrsten Sinne des Wortes zur Hölle. Was mir dahingehend das Leben etwas leichter machte, war die Nachtarbeit. Durch sie konnte mich meine Großmutter nicht so kontrollieren, wie sie wollte.

Arbeit war für mich immer mehr eine willkommene Abwechslung. Es wurde viel verlangt, aber auch gut bezahlt. Mein erster Vertrag belief sich auf drei Stunden täglich. Dies ließ sich wunderbar mit meinem Plan des Fachabiturs verbinden. Ich wurde zunächst in der Paketsortierung untergebracht. Dort liefen fast alle Pakete der gesamten Sortierung zusammen und mussten nach Farben sortiert werden. Nach Farben hieß nicht, dass die Päckchen voller Farbe waren, sondern dass die Bänder, auf die ich sie sortieren musste, in Farben unterteilt waren. Beispielsweise stand das gelbe Band für Spanien. Schnell hatte ich an dieser Tätigkeit Spaß, weil es eine sportliche Herausforderung darstellte. Hinzu kam, dass ich nach meiner Kindheit und dem Zivildienst wieder mal in eine neue Welt eintauchte. Nur eines änderte sich nicht: Gesoffen wurde in all diesen Welten.

Als ich bei dieser Firma anfing, wurde es mit dem Alkohol dennoch erst mal merklich weniger, allerdings war er nicht wirklich verschwunden. Es kam durchaus vor, dass ich, wenn ich sonntags arbeiten musste, schweißgebadet vom vorherigen Saufen auf der Arbeit ausnüchterte. Aber nicht nur privat, sondern auch in dieser Firma wurde in dieser Zeit der Alkohol zum Thema. Sehr oft kam es vor, dass sich höhere Vorgesetzte und Kollegen an der Flughafentankstelle nach der Arbeit trafen und sich noch das eine oder andere Bierchen genehmigten. Dies wurde an den Freitagen heftiger.

Da die *Feierabendtankstellengemeinschaft* immer größer wurde, kam unser damaliger Manager auf eine Idee, die sehr viel Zuspruch bekam. Er versprach im Zeitraum einer Woche für jeden Flieger, der pünktlich den Flughafen Köln/Bonn verließ, einen Kasten Bier. Davon hatten wir damals so knapp 30 pro Nacht. Aber nicht genug des Wachstums dieser Feierabendgemeinde, der ich auch zunehmend angehörte, es ging irgendwann sogar so weit, dass wir anfingen, hinter dieser Tankstelle zu grillen. Im Laufe der Jahre wurde es dann zwar auch weniger, aber in dieser Zeit, als der eine oder andere Kollege seinen Führerschein wegen Alkohol verlor, war dies sehr im Trend.

Alkohol war auch nach unseren sogenannten *Fokus-Meetings* im Spiel. Dort bezahlte die Firma das Essen und die Getränke jedes Mitarbeiters beziehungsweise der Abteilung, die es ausrichtete. Als wir unseren offiziellen Teil beendet hatten, gingen wir einmal anschließend privat zu einem brasilianischen Restaurant in Köln. Noch nie hatte ich so viel gefressen. Aber auch noch nicht gesoffen, na ja, zumindest nicht mit Arbeitskollegen. Da aber generell eine gute Stimmung herrschte und wir den offiziellen Teil beendet hatten, entschloss sich unser Divisionsmanager, privat zu bezahlen, und bestellte die alkoholische Karte einmal rauf und runter.

Diese Meetings wurden zu dieser Zeit meist zweimal im Jahr abgehalten. Der Firma ging es sehr gut. So entwickelten sich für mich in dieser Firma erste Verbindungen. Durch meine körperliche Fitness, den schon geschaffenen Verbindungen und dem Spaß an der Arbeit bekam ich relativ schnell einen 3,5-Stunden-Vertrag.

Ich fing in dieser Zeit an, mich mehr und mehr mit Verbesserungen auseinanderzusetzen und entwickelte zusammen mit einem Kollegen ein Programm, das es neuen Kollegen leichter machen sollte, die Farben der Bänder, von denen es neun Stück gab, zu lernen. Schließlich wurde ich dann zum Anlagenbediener und machte mehr und mehr Überstunden. Fast zeitgleich mit meiner neuen Arbeit startete auch mein Fachabitur. Ich kam sehr gut hinein und locker durch das Semester.

Dann lernte ich das erste Mal ein Mädchen kennen, für das ich mich intensiver interessierte. Sie war eine Arbeitskollegin. Wahrscheinlich, weil sie etwas gläubig schien, stellte ich sie sogar meine Großmutter vor. Wir waren so gesehen zwar nicht zusammen, aber trafen uns des Öfteren privat. Kennengelernt hatten wir uns, da wir am selben Band in der neu errichteten Frachthalle meines Arbeitgebers arbeiteten. Das zog sich eine ganze Weile hin, bis ich sie nach einiger Zeit in ein Fünf-Sterne-Wellness-Hotel einlud. Da sie das aber wohl nicht wollte oder das Interesse an mir verloren hatte, versetzte sie mich wenige Tage vor der Anreise. Ich war am Boden zerstört. Dies geschah zu einer Zeit, als ich gerade meinen Führerschein wegen Alkohol am Steuer verloren hatte. Ich brach das zweite Semester ab.

Als ich den Führerschein nach einer durchzechten Nacht abgeben musste, hatte ich Panik bekommen. Ich hatte nicht nur mich enttäuscht, sondern vor allem meinen Opa, der alles dafür tat, dass ich mein Fachabitur machte. Inmitten der Panik rief ich daraufhin meinen Vorgesetzten an, um mir eine Woche Urlaub zu nehmen. Da ich regelrecht Angst vor der Reaktion meines Großvaters hatte, verfiel ich wieder in alte Verhaltensmuster, flüchtete und verpisste mich. Da ich nach wie vor an meine Großeltern nichts bezahlte und es mir so finanziell sehr gut ging, nahm ich den nächsten Zug und floh nach Salzburg. Dort wohnte mein Onkel, zudem ich damals am meisten Vertrauen hatte. Da ich aber nicht sicher war, buchte ich mich in ein nahes gelegenes Hotel ein. Nun wurde mir bewusst, was ich angestellt hatte. Konnte ich den Job am Flughafen behalten? Das war 25 Kilometer von zu Hause entfernt. Würde mein Opa mich rausschmeißen? Fragen über Fragen. Da ich mich feigerweise nicht traute, zu Hause anzurufen, rief ich eine Freundin an, die mich dann ermutigte, mich wenigstens bei meinem Onkel zu melden. Das erste Mal im Leben schämte ich mich von Grund auf. Ich fuhr daraufhin zu meinem Onkel und erzählte ihm alles. Da er recht locker war, half er mir und übernahm den ersten Anruf bei meinen Großeltern. Von der Konversation bekam ich nur wenig mit, doch mein Onkel ermutigte mich, nach Hause zu fahren.

Als ich nach Hause kam, überraschte mich mein Opa ein weiteres Mal. Zwar fand er klare Worte, was ich für eine Scheiße gebaut hatte und wie dumm ich war, aber er hatte ja auch recht. Er ermutigte mich, das Beste draus zu machen, da man es nicht mehr ändern könne.

Zu meiner Arbeitsstelle fuhr ich zunächst mit dem Zug, was aber nicht lange anhielt, da es einfach nur nervig war. Ich fing daher an, Teile der 25 Kilometer langen Strecke mit dem Fahrrad zurückzulegen.

Ein paar Wochen später kam per Post meine Strafe. Neben einer saftigen Geldbuße bekam ich acht Monate Führerscheinentzug aufgebrummt. Somit war das Semester für mich gelaufen. Doch ich wusste, dass ich es wieder aufnehmen würde.

Nach den acht Monaten ging ich dann zum zuständigen Straßenverkehrsamt und wollte meinen Führerschein abholen. Blöderweise bekam ich ihn nicht einfach wieder, sondern sie sagten mir, dass ich eine sogenannte MPU machen müsse. Darin war bis dahin keine Rede gewesen und ich war überrascht und frustriert.
Ich absolvierte die verlangte Verkehrstherapie bei einem von meinem Vorgesetzten empfohlenen Verkehrstherapeuten. Dieser ging mit mir alle Fragen dieser MPU durch und sagte mir gleich, dass ich Bluttests machen müsse. Dieser Verkehrstherapeut sagte mir dann etwas, was ich nie vergessen werde: »Ich habe selten so einen schlauen Menschen wie Sie erlebt. Das Problem, das Sie haben ist, dass Sie sich selbst im Weg stehen, weil Sie den Wald vor lauter Bäumen nicht sehen.« Diese Aussage motivierte mich dazu, meine 25 Kilometer lange Strecke Tag für Tag komplett mit dem Fahrrad hinzulegen. Ich trank wenig Alkohol und wurde sportlich so aktiv, wie lange nicht mehr. Zudem hatte es den Effekt, dass ich das erste Mal in meinem Leben sparte. Also hatte es durchaus etwas Positives an sich. Nach einem Probelauf schaffte ich daraufhin die medizinisch psychologische Untersuchung. Das machte mich wiederum stolz, weil die MPU nicht so einfach zu bestehen war und ich es mir einmal mehr selbst erarbeitet hatte.

Ich belohnte mich mit einem zweiwöchigen Urlaub. Dieser ging auf eine der zwei Kanarischen Inseln, auf denen ich bis dato noch nicht gewesen war. Was für eine Last war da von mir abgefallen. Schon beim Buchen der Reise erfreute ich mich daran, endlich frei zu sein – frei von meiner Oma, frei von dem Druck, den ich durch den Verlust des Führerscheins hatte, frei von schulischen Dingen und vor allem frei tun zu können, was ich für richtig hielt. Dies hatte vor allem den Hintergrund, dass mich meine Großmutter immer mehr in ihren Fanatismus hineinzog, der immer unerträglicher wurde.

Ich genoss diesen Urlaub zum ersten Mal in einer Art und Weise, die frei war von allen Sorgen – und haute auf die Kacke. Aber so richtig. Jeden, aber wirklich jeden Tag ließ ich mich im benachbarten Luxushotel massieren. Ich erkundete sämtliche Feinheiten der Insel mit dem Auto, nicht nur an Land, sondern auch auf See mit einem Schiff. Als Krönung machte ich einen halbstündigen Rundflug mit dem Hubschrauber.

Ich lernte zwei studierende Mädels kennen, mit denen ich viel Zeit verbrachte und mit ihnen shoppen ging. Neu hinzu kam, dass ich mich an den Abenden in Schwulenbars aufhielt. Die beiden Mädels waren nämlich lesbisch und überzeugten mich, sie dorthin zu begleiten. Zunächst hatte ich noch Panik. Hoffentlich würde mich hier keiner entdecken. Meine Gedanken kreisten. Was würde dann Oma sagen, wenn sie das wüsste? Da ich mich zu einer früheren Zeit ja schon mal selbst spielerisch mit einem Jungen befasst hatte, legte ich aber schnell die anfängliche Skepsis ab.

Ich wurde neugierig und besuchte alleine eine Schwulendisco. Nach ein bisschen Auskundschaften wollte ich das Experiment schon beenden, doch plötzlich stand ein bildhübscher junger blonder Mann vor mir und fragte mich, ob ich was trinken wolle. Ich antwortete ihm, dass ich nicht schwul und dies nur ein Experiment sei. Da fing er an zu lachen und sagte. »Na wenn es ein Experiment ist, dann musst du wenigstens ein Glas mittrinken«. Mir fiel nichts ein, ich wurde sogar nervös. »Dos Cervezas por favor!«, sagte er zum Barkeeper, »und du wartest jetzt hier und trinkst das Bier mit mir.« Beeindruckt wie ich war, fragte ich ihn, woher er so gut Spanisch könne. Er war ein Deutscher, der mit seinem Vater auf diese

Insel ausgewandert war. Sein Name war Alexander – Alejandro auf Spanisch.

Ich erzählte ihm etwas über mein Leben, aber im Gegensatz zu meinen Erwartungen bat er mich, mit ihm zu tanzen. Ich und tanzen … Das kann ich bis heute nicht. Mit etwas Alkohol ließ ich mich überreden. Beim Tanzen passierte es: Er streichelte mir über die Wange und sagte mir, was für ein hübsches Gesicht ich hätte. Dann fing er an, mich zu küssen. Ich küsste zum ersten Mal in meinem Leben einen Mann – es gefiel mir. Da es nicht mehr lange dauerte, bis diese Disco schloss, fragte er mich, ob ich noch Lust hätte, mit ihm etwas zu trinken. Umgarnt wie ich war und zudem voller Alkohol, stimmte ich zu. Er fragte mich, ob ich noch Alkohol bei mir im Apartment hätte. Hatte ich. Natürlich. Dumm oder dorftrottelig, wie ich war, glaubte ich daran, dass wir uns weiter so nett unterhalten und betrinken würden. Das war, was ich kannte und konnte.

Es war dann aber nicht einmal ein halbes Glas Wein geleert, da ging es weiter ins Schlafzimmer. Ich hatte Sex. – Sex mit einem Kerl! Und zwar richtig – ganz im Gegensatz zu früherer Spielereien.

Als wir dann am nächsten Mittag aufstanden, gingen wir noch gemeinsam duschen und er verabschiedete sich mit seiner Telefonnummer und den Worten: »Ruf mich an, ich würde mich freuen, dich wiederzusehen.«

Als ich langsam nüchtern wurde, plagten mich Gewissensbisse und Sorgen. Ich fragte mich, ob ich schwul sei, aber ich schob es auf den Alkohol und meldete mich nie wieder bei Alejandro. Dennoch sollte er mir nie wieder aus dem Kopf gehen.

Da ich die letzten Tage des Urlaubs genießen wollte, hielt ich mich zusammen mit den beiden Lesben am Strand auf und gönnte mir weiterhin Aktivitäten wie Jet-Ski und was es da sonst so alles gab, doch irgendwie hielt sich immer noch Alejandro in meinem Kopf auf. Ich war verwirrt, aber nun endete dieser Urlaub.

Zu Hause angekommen, war ich irgendwie wieder voller Elan und gut erholt. Was den Fußball anging, so wechselte ich zurück in meinen Heimatverein. Aber was viel wichtiger war: Ich wollte nun einen neuen Anlauf für mein Fachabitur nehmen.

In all diesem Elan, der Motivation, die ich verspürte, ging das Thema *Homosexualität* für mich zunächst unter. In diesem Jahr wechselte ich eigentlich aufgrund der entstandenen persönlichen Probleme mit meiner damaligen Kollegin die Stelle, daraus entwickelte sich aber ein Vorteil und ich wechselte schließlich aus der Sortierhalle raus zu den Flugzeugen, sogar mit einem besseren Vertrag. Dies bewirkte neben der bestandenen MPU und dem schönen Urlaub einen zusätzlichen Motivationsschub.

Ich hatte mich aus sämtlichen miesen Situationen befreit, was meinem Opa auffiel. Da sich einer meiner Onkel ein relativ großes Haus baute, fragte mich Opa, ob ich dabei nicht behilflich sein könne. Mein Onkel baute dieses Haus im Prinzip mit Opa allein, der nun mich mit hinzunahm. Mehr als jemals zuvor lernte ich in dieser Zeit meinen Opa kennen. Er erzählte Dinge, die ich gerade wegen meiner gläubigen Oma nie von ihm erwartet hätte. Dies schweißte mich unglaublich mit ihm zusammen. Er riet mir auf gut Kölsch:»Jung, du bis getz alt gennoch, um ding eigens Gläve zu Gläve. – *Du bist nun alt genug, dein eigenes Leben zu leben.*« Ich ging zu dieser Zeit davon aus, dass es eine Art Respektbekundung war. Zwar war es das irgendwie, aber damals konnte ich es nicht richtig einschätzen, deswegen war ich nicht sicher, ob es nicht vielleicht ein Wink mit dem Zaunpfahl war, endlich auszuziehen. Nicht weil er mich rausschmeißen wollte, sondern vielmehr, weil er ja mitbekam, wie mich meine Oma in dieser Zeit ankotzte und wie ich andererseits mein Leben immer besser in den Griff bekam.

Normalerweise war Opa kein Mensch, der sich groß mit Urlaub befasste, trotzdem fragte er mich in dieser Zeit sogar einmal, wo ich meinen nächsten Urlaub geplant hätte. Vielleicht war er aber auch einfach ein anderer Mensch geworden, unter anderem hatte er eine Bypass-Operation hinter sich gebracht.

Ein paar Monate gingen ins Land und ich fuhr in meinem nächsten Urlaub in die Dominikanische Republik. Alles lief super. Ich hatte beschlossen auszuziehen, da ich es mit meiner Oma nicht mehr aushielt, außerdem interessierte ich mich mehr und mehr für Jungs. Um dies zu verheimlichen, investierte ich eine Menge Zeit, die ich mir mit einem Auszug sparen konnte. Mit dem Fachabitur lief es recht gut, auf der Arbeit war ich zufrieden und im Fußball waren wir einmal mehr dabei aufzusteigen. – Aber alles kam wieder einmal anders.

Nur kurze Zeit, nachdem ich braun gebrannt aus dem Urlaub zurückkehrte, kam mein Opa von seinem Arztbesuch. Ich fragte ganz entspannt, ob alles okay sei, aber er sagte nur: »Die han jet Befuge. – *Die haben etwas gefunden.*« Ich wollte wissen, was sie gefunden hätten, und er meinte entspannt und kühl: »Ein Geschwür. Ist nicht so wichtig.« Als ich nachhakte, konnte er es aber nicht mehr runterspielen und räumte ein, dass er Krebs hatte. Die Art, mit der er es sagte, machte mir zwar Sorgen, aber es schien nur minimal zu sein. – Doch das war es nicht. Es war vielmehr schon weit vorangeschritten. Ein weiterer heftiger Schlag.

Erneut musste Opa sich einer Operation unterziehen und bekam einen künstlichen Darmausgang. Bei allem, was ich Negatives über meine Oma dachte, erkannte ich in dieser Situation ihre Liebe zu meinem Opa. Tag für Tag reinigte sie ihm den künstlichen Darmausgang. Mir ging es immer beschissener, weil ich an meinen Opa dachte und mich meine Oma mehr einbinden sollte. An einen Auszug war nun nicht mehr zu denken. Ich wurde immer mehr das Sprachrohr meiner Oma, immer mehr sollte ich beten. Ich hatte die Schule, den Job, die Sorgen und den Fußball.

Alles unter einen Hut zu bekommen, wurde mir zu viel, und so schaffte ich es nicht mehr, etwas für mein Fachabitur zu machen. Dennoch mühte ich mich.

Mein Opa baute sehr schnell ab, was ihn aber nicht davon abhielt, sich das nicht anmerken zu lassen. Ansehen konnte man es ihm dennoch. Durch die angefangene Chemotherapie kotzte er immer und immer wieder. Schließlich bat mich dann meine Oma, ihn ins Krankenhaus zu bringen, da sie keinen Führerschein hatte. Sie packte seine Tasche und bat mich hochzukommen, um meinen Opa zu stützen. Wie schon gesagt, sah man es meinem Opa an, dass es ihm nicht gut ging, dennoch winkte er ab, als ich ihm helfen wollte. Ich tat es trotzdem. Als ich seinen Arm nahm, erschrak ich heftig. Ein weiterer Moment, den ich nie mehr aus dem Kopf bekommen sollte. Sprachlos stützte ich ihn und half ihm die Treppe hinunter. *Was war das?*, fragte ich mich. Er war praktisch nur noch eine Hülle aus Haut und Knochen. Im Krankenhaus versuchte man ihm dann Blut abzunehmen, aber er hatte nur noch so wenig Blut, das man es nicht schaffte, ihm eine Ampulle voll zu entnehmen.

In der folgenden Woche ging es ihm dann wieder ein wenig besser, sodass ich der Meinung war, oder vielmehr hoffte, dass es schon wieder werden würde. Als ich ihm sonntags auf seinen Wunsch hin den Rasierapparat brachte, fing er an, wirres Zeug zu reden. Er erzählte mir, dass er nichts mehr von der *scheiß Bauerei* hören wolle und das generell *alles scheiße* sei. Seine Bauunternehmung war sein Lebenswerk und er war nie ein negativer Mensch gewesen, daher hoffte ich, dass er wohl einfach mal einen schlechten Tag hatte. Aber irgendetwas beunruhigte mich.

Ich war zu dieser Zeit so gut wie nie krank und erst recht kein Blaumacher mehr, egal wie voll ich war. Aber an diesem Sonntag zum 11. September, diesem berühmten Datum, tat ich es: Ich rief an und meldete mich krank; ohne konkreten Grund, ich hatte einfach keinen Bock.

Da ich nachts arbeitete, schlief ich meist bis in den nächsten Nachmittag rein. Morgens ging meine Oma ihren Mann besuchen. Doch diesmal wachte ich früh auf, da ich nicht gut schlafen konnte. Geweckt wurde ich durch einen Telefonanruf. Da ja meine Oma unterwegs zu Opa war, ging ich ran. Es war das Krankenhaus. Die Frau wollte Oma sprechen und ich sagte, dass sie auf dem Weg sei. Sie fragte sie mich daraufhin, ob ich der Enkel sei. Nachdem ich dies bejahte, fiel sie mir fast ins Wort. »Ich muss Ihnen leider mitteilen, dass Ihr Großvater heute Morgen friedlich eingeschlafen ist.« Ich stand unter Schock. Der Tod meines Großvaters wurde für mich zu einem der heftigsten Schläge meines Lebens. Doch bevor ich heulen konnte, dachte ich an meine Oma. Sie wusste ja noch nichts – das würde eine böse Überraschung für sie werden. Sofort rief ich meine Onkel und meine Mutter an und informierte sie. Dann fuhr ich zum Krankenhaus.

Geschockt aber voller Elan, organisierte ich in den kommenden Tagen zunächst die wichtigsten Dinge und im Anschluss die Beerdigung. Ich fuhr unter anderem mit meiner Oma zum Bestattungsunternehmen. Ich machte alles, nur nicht trauern. – Es war auch einfach keine Zeit dafür.

Dann stand die Beerdigung an, es war alles erledigt. Mir wurde unwohl. Ich nahm mir einen Stein mit in die Trauerhalle. Als mein Opa dann an mir vorbeigetragen wurde, fing ich an, zu begreifen, dass er nicht mehr da war. Als er in seine Ruhestätte abgelassen wurde, fühlte ich mich leer. Ich wollte keine Hände schütteln.

Nachdem wir den Tag mit dem üblichen Leichenschmaus hatten ausklingen lassen, war plötzlich alles anders: Opa war nicht mehr da. Mein Opa, der zu meinem Schutzengel bei so vielen Dingen geworden war. Mein Opa, der mich vor den Einflüssen meiner Oma bewahrte. Mein Beschützer war weg …

Ich konnte es aber nicht ändern und um mich nicht zu sehr damit zu beschäftigen, arbeitete ich so viel, wie ich konnte.

Nun lebte ich allein mit meiner Großmutter. Das wirkte sich immer mehr auf mich aus. Sie verarbeitete ihre Trauer in noch mehr Fanatismus, als sie sowieso schon in sich hatte. Da es ihr aber sichtlich half, akzeptierte ich es. Da nun mein Opa nicht mehr da war, fing ich an mehr und mehr für sie einzukaufen und sie in schriftlichen Belangen zu unterstützen. An einen Auszug war nun nicht mehr zu denken.

Da ja ein Unglück selten allein kommt, bekam ich in dieser Zeit einen neuen Chef. Den ich noch aus Zeiten, in denen er mit mir als normaler Mitarbeiter zusammenarbeitete. Leider wurde mir dies zum Verhängnis. Grundsätzlich machte mir der Job richtig Spaß, ich berechnete die Gewichtsverteilung in den Flugzeugen und koordinierte, wie viel Gewicht in jedes Abteil verladen wurde. Da ich aber kein offizieller Vorgesetzter war, dennoch Kollegen sagen musste, was sie zu tun hatten, war dies keine leichte Aufgabe, zumal einige dieser Kollegen schon viel erfahrener und länger dabei waren als ich selbst. Dennoch schaffte ich es, mir so viel Respekt zu erarbeiten, dass es gut funktionierte. Leider fing dieser neue Chef dann an, sich an mir zu profilieren. Er war selbst angehender Manager, fachlich sehr gut, nur half mir das nicht. Er degradierte mich zurück zum *Lader*, die Gewichtsverteilung sollte ich jedoch weiterhin miterledigen. Was ich aber als viel schlimmer erachtete war, dass er mich vor meinen Kollegen schikanierte, im Grunde war es Mobbing. Dass ich es stoisch hinnahm, brachte mir wohl weiteren Respekt meiner Kollegen ein. Diese stellten sich auf meine Seite und gaben mir Tipps, was ich tun könne, nämlich zum Betriebsrat gehen. Ich war in diesem Jahr öfter krank, als ich es in all den Jahren vorher war. Als ich mir dann den Daumen brach, fiel ich weitere sechs Wochen aus.

Als ich früher als nötig wieder arbeiten ging, weil ich nicht in ein Krankengeld reinfallen wollte, sagte ich meinem neuen Chef, dass ich nur die Gewichtsberechnung übernehmen könne, weil der Daumen noch nicht ganz ausgeheilt sei. Grundsätzlich war das kein Problem und da unsere Firma zu dieser Zeit den größten Umsatz machte, willigte er ein.

Der Daumen, der wirklich fast komplett durchgebrochen war, war jedoch noch lange nicht verheilt. Als diese umsatzstarke Zeit nach etwa zwei Wochen beendet war, ging es wieder los mit der Schikane und er setzte mich wieder zusätzlich als Lader ein. Daher ging ich wieder zum Arzt und ließ mich weitere zwei Wochen krankschreiben. Dies führte dazu, dass ich sogar ein Gespräch wegen hoher Krankheitstage führen musste. Ich überlegte zum ersten Mal, bei meiner Firma zu kündigen.

Währenddessen fiel mir die Schule immer schwerer. Dass es auf der Arbeit nicht lief, dass mein Großvater nicht mehr da war und vor allem, dass ich nun immer mehr für meine Oma tun musste, belastete mich bis hin zu depressiven Phasen. Was sich aber an der Gesamtsituation am schlimmsten anfühlte war, dass ich auch keinen Ausgleich mehr hatte. Zwar spielte ich noch Fußball, aber der wurde von meiner Großmutter so gehasst, dass sie mich zwang, sonntags die Kirche zu besuchen, bevor oder nachdem ich Fußball spielte. Das führte dazu, dass ich immer weniger mit Freunden unternahm.

Die schwerwiegendste Sache hatte jedoch mit all dem nur bedingt zu tun: Mir war zwischenzeitlich bewusst geworden, dass ich doch eher auf Männer als auf Frauen stand – und im Hause meiner stockkonservativen Oma. Ich musste also ein Doppelleben führen und das war die Hölle. Ich verzweifelte immer mehr, obwohl ich mir äußerlich nichts anmerken ließ. Schließlich entschloss ich mich, mich in Briefen an meine Idole zu wenden, und schrieb unter anderem Otmar Hitzfeld, einem der erfolgreichsten Trainer des Profifußballs seiner Zeit. Viele Menschen halten den *FC Bayern München* für durch und durch arrogant, aber ich erlebte das Gegenteil, denn wenige Tage nach meinem Brief bekam ich eine Antwort, und zwar nicht irgendein Vordruck, sondern eine handschriftliche Antwort von Otmar Hitzfeld. Er fügte eine Autogrammkarte hinzu, mit der er mir Kraft und Zuversicht wünschte. Er riet mir dazu, an mich selbst zu denken. – Und das tat ich.

Das Erste, was ich machte war, mich selbst zu hinterfragen, worauf ich am ehesten verzichten könne, von all den Sachen, die ich um die Ohren hatte. Da ich nun mittlerweile genug verdiente, um alleine leben zu können, und ich meine Oma sicher nicht mehr zu dem, was ich *gesunden Menschenverstand* nennen würde, *umdrehen* konnte, entschied ich mich dazu, das Ziel des Fachabiturs zu begraben, und schmiss die Abendschule hin. Ich hatte einfach keine Kraft mehr, mich darauf zu konzentrieren. Zu meinem Glück wechselte kurze Zeit später auch mein Chef. Und was mir zusätzlich noch mehr Sicherheit gab war, dass ich nun nicht mehr gewerblicher Mitarbeiter war, sondern angestellt wurde. Somit verdiente ich genug, um mir eine eigene Wohnung leisten zu können. Nun hatte ich eine Last weniger.

Aber das war noch nicht genug. Ich entschloss mich, einen Luxusurlaub zu buchen, und flog auf die Malediven. Ähnlich wie auf Gran Canaria gönnte ich mir alles, was man sich so gönnen konnte. Ich nahm mir sogar ein Buch mit, falls es langweilig werden würde. – Doch genau das passierte zu keinem Zeitpunkt. Ich lernte in diesem Urlaub jemand kennen, der noch jünger als ich war und zum Tauchen da war. Ich war also nicht allein und ich war frei. Wir tauchten, wir angelten, wir spielten Tennis und machten alles, was das Leben zu bieten hatte. Wo mich dieser Bursche vor allem bereicherte, war beim Essen. Zu Hause wurde ich von meiner Großmutter bekocht. Nicht dass sie schlecht kochen würde, nur war es halt Hausmannskost, ich hasste dieses fettige Zeug immer mehr, vor allem aß ich dadurch keinen Fisch mehr. Dies änderte sich durch diesen Urlaub. Der Bursche nötigte mich mehr oder weniger, etwas von seinem Fisch zu probieren, und – Wow! – ich war überrascht, wie lecker es war. Ich esse bis heute gerne – gut zubereiteten – Fisch. Aber auch dieser Urlaub endete viel zu schnell, doch er bewirkte etwas.

Dank Otmar Hitzfeld und der Erfahrung dieses Urlaubs kam ich zu dem Entschluss das Vorhaben, das ich bereits vor dem Tod meines Großvaters hatte, umzusetzen. Ich war wildentschlossen, mein eigenes Leben zu führen. Ich hatte einfach die Schnauze voll, ein Doppelleben zu führen. Ich hasste es, sonntags zur Kirche zu gehen, und wollte endlich auch mal jemand richtig kennenlernen, nicht nur heimlich mit irgendwelchen Typen rumvögeln. Und ich wollte anderes essen. Dies und noch vieles mehr wollte ich, aber was wäre dann mit meiner Oma? Durch ihren Glauben überwand sie den Tod ihres Mannes sehr gut. Sie hatte zwar keinen Führerschein, sodass ich viele Dinge erledigen musste, aber das ließe sich auch mit einer eigenen Wohnung vereinbaren, fand ich.

Ich sagte ihr erst mal nichts von meinen Plänen, da hätte sie sich sofort quergelegt. Ich suchte mir also ohne ihr Wissen eine Wohnung und einige Zeit später, nach einem Ski-Urlaub in Ischgl, wurde ich in Köln fündig und informierte nun auch Oma über meine Pläne. Sie war natürlich nicht begeistert und versuchte alles, um mich davon abzubringen, doch ich hatte den Mietvertrag schon unterschrieben. Schließlich merkte sie, dass es zwecklos war, mich aufzuhalten, und sagte mir, dass ich es selbst wissen müsse. Immerhin.

Mein Sommerurlaub fiel bewusst auf Ibiza, weil ich dieses Jahr nicht so viel Geld ausgeben wollte, ich brauchte ja eine Wohnungseinrichtung. Zwar hatte ich dafür am Ende tatsächlich noch etwas Geld übrig, aber leider wurde dieser Urlaub überraschend genauso teuer, wie der im Vorjahr. Für mich bedeutete dieser Urlaub gleichzeitig auch den Abschluss des Lebens, was ich bisher geführt hatte. Und ich war stolz, meine erste bewusst eigene weitreichende Entscheidung getroffen zu haben: raus aus der Verwöhntheit, rein in das wahre Leben. Mir war bewusst, dass ich mir derartigen Urlaube erst einmal nicht mehr leisten konnte, wohl deswegen ließ ich es auf Ibiza richtig krachen. Als ich wieder zu Hause ankam, waren es nur noch wenige Wochen bis zu meinem Umzug, schließlich war es soweit und ich zog aus.

Analyse:
Der Sicherheitsgurt öffnete sich, doch ich hatte Glück, einen Schutzengel zu haben: meinen Großvater. Mein Opa, der selbst so viel erreicht hatte, trat mir wohlwollend in den Arsch. Vor allem aber gab er mir Halt und ließ mich nicht so fallen, wie meine Eltern es getan hatten. Auch meine Oma trug ihren Teil dazu bei. Selbstverständlich bin ich auch ihr für alles dankbar, das werde ich immer sein, doch ich hatte vergessen, an mich selbst zu denken, und war in eine Abhängigkeit gerutscht, die viele Jahre andauerte. Doch nun hatte ich die Kraft, den Sicherheitsgurt wieder zu schließen, und zog aus.
Die Achterbahn fuhr weiter.

Kapitel 4

Die wild erlebte Achterbahn geht weiter, aber öffnet mir nun die Augen

Keine Veränderung tut so weh, wie dortzubleiben, wo man hingehört.

Warum dieses Kapitel so wichtig ist:
Ich hatte bereits einiges auf meiner Fahrt erlebt, doch nun folgte etwas, was viel früher hätte eintreten müssen: das Wachstum. Mein Background öffnete mir nun in vielerlei Hinsicht die Augen. Und gerne gebe ich auch hier diesen Background als Inspiration an den Leser weiter, denn je mehr ich am Boden lag, desto schneller und größer war mein Wachstum. So ich musste gerade in dieser Zeit sehr viele Stufen erklimmen, mit denen ich nicht gerechnet hatte. Doch mit jeder Stufe wuchs ich. Ich hatte bereits einige Stufen geschafft, doch die nächsten waren höher und schwieriger. Mit jeder Stufe wuchs aber auch ein *Muskel* in mir ...

Background:
(27 bis 32 Jahre)

Ich war nun im Leben angekommen, aber eines sollte sich nicht verändern: die Probleme; diesmal jedoch in Eigenverantwortung. So gesehen war alles neu und doch nicht anders.
Da ich einfach nur froh war, endlich mein eigenes Leben führen zu können, entschloss ich mich, einen Kredit aufzunehmen. Ich rechnete mir aus, was ich mir leisten konnte, und nahm so wenig wie möglich auf. Meine Oma unterstützte mich zwar finanziell noch etwas, indem sie mir eine neue Küche bezahlte, jedoch waren wie-

der Bedingungen daran geknüpft. Da ich ja in gewisser Weise schon ein recht verwöhnter Bengel war, nahm ich diese Unterstützung an, zumal ich ja in meinem Urlaub mehr ausgegeben hatte, als geplant. Die Bedingungen meiner Oma waren, keinen Kredit aufzunehmen und Möbel von ihr mit in die neue Wohnung zu nehmen. Vielleicht wäre dies der gesündere Weg gewesen, sehr wahrscheinlich auch der cleverere Weg, doch zu sehr belastete mich mittlerweile die Zeit bei Oma und jedes einzelne Möbelstück, das mich an diese Zeit erinnerte, löste dieses Gefühl aus. Ich holte meiner Oma zuliebe zwar die Möbel ab, aber statt in meiner Wohnung landeten die meisten auf der Müllhalde. Trotz allem war ich ihr aber sehr dankbar, denn sie hatte mich zusammen mit Opa bei sich aufgenommen und sie war neben ihren negativen Eigenschaften, so sehr ich diese auch verabscheute, im Grunde eine herzensgute Person. Ich nahm also trotzdem den Kredit auf und erkaufte mir damit weitere Freiheit. Leider ließen die nächsten Probleme nicht allzu lange auf sich warten.

Da ich ja in einem sehr krisensicheren Unternehmen arbeitete, war mein Plan den Kredit, der sich auf 7.000 Euro belief, mit Überstunden und sparsamem Leben schnell und vorzeitig abzubezahlen. Doch genau in dieser Zeit ereignete sich im Jahre 2008 eine Weltwirtschaftskrise, die auch vor meinem Arbeitgeber nicht Halt machte. Zwar war mein Job sicher, jedoch machte ich keine Überstunden mehr beziehungsweise dürfte sie mir nicht mehr auszahlen lassen. Soweit war dies zwar bitter, aber da die Überstunden in meiner Planung nur dazu dienten, den Kredit schneller abzubezahlen, wäre ich auch so über die Runden gekommen. Blöderweise kam auch dieses Unglück wieder mal nicht allein.

So ging nach genau drei Monaten mein Auto kaputt und dafür hatte ich nun kein Geld mehr. Ich arbeitete jetzt zwar in der Nähe des Flughafens, zu dem ich auch mit dem Fahrrad hätte fahren können, aber ich hatte trotz allem ja auch begonnen, meine Oma zu versorgen. Ich wohnte zu weit von ihr weg, sodass ich dringend ein anderes, diesmal ein gebrauchtes Auto brauchte, Hauptsache es hatte zwei Jahre TÜV. Ich nahm dafür den noch verfügbaren Überziehungskredit in Anspruch.

Ich trudelte zunehmend in eine finanzielle Krise und suchte mir einen Nebenjob. Der Erste hielt jedoch genauso lange, wie ich mich drauf beworben hatte, nämlich genau drei Tage: als Bierzapfer und Kellner in der heutigen *Lanxess-Arena* in Köln. Ich merkte schnell, dass das nichts für mich war. Aber ich fühlte mich gezwungen, etwas zu unternehmen, da mein Konto ja deutlich überzogen war und ich immer noch den Kredit hatte.

Über einen Arbeitskollegen kam ich dann an einen neuen Nebenjob, der mehr Spaß machte und den ich ein paar Monate ausführen konnte: als Kommissionierer in einem Großhandel. Eigentlich sollte dies dazu führen, die finanziellen Dinge in den Griff zu bekommen, nur war dieses Zusatzeinkommen mittlerweile nicht mehr, als ein Tropfen auf den heißen Stein, denn zu dieser Zeit genoss ich jede freie Minute und tat all die Dinge, die andere wahrscheinlich in viel jüngeren Jahren durchlebten.

Ich hatte gemerkt, wie einfach es war, in der schwulen Welt Sex zu bekommen. Über das Internet datete ich immer häufiger Typen, es war fast wie eine Sucht. Ständig gingen die Typen bei mir ein und aus. Ich wurde quasi zu einer kostenlosen Nutte. An manchen Tagen kam es sogar vor, dass ich nicht ein Date hatte, sondern gleich zwei oder drei: Der eine kam, der andere ging.

Zu meinem Glück lernte ich aber auch jemanden kennen, mit dem ich keinen Sex hatte. Dieser Mann hatte etwas. Ich bewunderte ihn dafür, wie er sein Leben meisterte, was er für Ansichten hatte und wie konsequent und geordnet er war. Ich traf mich ein zweites Mal mit ihm. Und nach dem dritten Date hatten dann auch wir Sex. Ich war verliebt. Und da dies auch für ihn zutraf, wurden wir schließlich ein Paar. Ich hatte nun einen Partner. – Den ersten Partner in meinem Leben! Er hieß Jo.

Trotz der finanziellen Disharmonie war ich so glücklich, wie wahrscheinlich noch nie zuvor in meinem Leben. So beschloss ich etwas, was ich nie wollte oder für möglich gehalten hätte: Ich lud unter dem Vorwand einer Einweihungsfeier meine engsten Freunde aus meinem Heimatdorf zu mir ein, um mich zu outen. Das war ein Risiko, da sie ja im selben Dorf wie meine Oma wohnten, mit der ich durch die gewonnene Distanz ein immer besseres Verhältnis bekam.

Als die ersten Freunde ankamen, fing ich sie vor der Haupteingangstür ab und bereitete sie vor. Ich erzählte ihnen, dass wir einen weiteren Gast hätten und ich ihnen diesen vorstellen wolle. »Wat Gäste dann? – *En Katz, inne Dünk? Was für Gäste? Eine Katze, einen Hund?*« Nervös wie ich war, antwortete ich mit einem vielsagenden »Deedee!«. Ich brachte sie hoch und stellte vor: »Das ist mein fester Freund!«, sagte ich. Schweigen. Ich war erst mal erleichtert, aber immer noch etwas in Sorge. Dann endlich: »Jod, dann hange gene mi zum Mitsuffe! – *Gut, dann haben wir einen mehr zum Mitsaufen!*« Dies war ein Moment, in dem sich Freundschaften zeigten – oder auch nicht. Es war die richtige Entscheidung gewesen, weil sie zu mehr Offenheit führte.

Ich war schon zu einem früheren Zeitpunkt, durch einen Klingelton, gegenüber einem damaligen Arbeitskollegen geoutet worden. Dies führte dazu, dass ich durch ihn dann etwas mehr die Homosexuellenszene kennenlernte und mit ihm meine erste Schwulenparty besuchte. Nach und nach outete ich mich jetzt, aufgrund meines Partners und der ersten positiven *offiziellen* Outingerfahrung bei mehreren Freunden, immer mit der Prämisse, dass meine Großmutter nichts erfahren solle. Das funktionierte auch.

Nach fast einem Jahr, in dem ich immer mehr ins finanzielle Minus rutschte, fragte mich ein Freund, ob ich nicht Lust hätte, *Rafting* als Nebenjob auf Rhein und Sieg zu begleiten. Er war einer von denjenigen Freunden, die auf mein Outing am lockersten reagiert hatten, und führte zusammen mit zwei anderen Freunden in diesem Jahr übergangsweise diese Firma. Es war leicht verdientes Geld und es war ordentlich Geld, sodass ich mich finanziell etwas erholen konnte. Leider war dies nur im Sommer möglich, sodass dies nur eine kurze Phase war.

Dadurch, dass ich in diesem Sommer mehr auf die Finanzen als auf meinen Freund Jo achtete, bekam ich das erste ernsthafte Beziehungsproblem, er machte sogar kurzzeitig Schluss, allerdings wirklich nur kurz. Für mich war es jedoch ein Drama.

Aber der Sommer war nun vorbei und ich hatte etwas weniger Minus als zuvor. Da ich mir aber so nicht erlauben konnte, in Urlaub zu fahren, und Jo ebenfalls klamm war, entschloss ich mich, für uns eine Reise nach Berlin zu buchen. Da ich ja zu wenig Zeit mit ihm verbracht hatte, war dies eine gute Möglichkeit, ihn wieder richtig für mich zu gewinnen – und es funktionierte. Ich spendierte uns dieses verlängerte Wochenende in Berlin, was dazu führte, dass ich wieder an mein Dispolimit kam. Um es einfacher zu machen, glich ich dann den Dispo aus und erhöhte meinen Kredit, der nun schon im fünfstelligen Bereich angekommen war.

Die Zeit in Berlin war wunderbar, genauso wie mit ihm Zeit zu verbringen, sei es beim Einkaufen oder anderen Bereichen. Ein Freund und Arbeitskollege von ihm sagte uns in dieser Zeit einmal, wir wären wie ein altes Ehepaar, so wie wir miteinander umgehen würden. Für mich war das ein richtig schönes Kompliment, da es mir so etwas wie Geborgenheit vermittelte.

Jo wohnte in einem Hochhaus in Köln. Fast jeden Tag schlief ich bei ihm. Da ich ja noch Fußball spielte, wurde die Anstrengung, zum Training zu gehen, immer größer. Irgendwann entschloss ich mich dann, mich in meiner Fußballmannschaft zu outen. Ein paar von ihnen wussten es ja eh schon, aber hielten sich bedeckt, weil ich sie darum gebeten hatte. Ich glaube, es gibt bis heute nicht allzu viele Schwule, die das Outing in einer Fußballmannschaft gewagt haben, doch meine Liebe war zu groß und ich wollte meinen Liebsten auch bei den Fußballspielen bei mir haben. Es war hart und alles andere als einfach, diesen Schritt zu tun, doch sollte es zum Mutigsten werden, das ich bisher getan hatte, und es lohnte sich. Der Mut machte sich bezahlt, denn die Reaktion fiel im Grunde sehr positiv aus. Das war ein großer, ein riesiger Schritt in meinem persönlichen Reifeprozess.

Nun waren wir schon knapp eineinhalb Jahre zusammen und ich sollte endlich auch seine Familie kennenlernen. Dies dauerte deswegen solange, weil er aus dem tiefsten Osten nach Köln gezogen war und sich auch noch nicht geoutet hatte. Ich half ihm dabei und schlug ihm vor, wie er einen Brief an seine Mutter formulieren könne. Ich hatte ja nun eigene Erfahrung gesammelt.
Es funktionierte und so fuhr er dann Weihnachten zu seiner Familie. Ich fuhr erst später, da ich noch arbeiten musste. Ich überraschte ihn mit seinem Weihnachtsgeschenk und alles lief harmonisch ab.
Ich hatte zwar immer noch kein Geld, aber war sehr glücklich. Dadurch dass er seinen Zivildienst machen musste, war er ebenfalls chronisch pleite. Immer häufiger übernahm ich unsere wöchentlichen Einkäufe, immer häufiger gab ich ihm Taschengeld, damit er feiern gehen konnte, um nicht einen Lagerkoller zu bekommen. Da ich aber eigentlich gar kein Geld übrig hatte, verzichtete ich selbst auf alles. Was er mir dafür bot, waren leckeres Essen und Geborgenheit, was für mich das Wichtigste war.

Jetzt war schon einige Zeit vergangen, in der nichts passierte, die Achterbahn war schon zu lange in der Höhe. Das musste sich natürlich ändern und so ging mir dann zunächst das gebrauchte Auto kaputt, das ich erst ein Jahr zuvor gekauft hatte. Nun hatte ich überhaupt kein Geld mehr. Und vor allem wusste ich nicht, was ich meiner Oma erzählen sollte. Doch dafür fand mein Partner eine Lösung: Er organisierte, dass ich mir das Auto seiner Schwester dauerhaft ausleihen konnte. Zwar war dies wieder mit einer Lüge bei meiner Großmutter verbunden, weil sie natürlich sah, dass ich nicht mit meinem Auto kam, aber ich sagte ihr, das es ein Dienstauto wäre und das genügte.

Da seine Schwester mit ihrem Freund in Husum an der Nordsee wohnte, machten wir beim Abholen des Wagens einen Kurzurlaub daraus. Auch dies vermittelte mir eine Art Sicherheit.

Beruflich war es ruhig geworden, sodass bis auf die Finanzen alles stimmte. Doch meine finanzielle Situation wurde immer kritischer. Ich fragte meinen Freund daher, was er davon halten würde, mit mir zusammenzuziehen, das würde einiges sparen. Doch er erklärte mir, dass er erst seinen Zivildienst beenden wolle. Zwei Haushalte waren unmöglich weiterhin zu stemmen, aber ich schluckte diese bittere Pille weiter.

Als viele Wochen ins Land gestrichen waren und es gar nicht mehr ging, beschlossen wir dann doch zusammenzuziehen. Ich war erleichtert. Zwar wohnte ich eh schon mehr bei ihm als bei mir, aber jetzt konnten wir uns endlich von der kostenintensiven zweiten Wohnung trennen. Ich zog also offiziell zu ihm in seine Wohnung und veräußerte mit großen Verlusten das Inventar meiner Wohnung. Das reichte aus, um endlich wieder ein eigenes Auto zu kaufen. Da meine Oma auch etwas beisteuerte, ich hatte es ihr zwischenzeitlich gebeichtet, kam ich nun zu einem zwar gebrauchten, aber besseren

Auto. Es war perfekt, ich konnte meine Miete einsparen und Jo war am Ende seines Zivildienstes. Alles super.

Und so holte ich dann an einem Mittwoch mein *neues* Auto ab. Da ich mich am darauffolgenden Montag ummelden und so zwei Fliegen mit einer Klappe schlagen wollte, ließ ich den Wagen jedoch noch ein paar Tage stehen, weil wir ja noch das geliehene Auto zu Verfügung hatten. Drei Tage später waren wir zu einer Einweihungsparty eingeladen, von einem meiner besten Freunde und dessen Freundin, die ebenfalls zusammenzogen. Die Party verlief super, alles schien in bester Ordnung. Am Sonntag, dem darauffolgenden Tag, saß ich entspannt am PC. Wir kamen dann auf die Party zu sprechen. Er sagte zu mir, dass er sich nicht vorstellen könne, dass es mit den beiden gut gehen würde. Bei den beiden würde etwas nicht stimmen. Ich erwiderte daraufhin gedankenlos, dass es ja egal sei und die Hauptsache wäre, dass bei uns alles bestens sei. Nach kurzem Grummeln antworte er jedoch zu meiner Überraschung: »So kann man das nicht sagen.« Nichts, aber auch rein gar nichts ahnend fragte ich ihn daraufhin recht locker, was er damit meinen würde. Er antwortete: »Ich mach Schluss!« Zunächst nahm ich das locker auf und machte eine Anmerkung, dass er mich nicht verarschen könne. Aber ganz ruhig, eine Zigarette rauchend, sagte er dann: »Das ist mein Ernst!«

Er tat es tatsächlich.

Für mich brach wieder einmal eine Welt zusammen. Nicht nur das *Warum*, sondern vor allem das *Wann* trieben mich an den Abgrund. Ich wollte tot sein. Nun hatte ich nichts mehr: Keinen Partner. Kein Geld. Keine Wohnung. Kein Inventar und ich konnte das ja auch nicht meiner Großmutter erzählen. Ich war also in allen Belangen ruiniert. Mehr als ruiniert. Das Einzige, was mir noch blieb, waren meine Gesundheit, mein Job und der Fußball.

Und schon war ich wieder da, wo ich vor meiner ersten Wohnung war: unglücklich und überhäuft mit Problemen. Aber diesmal hatte ich keinen, der mich auffing, keinen Opa, weder finanziell noch mental.

Da sich mein Verflossener meiner Situation durchaus bewusst war, bot er mir an, noch ein oder zwei Monate bei ihm wohnen zu bleiben, um mir eine neue Wohnung zu suchen. Doch schon einen Tag später wurde mir klar, dass das nicht funktionieren würde. Ich war einfach nur fertig. Den darauffolgenden Freitagmorgen beschloss ich dann, in altgewohnter Manier, zum Flughafen zu fahren, um in den Urlaub zu flüchten. Ich erhielt ein tolles Angebot für Gran Canaria. – Morgens gebucht, abends losgeflogen. Ich war so fertig und leer, dass ich sogar im Flieger nur vor mich hinvegetierte und nicht schlafen konnte.

Im Hotel angekommen war ich dann so fertig und wohl auch verheult, dass die Rezeption mir automatisch ein Update auf ein besseres Zimmer zukommen ließ. Sonne. Ich wollte einfach nur noch Sonne und Meer. Ich warf meine Klamotten aufs Bett, lief zum nächsten Supermarkt und kaufte mir erst mal ein Sixpack Bier. Mit meinem Badetuch bewaffnet ging ich zu den Dünen und legte mich splitternackt hin, um Musik zu hören. Leider war ich so fertig, dass ich mir im wahrsten Sinne des Wortes den Arsch verbrannte und inmitten der prallen Sonne bei knapp 30 Grad einschlief. Als ich wieder wach wurde, hatte ich einen Sonnenbrand. Aber richtig. Ich konnte mich kaum noch bewegen. Als ich abends in die Bars ging, wurde ich angeschaut, als wenn ich eine Behinderung hätte, aber so bemühten sich zumindest einige Leute um mich, sodass ich schnell ins Gespräch kam.

Nach zwei Tagen, als ich auf meinem Balkon saß, ging mir alles durch den Kopf: Wie sollte es jetzt weitergehen? Irgendwo musste ich ja hin. Ich dachte ernsthaft darüber nach, meiner Großmutter alles zu erzählen. Als ich dann meinen Onkel anrief, bei dem ich mich zwischenzeitlich bereits geoutet hatte, um ihn nach seiner Meinung zu fragen, wurde mir klar, dass dies keine Option war.

Meine Oma wurde immer abhängiger von mir, da sie mittlerweile auch kein Fahrrad mehr fahren konnte. Ein bisschen verzweifelt rief ich dann einen sehr guten Freund an und erzählte ihm, was passiert war. Nicht all zulange darüber nachdenkend bot er mir an, erst mal bei ihm unterkommen zu können. Seine Wohnung war groß genug und so war ich auch nicht allein. Ziemlich froh nahm ich dieses Angebot an. Ich war zwar ruiniert, aber durch diese vorläufige Lösung hatte ich neben der Gesellschaft auch wieder den Luxus, in dem ich groß geworden war. Er wohnte in einem Anbau seiner Eltern, sodass auch sie erfuhren, was passiert war. Auch sie halfen mir weiter aus dieser Krise und kochten für mich mit, sodass ich schon mal das Essen sparen konnte. Da sie mir helfen wollten, wieder auf die Beine zu kommen, machten sie mir ein Angebot: Sie hatten innerhalb ihrer Familie eine Immobilie, die zwar alt und renovierungsbedürftig war, aber in der eine kleine Wohnung frei war. Es war zwar eher eine Bruchbudenwohnung, aber die Miete war so gering, dass ich sie mir leisten konnte. Und so hatte ich nach sechs Wochen wieder eine eigene Wohnung.

In der Zwischenzeit widerfuhr auch noch etwas anderes Schönes: Ich lernte jemand Neues kennen beziehungsweise hatte ein Sex-Date. An einem Tag, als ich mich mit meinem Ex rumärgern musste und richtig traurig und genervt war, rief der Neue mich dann an und ich erzählte ihm, dass ich nicht gut drauf sei. Da er nach dem Grund fragte, erzählte ich ihm die Geschichte. Ich weiß nicht warum, aber er bat mich trotzdem, zu ihm nach Köln zu kommen, um mit ihm zu feiern. Er wollte mir vermitteln, das Trübsal blasen keine Option sei und meinte, dass er mich gerne unabhängig vom Sex kennenlernen würde. Es war ihm offensichtlich egal, dass ich mies drauf war.

So fuhr ich nach Köln und traf Joschi wieder. Da ich mit dem Auto unterwegs war, trank ich keinen Alkohol. Er ließ mich immer weiterreden und es nervte ihn nicht, so steckte er mich mit seiner positiven Art an. Das Treffen war nicht nur mit ihm allein, sondern mit vielen seiner zukünftigen Kollegen: Sie feierten gemeinsam die Aufnahme an einer Musicalschule. Obwohl ich nüchtern war, überzeugte er mich dann, in einer Karaokebar mit ihm zu singen. Ich war gut drauf, denn dieser Abend war mehr als ein Wow-Effekt. Da seine Eltern ein Haus hatten, das so gelegen war, dass man sich gut einschleichen konnte, fuhr ich ihn nach Hause und übernachtete bei ihm. Schnell war klar, dass es einfach viel mehr als vorher passte, einfach ganz anders. Nach ein paar weiteren Dates mit ihm stellte ich fest, dass es sehr viele Gemeinsamkeiten gab. Und so kam ich dann trotz Bedenken aufgrund der Entfernung mit ihm zusammen. Es ging wieder bergauf.

Aber das löste natürlich nicht meine finanziellen Probleme. Da ich mittlerweile fast 15 Prozent Zinsen zahlen musste, sprang ich über meinen Schatten und bat meinen Onkel um Hilfe. Mein Problem war natürlich, das ich rein gar nichts mehr hatte: keinen Kühlschrank, keinen Herd … Was den Kredit anging, so wurde ich mit meinem Onkel einig und er übernahm den Kredit für einen akzeptablen Zinssatz. Ein weiterer Lichtstrahl im Dunkeln. Es wurde heller.

Mein neuer Freund half mir indes bei der Einrichtung der Wohnung, sodass ich, handwerklich ungeschickt, wie ich war, zumindest etwas entspannen konnte. Um mich nicht noch mehr zu verschulden, kaufte ich gebrauchtes Inventar, jedoch war dies nicht in allen Bereichen möglich. Meiner Großmutter erzählte ich währenddessen, dass ich wegen einer Mieterhöhung umgezogen sei, sodass sie keinen Verdacht schöpfte. Nichts ahnend kritisierte Sie mich zwar dahingehend, dass ich das hätte wissen müssen, aber da ich ja nun wieder näher bei ihr wohnte, war sie zufrieden.

Was meinen neuen Freund anging, so war er ein Volltreffer. Mich berührte die Art, wie er mit mir oder Problemen umging, sodass ich mit ihm jeden Scheiß machen konnte. Aber vor allem hatte er eine Familie, die hinter ihm stand, eine Familie, wie ich sie mir immer gewünscht hatte. Leider zog er nach Hamburg, um sich seinen Traum an der Musicalschule zu erfüllen, es wurde also eine Fernbeziehung.

Und so fingen wieder die Probleme an. Finanziell etwas erholt hatte ich nun wieder mehr Luft zum Atmen, vor allem, weil ich mich beruflich weiterentwickelt hatte. Ähnlich wie bei meinem ersten Partner sparte ich nicht an meinem Freund und fuhr fast jedes Wochenende nach Hamburg, um Zeit mit ihm zu verbringen. Doch mit der Zeit wurde ich immer eifersüchtiger und fing an zu klammern. Als er schließlich fragte, was ich denn machen würde, wenn er die Beziehung beendet, trieb ich es auf die Spitze und erpresste ihn moralisch; ich sagte, dass mir dann Todesgedanken kommen würden. Dies war nicht nur grundsätzlich mies, sondern für ihn obendrein ein besonders sensibles Thema, da ein Verwandter von ihm vor zwei Jahren tot in der Wohnung aufgefunden wurde. Kurze Zeit später besuchte er seine Eltern. Da er mich wirklich liebte, lieh er mir sein Heiligtum aus: seine Schildkröten. Sie sollte mir Sicherheit geben und mir zudem vermitteln, dass ein Teil von ihm immer da wäre, auch wenn er in Hamburg sei. Ich hatte es übertrieben mit meiner Klammerei, er machte Schluss.

Mein erster Partner ruinierte mich finanziell, aber emotional war dies jetzt eine viel schlimmere Trennung. Ganze zehn Monate brauchte ich, um mich wieder mit jemandem treffen zu können. Hilfesuchend fuhr ich in dieser Zeit wieder zu meinem Onkel nach Salzburg, was aber nichts nutzte. Ich musste irgendwie selber damit fertig werden. Wie immer half der Fußball, in den ich jetzt wieder mehr Energie steckte. Anmerken ließ ich mir zu keiner Zeit etwas, denn Leute, die mir dabei helfen konnten, gab es nicht oder nicht mehr.

Ich investierte all meine verbleibende Energie in die Organisation einer Weihnachtsfeier für 70 Leute. Wenigstens die wurde ein voller Erfolg. Der Applaus beim Eröffnen des Buffets war Balsam für meine Seele.

Wie schlecht es mir ging, zeigte sich daran, dass ich immer öfter Kreislaufprobleme bekam und deswegen zum Arzt ging. Das Alleinsein machte mir jedoch am meisten zu schaffen. Nachdem ich versucht hatte, mich der Mannschaft mehr anzuvertrauen, sie aber keinerlei Interesse an meinen Problemen hatten, fing ich an, mich zu isolieren. Zwar war ich sehr angesehen und sportlich alles gut, doch war einfach keiner bereit, sich mit meinen Problemen auseinanderzusetzen. Alle erwarteten von mir vollen Einsatz, den ich ja grundsätzlich brachte, aber als es dann nicht mehr ganz so war, weil sich alles auf mich verließ und ich auch da stark sein musste, wurde auch das zu einem Problem. Ich beschloss daraufhin, nochmals den Verein zu wechseln.

Unterdessen fing ich an, der Isoliertheit das Beste abzugewinnen und zu sparen. Meinen Nebenjob als Rafting-Guide gab es zum Glück noch immer und so traf ich die Entscheidung, mir von dem ersparten Geld einen weiteren Traum zu erfüllen: Ich buchte einen Australienurlaub. Allein. In diesem Fall aber nicht so ganz, da sich dort ein guter Freund aus vergangener Zeit aufhielt. Zudem lebte eine Kollegin vom Rafting dort. Das, zusammen mit der Entscheidung, den Fußballverein zu wechseln, gab mir dann so viel Auftrieb, dass ich mich auf einen *Supernintendoabend* einließ. Diesen hatten ich und ein Freund irgendwann mal eingeführt, aber das war im Laufe der Zeit eingeschlafen. Der *Supernintendoabend* war zwar eine lustige gute Sache, aber da ich ja nicht mehr ganz so trinkfest war, merkte ich nicht, wie voll ich wurde. Da ich am nächsten Tag dringend das Auto brauchte, beschloss ich dennoch, die etwa drei Kilometer mit dem Auto nach Hause zu fahren. Eigentlich eine Strecke, die nachts so gut wie nie befahren ist, aber es kam, wie es kommen musste: Wegen einem defekten Blinker hielt mich die Polizei an. War ich wirklich so ein Idiot? Ja, war ich. Ich verlor ein weiteres Mal wegen Alkohol am Steuer den Führerschein. Der einzige Unterschied war, dass es diesmal viel weitreichendere Konsequenzen hatte, als beim ersten Mal, denn ich musste ja meine Großmutter verpflegen. Und die neue Stelle, die ich hatte, wurde dadurch auch gefährdet. Aber vor allem brachte es mir einen weiteren beachtlichen finanziellen Schaden.

Ich hatte mal wieder Glück, dass ich trotzdem den Job bekam. Aber es führte zu einer Situation, die wirklich hart war. Mein Australienurlaub war gebucht, sodass ich keine großen Rücklagen mehr hatte und ich hatte immer noch Schulden bei meinem Onkel, den ich lieber schneller als langsamer ausbezahlen wollte. Ich musste mir jede Menge Gelächter anhören. Vor allem von denen, die selbst viel öfter als ich besoffen mit dem Auto fuhren. Aber das Ätzende war im Grunde die Fahrerei zu meiner Arbeitsstelle. Für eine Strecke, für die ich normalerweise knapp 25 Minuten brauchte, benötigte ich nun fast drei Stunden.

Finanziell wurde es zu einer weiteren Katastrophe. Nach ein bisschen Hinhalterei musste ich es meiner Oma beichten. Ich hielt sie deswegen hin, da ich mir erst eine Lösung überlegen wollte, um ihr die Sicherheit geben zu können, sie weiterhin zu versorgen. Als ich es ihr dann endlich mitteilte, war sie am Boden zerstört. Ich enttäuschte sie, aber in erster Linie war ich über mich selbst enttäuscht. »Du kriegst deinen Führerschein nie wieder! Wie kann man so dumm sein, du wirst nie wieder glücklich!« Sie zog mich mit ihrer Reaktion noch mehr runter. Generell hatte sie immer die

Art, aus einer Mücke einen Elefanten zu machen, und jetzt war es mehr als eine Mücke. Der Meinung schlossen sich einige Menschen in meinem Umfeld an. Hatte sie recht? War ich ein instabiles dummes Frettchen oder würde ich wirklich nie wieder glücklich werden? Ich würde heute sagen, ja, was die Instabilität anging.

Was sollte ich jetzt tun? Schon wieder war mein Leben zerstört – von mir selbst, denn ich war der dafür Verantwortliche. Doch ich wusste, wie ich daran arbeiten konnte, und hatte ja schon einige positive Dinge auf den Weg gebracht.

Inmitten der negativen Veränderung ergab sich nun nach und nach ein sehr altes Problem: Ich fühlte mich nicht mehr frei. Ich fühlte mich gegenüber der befreundeten Familie dankbar für die Hilfestellung bei der Wohnung, aber fühlte mich wie bei meiner Oma auch genötigt, etwas zurückzugeben. Sich über Mängel in meiner Wohnung zu beschweren, kam nicht infrage.

Ein hinzukommendes Problem wog hingegen zunehmend schwerer: Meine Mutter wohnte jetzt zwei Kilometer von mir entfernt. Psychisch gesehen war sie ein Wrack und ich wurde, trotz meiner eigenen Probleme, zu ihrem mentalen Mülleimer. Ja, nach außen hin hatte ich an Stärke gewonnen, aber innerlich …

Sie war mittlerweile ein weiteres Mal geschieden und pleite, trotz der hohen Summe, die sie bei der Scheidung von meinem Vater erhielt, krank und hatte jede Menge familiärer Streitigkeiten. Ich war als einziger ihr nahestehender Mensch greifbar. Das Problem war jedoch nicht nur, dass sie ihre Sorgen jedem Fremden erzählte, der es nicht hören wollte, sondern vor allem, dass ich derjenige war, der sich aus dem familiären Kreis überhaupt noch mit ihr unterhielt. Sie lud ihren Scheiß einfach auf mich ab. Ständig. Das ging so weit, dass sie mich dauernd ungefragt aufsuchte. Ich wohnte Parterre und in einem Hofeingang. Nicht etwa, dass sie klingelte, nein, sie klopfte in den unangemessensten Situationen einfach an mein Fenster. Besonders unangenehm war das, wenn ich gerade mit jemandem im Bett lag. Es war mehr als peinlich. Wenn sie Licht sah, wusste sie, dass ich zu Hause war, und rief in gehobener Lautstärke meinen Namen, sodass alle umliegenden Nachbarn es mitbekamen. Wenn ich nicht öffnete, führte das nur dazu, dass sie mit meinen Nachbarn ins Gespräch kam und mit ihnen über mich sprach. Selbst wenn es nicht böse gemeint war, war es eine Blamage für mich. Mir blieb ja gar nichts anderes übrig, als sie reinzulassen, wenn ich mir das ersparen wollte. Ich hörte auf, Leute zu mir einzuladen.

Unterdessen hatte ich ja den Fußballverein gewechselt, sodass ich endlich das hatte, was ich suchte. Eine tolle Mannschaft, in der Zusammenhalt großgeschrieben wurde. Es war nicht selbstverständlich, dass ich dort von Anfang an spielte, aber da ich mich beweisen wollte und ja auch meine Qualitäten hatte, tat ich dies. Natürlich hatte ich durch mein Standing Vorschusslorbeeren, aber im Unterschied zu vorher war nichts von mir abhängig, sondern es gab Konkurrenz. Eine Herausforderung, die mir guttat. Ich haute richtig rein und war topfit. So schaffte ich es, die Mannschaft für mich zu gewinnen.

Dann stand mein Australienurlaub an. Das Problem war nur, das ich mir ihn eigentlich gar nicht mehr leisten konnte, denn nun bekam ich die Zahlungsaufforderung für die Sache mit dem Führerscheinverlust. Da ich aber schon gebucht hatte und das nicht verfallen lassen wollte, nahm ich neben dem Kredit, den ich meinem Onkel schuldete, noch einen zweiten Kredit auf und trat die Reise an. Aufgrund meiner vorherigen Urlaube wusste ich ja, dass das gut für mich wäre und mich aufbauen würde.

Und genau das tat dieser Urlaub. Noch nie in meinem Leben erlebte ich so relaxte Menschen wie in Australien.

In den fast vier Wochen passierte etwas, was mich zum Umdenken brachte. Natürlich gab es all die beschriebenen Probleme. Natürlich war im Grunde alles für den Arsch. Aber in diesem Urlaub wurde mir bewusst, dass es mir doch gar nicht so schlecht ging. Vor allem dass ich viele, wenn nicht alle meine Probleme selbst verursacht oder zugelassen hatte. Das frustrierte mich sehr, aber tiefer konnte ich nicht mehr fallen.

Ich fing an, mir Gedanken zu machen, wo ich wie und was lösen konnte. Das, was mich am meisten wurmte war, dass jeder behauptete, dass ich meinen Führerschein nicht wiederbekäme. Ich machte dann genau diese Sache zu meiner Herausforderung und nahm sie an.

Umso verwunderlicher war es, dass ich just in dieser Zeit meinen dritten Partner kennenlernte. Cecil war ein wunderschöner Mann ohne Schulden und mit kostspieligen Hobbys, was gar nicht in meine Situation passte. Aufgrund meiner immer noch anhaltenden Trauerphase ging ich diese Beziehung anders an, und zwar sehr kühl.

Mein neuer Partner war zwar geoutet, aber hatte noch nie einen festen Freund. So stellte er mich dann seiner Mutter vor. Da er einen hohen Lebensstandard hatte, war sein Bestreben, diesen zu halten. Er liebte den Luxus, den ich ja auch kannte. Jeder meiner Freunde hätte wahrscheinlich gesagt, dass er ein Schnösel sei, aber genau das war er nicht. Er kannte meine finanziellen Probleme sowie die Situation meiner Oma und kam dennoch zu meiner Verwunderung trotzdem mit mir zusammen. Aber nicht nur das, er fing an, sich Gedanken darüber zu machen, wie auch ich meine Wohnung ohne viel Investition verschönern könnte. Er schien mich sogar zu lieben. Eher war ich der Zweifler, denn ich hatte doch kein Geld und glaubte, ihm nichts bieten zu können. Ich verstand es nicht und störte mich nicht an den Terminen, die er scheinbar hatte. Ihm war meine Situation egal und er fand immer wieder Lösungen dafür. Beispielsweise verschönerte er meinen hässlichen gebrauchten alten Schrank, indem er ihn einfach mit weißer Folie überklebte. Auch an meine Optik wagte er sich heran. Ich, der eher rumlief wie ein Penner, der auch in Trainingshose in die Stadt marschierte, ließ mich gerne darauf ein. So schenkte er mir viele Markenklamotten, damit ich mich besser kleiden konnte. Er schenkte mir einen selbst gebastelten Adventskalender und schließlich stand Weihnachten vor der Tür. Da wir uns aufgrund seiner Termine nicht oft sahen und es mir egal war, beendete er die Beziehung. Na ja, da ich ja eher kühl an die Beziehung herangegangen war, empfand ich es zwar als schade und war auch wirklich traurig, aber konnte zunächst besser damit umgehen, als ich es vorher tat. Ich hatte wohl gelernt und war es richtig angegangen, dachte ich.

Es gab aber einen Unterschied zu den anderen: Während seine Vorgänger nichts mehr von mir wissen wollten, gar mit mir im Streit auseinandergegangen waren, äußerte er den Wunsch, sein Weihnachtsgeschenk anzunehmen. Da er, kurz bevor wir uns kennengelernt hatten, in Zürich studierte, und wahrscheinlich, weil wir nie unsere Momente genießen konnten, lud er mich auf eine Reise dorthin ein. In seiner liebenswerten Art schenkte er mir auf Fotopapier ein paar warme Worte, dass die Zeit mit mir zusammen dort doch viel schöner sei. Da ich ja gut mit der Trennung umgehen konnte und ohnehin gern reiste, nahm ich dieses Geschenk gerne an.

Was ich dann mit ihm auf dieser Reise erlebte, war Fluch und Segen zugleich. Es war mit Abstand das Schönste und Beste, was wir gemeinsam unternommen hatten, was er wohl ebenfalls so empfand. Auf der Rückfahrt von dieser Reise, während der wir uns gewiss nicht an alle Regeln hielten und so viel Spaß hatten wie nie, brach meine kühle Seite weg. Ich heulte die ganze Fahrt hindurch. Als wir uns dann verabschiedeten, musste sogar er weinen. Was war das? Auf einmal war alles anders. Jetzt war ich doch wieder emotional und vor allem zeigte sogar er mir erstmals Gefühle.

Weil wir uns ja dennoch verstanden, blieben wir in Kontakt. Er versuchte mir wieder einmal zu helfen und so legte er den Grundstein für dieses Buch. Er riet mir, alles aufzuschreiben, was ich in meinem Leben erlebt hatte. So verarbeitete ich in Form von ersten Niederschriften alles, was mir in meinem Leben passiert war.

Um mich von ihm abzulenken, lernte ich kurze Zeit später jemand Neues kennen, Vincent. Er war ein Mann, der sich sehr in mich verliebte, aber auch einer, der besser zuhören konnte als jeder andere. Das Problem war jedoch, dass ich immer noch an meinem Ex-Freund Cecil hing.

Währenddessen vergingen auch die Monate meiner Sperrfrist des Führerscheines. Ermutigt und aufgrund meiner Erfahrung der ersten MPU beschloss ich, meine verarbeiteten Niederschriften in der kommenden psychologischen Untersuchung zu nutzen. Wie beim ersten Mal ließ ich mir Blut abnehmen und ging gut vorbereitet in dieses Gespräch. Was mir keiner sagte war, dass diese Bluttests nicht mehr anerkannt wurden. Sie ließen mich deswegen durchrasseln. Eine Bestätigung für die, die sagten, ich würde meinen Führerschein nie wieder zu Gesicht bekommen.

Ich war verärgert. Doch der Mann, den ich kennengelernt hatte, glaubte an mich. – Ein Zwiespalt, da ich immer noch meinen Ex-Freund im Herzen hatte. Leider drängte mich meine neue Bekanntschaft in eine Beziehung, für die ich mich noch nicht bereit fühlte. Da ich noch nicht stabil genug und froh war, dass er mich eben ermutigte, wollte ich nicht auch noch das verlieren und ließ mich darauf ein.

Was mittlerweile von den Prüfern der medizinisch psychologischen Untersuchung erwartet wurde, waren sogenannte *Urinscreenings*. Natürlich sündhaft teuer. Aber ich gab nicht auf und meldete mich dafür an. Diese Urinscreenings liefen so ab, dass man im Zeitraum von sechs Wochen einmal überraschend angerufen wurde und man am nächsten Tag zum Pinkeln antreten musste. Das tat ich. Nun hatte ich die Voraussetzungen erfüllt – dachte ich.

Im Grunde war man mit meiner Prüfung zufrieden, aber man ließ mich nochmals durchfallen. Auf Nachfrage, weil ich die Welt nicht mehr verstand, äußerte sich der Prüfer mit den Worten: »Sie haben einmal an die Decke geguckt, das zeigt mir, das sie unsicher waren.« Ich war sprachlos. Hatten die Zweifler wirklich recht? Ich fragte mich, was ich denn noch machen sollte und ob ich womöglich unsicher war. Immerhin bekam ich eine Empfehlung: Mir wurde empfohlen, die Urinscreenings noch ein weiteres Jahr beizubehalten und zudem eine Verkehrstherapie zu machen.

Oh Mann. Ich war echt am Arsch, wieder mehr Kosten. Das konnte doch echt nicht wahr sein! Aber ich ließ mich nicht unterkriegen. Es war eine Zeit, in der ich meinem Partner dankbar war, dass er für mich da war.

Ich führte die Urinscreenings weiter und meldete mich bei einer Verkehrstherapie an, was noch mal Unsummen verschlang. Das Interessante war, dass mir die Frau, bei der ich diese Therapie absolvierte, bestätigte, dass ich im Prinzip, was meine Aktionen für die MPU anging, alles richtig machen würde. Allerdings kamen in jeder Stunde, die 150 Euro kostete, einige Details zur Sprache, die sie aus mir rauskitzeln konnte. Sie riet mir, auf Partys zu gehen und ihr meine Erfahrungen ohne Alkohol zu schildern. Diese Erfahrungen wurden dann immer durchgegangen.

Dieses Jahr war aber auch mit positiven Ereignissen gespickt. Früh in diesem Jahr flog ich per *Jumpst*, einem Notfallsitz im Cockpit, nach Sofia. Diese Möglichkeit erhielt ich, da ich mittlerweile auf der Arbeit Verbindungen zu Piloten aufgebaut hatte. Aber noch viel cooler war, dass ich zum ersten Mal Onkel wurde. Meine Schwester hatte einen amerikanischen Soldaten geheiratet und war mit ihm in die Staaten gegangen. So flog ich Mitte dieses Jahres in die USA. Ich persönlich hatte zwar kein Geld dafür, weil aber dort meine Nichte getauft wurde und es meiner Oma sehr wichtig war, dass ich dort anwesend war, bezahlte sie mir die ganze Woche und die Hotels. Es ging nach New York und anschließend nach Washington.

Daraufhin wollte mein neuer Partner ebenfalls mit mir in Urlaub fahren, also flogen wir nach Kenia. Während dieser Reise entwickelte ich Zutrauen zu meinem neuen Freund.

Unterdessen trieb ich meinen Erfahrungsschatz ohne Alkohol auf Partys voran. Nicht nur einmal wurde mir von sogenannten *Freunden* gesagt: »Das schaffst du eh nicht, sauf lieber einen mit.« Ich war aber fokussiert. So machte ich mir mehr und mehr einen Spaß daraus, den anderen beim Trinken zuzusehen. Bis auf zwei, drei Situationen, wie zum Beispiel dem Fußball-Championsleague-Finale, war es mir vollkommen egal geworden, ob ich trank oder nicht.

Mit diesen Erlebnissen versuchte ich, immer mehr für denjenigen zu tun, der mich zwar in die Beziehung geleitet, aber der es verdient hatte, eine wahre Chance zu bekommen. Nicht nur durch den Keniaurlaub, sondern auch durch die Sicherheit, die er mir gab, lief es dann zunächst besser. Dennoch hatte ich immer noch Kontakt zu meinem Expartner, bis dahin alles im Wissen meines aktuellen Gefährten.

Gegen Ende des Jahres fing ich dann an, meinen Fokus auf meinen Führerschein zu legen. Das hieß sehr viel Arbeit und Konzentration auf meine Gedanken, da es genau darum ging. Unwichtig war dieser Führerschein vor allem deswegen nicht, da mein Partner ebenfalls keinen hatte. Da er zwar eine eigene Wohnung hatte, aber die im Hause seiner Eltern war, fühlte er sich seinerzeit nicht dazu berufen, den *Lappen* zu machen. Zudem tat er sich auch schwer, zu verstehen, warum mir der Führerschein so wichtig war. Immer deutlicher sagte er, dass ich bei ihm einziehen und mehr Zeit mit ihm verbringen solle. Immer größer wurden somit die Probleme. Selbst wenn ich ihm Überraschungen bereitete, waren sie nie gut genug.

Uns so suchte ich wieder vermehrt den Kontakt zu meinem Ex-Freund und folgte seiner Einladung, mit ihm den Eurovision-Song-Contest zu feiern. Auf der Fahrt zu ihm war ich der glücklichste Mensch der Welt. Aus irgendeinem Grund fühlte es sich richtig an. Zusammen mit seinen Freunden hatten wir einen super Abend.

Meinem Partner erzählte ich zum ersten Mal nicht, dass ich bei Cecil war. Um Konflikten aus dem Weg zu gehen, entschied ich mich, den ganzen Abend über das Handy auszuschalten.

In der Nacht, als die meisten Gäste verschwunden waren, unterhielten wir uns noch sehr intensiv. Ich hatte zwar nichts getrunken, er aber schon, und so stellte sich nun die Frage, wie dieser Abend enden sollte, denn es knisterte. Es fühlte sich alles so richtig an und so gingen wir ins Schlafzimmer und redeten weiter. Nun stellte ich mein Handy an. – Ein großer Fehler. Natürlich meldete sich Vincent – voller Vorwürfe, ohne zu wissen, wo ich war. Für mich war es noch immer richtig, bei Cecil zu sein. Dieser, neben mir liegend, wurde indes still und sagte dann etwas zu mir, was ich nie vergessen sollte: »Ich muss dich jetzt zum Bahnhof fahren. Das ist die einzige Möglichkeit, die ich habe!« Und ich verstand es einfach nicht.

Sogar sehr lange Zeit später verstand ich ihn gar nicht, so unreif wie ich war. Ich verstand vor allem nicht, was er mir damit sagen wollte. Vor allem hatte es keine Auswirkungen auf Vincent, da ich eh nach Hause gefahren wäre.

Und so ging es mit Vincent und immer größeren Problemen weiter. Doch dieser Abend veränderte irgendetwas – meine Verbindung zu Cecil veränderte sich. Aber es verhinderte nicht das Auseinanderdriften meiner Partnerschaft. Und da stand ja immer noch meine MPU an.

Da ich mich nicht beirren ließ und etwas Ruhe für mich brauchte, buchte ich ein weiteres Mal eine Woche Urlaub für mich allein. Es sollte Las Vegas werden. Las Vegas deswegen, um zum einen meine zweijährige Aufenthaltsgenehmigung auszunutzen, und zum anderen, weil ich gern pokerte und Vegas dafür das perfekte Ziel war. Vincent wurde immer eifersüchtiger, obwohl ich für ihn quasi transparent war: Er wusste genau, wo ich war, warum und was es mir bedeutete. Dennoch fing er an, mich moralisch zu erpressen, indem er sagte, ich würde durch meine Vegas-Reise die Beziehung beenden. Na, das konnte ich natürlich gar nicht gebrauchen. Umso mehr wusste ich, dass es die richtige Entscheidung war. Als er merkte, dass ich mich nicht von der Reise abbringen lassen würde, ließ er es aber erst mal auf sich beruhen.

Nach zwei Tagen, in denen ich mir alles anschaute und Las Vegas erkundete, schrieben wir uns wie jeden Tag *Whatsapps*. Und tatsächlich schaffte er es, mich in diesem Urlaub zu nerven. Selbst an meinem Geburtstag. Ich erkundete ja nicht nur den Strip, sondern schaute mich auch im Umland um. Er schrieb mir doch glatt, ich wäre ja nur nach Las Vegas gefahren, um mit anderen Typen ins Bett zu gehen. Der Beweis: Ich war angeblich an einer Schwulenbar vorbeigelaufen. *Moment mal*, dachte ich, *wie kommt der darauf?* Ich googelte, ob es auf dem Weg, den ich gegangen war, wirklich eine solche Bar gab. Tatsächlich gab es eine. Aber wie konnte er das wissen?

Da ich mir nicht alles verderben wollte, ging ich erst mal eine Runde Pokern, leider nicht erfolgreich. Die Behauptung von Vincent wurmte mich. Ich zockte die ganze Nacht durch und ging gegen fünf Uhr schlafen.

Als ich am nächsten Tag aufwachte, ging ich erst mal eine rauchen. Durch den Sauerstoff, der in einige Casinos rein gepumpt wurde, war ich nach fünf Stunden Schlaf bereits topfit und kaufte mich bei einem ziemlich teuren Pokerturnier ein. Und siehe da: Ich gewann das Turnier. Dadurch war ich nun rund 2.000 Euro im Plus.

Da mittlerweile schon mehr als die Hälfte des Urlaubs vorbei war, entschied ich mich, mit dem Zocken aufzuhören und den Gewinn zu verprassen. Vincent wollte allerdings nichts mitgebracht haben, obwohl ich ihn trotz allem fragte.

Ich fühlte mich nach diesem Urlaub richtig fit. Vor allem im Kopf. Ich begann zu begreifen, dass mein Partner mich einfach nur unsterblich liebte und eifersüchtig auf alles war. Kannte ich das nicht von mir? Ich war nun das erste Mal in der Situation meiner vergangenen Partner. Also fing ich an, empathisch auf ihn zuzugehen, doch genau das nutzte er aus.

Er buchte sich als Retourkutsche eine Reise mit seiner besten Freundin nach Ägypten. Das war mir aber sogar recht, da ich mich so weiter auf die bevorstehende MPU konzentrieren konnte. Er bat mich, in seiner Wohnung zu bleiben. Ich hatte nichts dagegen, da es für mich eine gewisse Erholung darstellte.

Problematischerweise kam es genau so, wie er es nicht wollte: Er sagte mir, ich solle mich wie zu Hause fühlen, aber bevor er verschwand, fing er an, klare Regeln aufzustellen, die alles andere bedeuteten, als sich *zu Hause* fühlen zu können. Ich durfte zum Beispiel bestimmte Pfannen nicht benutzen, weil ich die sowie so nur kaputtmachen würde, und und und … Außerdem wohnte er ein gutes Stück weiter von meiner Oma entfernt, die ich ja auch noch versorgen musste. Nach der ersten Nacht merkte ich, dass ich überhaupt nicht frei war, und entschloss mich, in meine Wohnung zurückzukehren.

Nun stand die MPU kurz bevor und natürlich musste zwischenzeitlich noch etwas Schwerwiegendes passieren: Bei einem Fußballspiel wurde ich geschlagen und getreten, nicht durch ein Foul, sondern durch den übertriebenen Ehrgeiz eines gegnerischen Spielers. Nach dem Spiel merkte ich, wie auf einmal mein Kreislauf zusammensackte. Mein Trainer wollte einen Notarztwagen holen, worauf ich einen meiner Freunde bat, mich ins Krankenhaus zu fahren.
Dort angekommen war mein Puls nur noch bei 30 bis 40. Ich wurde bewusstlos und bekam sofort eine Infusion, die mich dann wieder aufpäppelte. Da ich eine Stirnhöhlenfraktur erlitten hatte, wurde ich nach einer Nacht im erstversorgenden Krankenhause weiter in eine Uniklinik in Bonn gebracht. Dort wurde ich ziemlich schnell am Kopf operiert. Da die Verletzung nah an meinem Auge war, mussten die Ärzte mir den kompletten Kopf öffnen, um an diese Stelle heranzukommen. Ich hatte nun jedenfalls eine sichtbare Narbe fürs Leben. Das wiederum hatte eine Strafanzeige meinerseits zur Folge.
Das wirklich Enttäuschende war, dass mich wirklich nicht ein einziger Mitspieler im Krankenhaus besuchte.
In dieser Zeit umsorgte mich Vincent dann wieder, sodass ich mich auf die nächsten Wochen vorbereiten konnte. Ich erholte mich recht schnell.
Erst jetzt besuchten mich die engsten Freunde. Immerhin. Durch diese schlimme Verletzung wurde mir eine Sache verdeutlicht: Wie viel Wert das Leben hat und wie schnell es vorbei sein kann.

Das Coolste war dann jedoch, das ich meine MPU bestand, somit meinen Führerschein wiedererlangte und einen weiteren Erfolg für mich verbuchen konnte. Ich entschloss mich in dieser Zeit, als eigene Belohnung, eine Reise nach Miami zu machen. Natürlich zusammen mit Vincent. Da er Kenia ausgesucht hatte, durfte ich ja dieses Jahr aussuchen. Normalerweise lag Miami über meinem Budget, aber zum einen war dies die letzte Möglichkeit, noch einmal das sogenannte *ESTA* auszunutzen, und zum anderen wollte ich mich eben für meine bestandene MPU belohnen. Da kaum einer an mich geglaubt hatte, war dies für mich ein riesiger Erfolg. Zwar hatte ich mich einmal mehr selbst in die Scheiße reinmanövriert, aber eben auch wieder raus. Nun, glaubte ich, würde alles besser werden.

Doch eine Sache wurde mir immer bewusster: Meine Beziehung machte mich unglücklich. Unglücklich, weil ich keine Freiheit mehr hatte und keine Vertrauensbasis mehr vorhanden war. Nun stand aber ein gemeinsamer Urlaub an, den ich mir nicht versauen lassen wollte. Ich schluckte alles runter, was mir um die Ohren flog, beziehungsweise ignorierte es einfach weg.

Der Urlaub, der nicht der Wunsch meines Partners war, aber mit dem er sich wenigsten zufriedenstellen ließ, wurde im Grunde ein guter, und zwar in allen Dingen. So fuhren wir zu einem Football-spiel der *National Football League* und in die Everglades bis runter nach Key West. Dennoch fühlte ich mich in den entscheidenden Momenten, die ich gern zu zweit genossen hätte, allein. Und somit wurde mir klar, dass ich die Beziehung beenden musste. Nur … wie sollte ich das tun?

Als wir wieder zu Hause waren, ließ ich so etwas anklingen. Das führte zu einer Erpressung, dass er meiner Oma Kussbilder von ihm und mir zeigen würde. Ich gab mich fürs Erste geschlagen und überlegte, wie ich damit umgehen sollte. Ich entschied mich, einen vorsichtigen Weg zu gehen und die Beziehung auslaufen zu lassen. Immer öfter schlief ich bei mir, immer weniger Zeit verbrachte ich mit ihm, aber alles mit größter Vorsicht. Irgendwann wurde ihm klar, dass es vorbei war. So schrieb er mir dann über *Whatsapp*: *Ist es jetzt vorbei?* Sollte ich es wagen? Nach etwas Überlegen antwortete ich ihm mit einem Hintertürchen für den schlimmsten Fall. *Ich glaube, dass es so sein könnte.* Daraufhin kam nichts mehr. – Ich hatte es geschafft und fühlte mich wieder frei. Zwar auch traurig, weil ich wieder allein war, aber die Freiheit überwog. Das war schon kurios. Zu sehr war mein ganzer Tagesablauf überwacht worden.

Schnell wechselte ich mein Handy, um nicht mehr von ihm verfolgt werde zu können. Dass nun alles besser wurde, würde ich nicht sagen, doch der Weg war geebnet.

Analyse:

Durch meine erste eigene Wohnung fing ich das erste Mal an, mein Leben zu leben. Doch leider nur für kurze Zeit, da ich noch nicht die nötige Reife hatte. Dennoch ergaben sich Situationen, durch die ich einigermaßen eigenständig wachsen konnte. Gerade die zwei Jahre, in denen ich wegen der MPU keinen Alkohol trank, entpuppten sich als Wachstumsbeschleuniger. Aber auch was meine unterschiedlichen Beziehungen angeht, erlebte ich ein sprunghaftes Wachstum. Reif war ich jedoch noch lange nicht.

Kapitel 5

Inmitten meiner Fahrt tobt plötzlich ein Unwetter

Freiheit ist nicht nur, tun zu können, was man will, sondern vor allem, nicht tun müssen, was andere wollen.

Warum dieses Kapitel so wichtig ist:
Auch für diese Phase des Lebens erachtete ich es als wichtig, Dir eine Inspiration an die Hand zu geben, die sich zwar im Laufe des Lebens automatisch ergeben sollte, was aber nun mal unterschiedlich lange dauern kann. In diesem Kapitel zeige ich Dir, mit welchem Background ich immer weiter reifte, mich jedoch von äußeren und inneren Einflüssen in meinem Reifeprozess aufhalten ließ. So stoppte meine Achterbahn plötzlich und ziemlich ruckartig. Doch es galt zu verstehen, dass auch diese Stopps den Reifeprozess durch weitere Erfahrungen beflügelten. Es galt zu verstehen, dass meine Achterbahn noch nicht am Ende war und ich mich immer noch weiterentwickelte.

Background:
(32 bis 38 Jahre)

Nun war ich frei, hatte meinen Führerschein und das erste Mal im Leben hatte ich es nicht nur allen Zweiflern gezeigt, sondern Respekt vor mir selbst, was mir auch Respekt anderer einbrachte, denn Respekt vor sich selbst ist eine Grundvoraussetzung, dass einen auch andere respektieren.
So fasste ich wieder einmal frohen Mutes neue Ziele ins Auge, auch wenn noch nicht alle Probleme gelöst waren. Immer noch

hatte ich Schulden und eine Wohnung, die alles andere als eine Wohlfühloase war. Zunehmend belagerte mich auch wieder meine Mutter, wohl auch deshalb, weil die Leute in meinem Umfeld merkten, dass ich mittlerweile in der Lage war, diplomatisch und besonnen zu agieren. Ich hörte mir jedes Geseier an, egal wer Probleme oder ein Anliegen hatte. So kamen immer mehr Leute auf mich zu, denen ich zu helfen versuchte.

Doch ich hatte durchaus auch eigene Ziele. Also versuchte ich, mich dahingehend zu fokussieren, meine eigenen Ziele im Visier zu halten beziehungsweise einen Tunnelblick einzusetzen, den ich bereits aus dem Fußball und von der MPU kannte. Da ich ja nicht viel Miete zahlte, aber mittlerweile durchaus mehr verdiente, war das wichtigste Ziel, den Kredit bei meinem Onkel abzulösen. Im darauffolgenden Sommer fing ich dann an, meine mittlerweile zwei Nebenjobs zu intensivieren. Ich übte mittlerweile den Job des Platzwartes aus und fuhr zudem noch Schlauchboot als Rafting-Guide. Meine Oma verursachte allerdings auch immer mehr Arbeit.

Dadurch, dass ich nun Single war und finanziell nicht mehr ganz so miserabel da stand, flog ich in einen zweiwöchigen Urlaub nach Gran Canaria. Diese Insel war für mich insofern die erste Wahl, da ich mich dort ausleben konnte, das Wetter mehr als stabil und ich vor allem nicht allein war. Denn durch die viele Arbeit und den Sparmodus, in dem ich mich befand, koppelte ich mich immer mehr von alten Freunden ab. Diese ließen sich wiederum kaum bis gar nicht mehr bei mir blicken. Den Urlaub genoss ich umso mehr.

Wieder zu Hause angekommen bemerkte ich, dass ich immer mehr vereinsamte, da sich bei mir ja keiner blicken ließ und ich auch nicht mehr bereit war, jede Festivität mitzunehmen. Selbstkritisch nahm ich mich der Sache an und verfolgte ein weiteres Ziel: zurück in das Dorf zu ziehen, in dem ich groß geworden war. Meine aktuelle Wohnung war nicht mehr zu ertragen. – Nicht nur, dass ich jeden Schritt des über mir wohnenden Nachbarn hörte, vielmehr bekam ich den Eindruck, dass die Bude immer mehr verschimmeln würde. Dazu kamen die permanenten Besuche meiner Mutter. – Ich musste da raus.

Ein weiteres Jahr später schaffte ich es dann, mein größtes Ziel zu erreichen: Der Kredit meines Onkels war abbezahlt. Da ich angefangen hatte, den Plan, zurück in mein Heimatdorf zu ziehen, breitzutreten, löste sich auch dieses Problem sehr zeitnah: Die Eltern meines Kumpels hatten dort ein weiteres Haus mit einem Anbau, der im Parterre zu einer Wohnung umgebaut worden war. Da diese Wohnung frei wurde, bekam ich das Angebot, dort einzuziehen. Da mich die Eltern meines Kumpels in meiner schwierigsten Zeit mit unterstützt hatten, und ich ja wusste, dass diese sehr große Wohnung sehr schön geschnitten war, nahm ich dieses Angebot blind an. Na ja, fast blind. Mehrfach erkundigte ich mich, ob es in dieser Wohnung Steinbecken gab, da ich ja aus der Hellhörigkeit raus wollte. Dies wurde bejaht und so schaute ich mir die Wohnung noch einmal an. Die Wohnung hatte die Besonderheit, einen eigenen Keller zu haben. Einen eigenen Keller, der inmitten der Wohnung lag, sodass man praktisch zwei Stockwerke zur Verfügung hatte. Der Nachteil dieser Wohnung war zwar, dass sie sehr dunkel war, aber das störte mich gar nicht, da ich ja eh nachts arbeitete. Die Miete war auch nicht allzu hoch. Was ich nicht ahnen konnte, war der Nachbar, der über mir wohnte. Ich kannte zwar seine Alkoholproblematik, wusste aber auch, dass er eigentlich ein angenehmer Zeitgenosse war. Er und seine Frau lebten dort schon sehr viele Jahre und ich war mir sicher, dass es keine Probleme geben würde. Nach dem ersten erfolgreich abgeschlossenen Ziel war klar, dass ich dieses nächste Ziel auch erreichen würde. So zog ich also zurück in mein heimatliches Dorf, in dem ich groß geworden war.

Der größte Vorteil, den ich an dieser Wohnung empfand, waren meine Vermieter. Da sie mich ja nicht nur in den schwierigsten Momenten, sondern auch von Kindesbeinen an kannten, war ich richtig happy. Umso mehr war ich überrascht, dass sie sich von mir eine Kaution geben ließen. Allerdings dachte ich, dass es wahrscheinlich steuerliche Gründe haben würde oder so und schluckte diese Pille, ohne weiter darüber nachzudenken.

Nun hatte ich noch etwas Zeit, um den Umzug zu planen. Ich hatte große Sorge, dass ich durch den Umzug wieder tiefer in die Schulden hineinrutschen würde, und so fasste ich das Ziel, alles aus der alten Wohnung mitzunehmen und mir mein zukünftiges Wohnungsinventar Stück für Stück aufzubauen, um die Kosten nicht explodieren zu lassen.

Währenddessen ergab sich eine weitere positive Veränderung in meinem Leben: Ich wechselte die Schicht – derselbe Job, aber in einer Abend-, nicht mehr in der Nachtschicht. Eigentlich war das unattraktiv, da es bei meinem Arbeitgeber erst ab 22.00 Uhr Nachtzulage gab, aber mein Vertrag erhöhte sich um eine weitere Stunde, der dies ausgleichen sollte. Damit war die große Fußballzeit zwar grundsätzlich vorbei, aber ich musste nicht mehr nachts arbeiten, was viele, insbesondere gesundheitliche Vorteile mit sich brachte. Vor allem dass ich nachts schlafen konnte, sah ich als großen Gewinn an.

Was sich allerdings als Problem herausstellte war, dass ich nicht mehr in der Lage war, drei Nebenjobs zu machen. Grundsätzlich machten sie mir zwar Spaß, aber ich war praktisch nur noch am Arbeiten und musste mich ja auch immer intensiver um meine Großmutter kümmern. Da diese ja auch ein großes Grundstück und Immobilien hatte, kümmerte ich mich nun zunehmend auch um die Belange ihrer Mieter. Besonders schwer fiel es mir jedoch, die Tätigkeit als Platzwart weiter auszuüben. Da mein dortiger Kollege der Schwiegervater eines meiner Freunde war, lange Zeit ausfiel und ich somit die Arbeit alleine erledigen musste, führte dies zu viel Mehrarbeit.

Doch im Allgemeinen ging es mir großartig, weil ich wieder mehr Zeit mit meinen Freunden verbringen konnte. Ich hatte meinen Onkel mit der vorzeitigen Zurückzahlung meines Kredites überrascht, was mir seinen Respekt einbrachte, und zudem hatte ich nun meinen Wunschvertrag bei meiner Hauptarbeit und war drauf und dran, komplett aus den Schulden herauszukommen. Vor allem aber hatte ich nun auch eine bessere Wohnung, in der ich eben nicht ständig von meiner Mutter belagert wurde. Alles lief also trotz der Überarbeitung gut.

Dann stand der Umzug an und mit ihm die ersten neuen Enttäuschungen. Ich fragte bei Freunden nach, wer mir helfen würde – am Ende waren es genau vier Leute, was grundsätzlich in Ordnung war, aber es ernüchterte mich, dass sich Leute herausredeten, wegen denen ich unter anderem in das Dorf zurückgezogen war. Leute, die ich für die besten Freunde hielt. Aber na ja, vier Leute waren genug, um den Umzug zu bewältigen.

Nach einer letzten Woche in meiner alten Wohnung zog ich dann an einem Samstag offiziell um. Passenderweise war ich an diesem Tag zu einem Geburtstag bei einem der Helfer eingeladen. Glücklich wie ich war, hatte ich auf diesem Geburtstag viel Spaß und schoss mich an diesem Abend so ab, dass ich gut schlafen konnte.

Doch der nächste Morgen oder vielmehr Mittag nahte. Ich erwachte ich von einem Geräusch, das mich schlagartig nüchtern werden ließ. Es war ein knisterndes Geräusch. Dasselbe Geräusch, wegen dem ich unter anderem aus der alten Wohnung ausgezogen war. Ich dachte zunächst, ich würde es mir nur einbilden oder überreagieren. Mir wurde doch versichert, dass überall Steinbecken waren. Doch ich bildete es mir nicht ein. – Ich hätte heulen können. Am liebsten hätte ich alles rückgängig gemacht und wäre woanders hingezogen.

Plötzlich stellte ich alles infrage. Hatte ich wirklich danach gefragt oder es richtig betont? Doch, das hatte ich. War es Unwissenheit oder wurde ich von denjenigen belogen, die mich so lange kannten? Vielleicht waren es ja auch Steinbecken, aber die Wohnung war doch hellhörig? Nun ja, ich konnte erst mal nichts tun und wog meine Optionen ab: Schnell eine neue Wohnung zu suchen war nicht nur schwer, sondern auch kostspielig, also musste ich zunächst dort wohnen bleiben. Toll.

Im Laufe der Woche wurde es nicht besser. Immer mehr bekam ich das Getrampel und das Geschreie meiner einzigen direkten Nachbarn von oben mit. Aber damit nicht genug, offenbarten sich immer mehr Mängel dieser zusammengeschusterten Wohnung. Der Keller, den ich dafür nutzen wollte, meine Wäsche zu trocknen, eignete sich in keiner Weise dafür – viel zu feucht und unbenutzbar, sodass dieser Raum praktisch tot war. Dies ließ sich aber mit einem Trockner ausgleichen, den ich mir daraufhin zulegte.

Ich war zutiefst erschüttert, dass sich die Wohnung in so einem miserablen Zustand befand. Am nächsten Wochenende analysierte ich noch einmal meine Optionen. Ich kam zu dem Entschluss, dass ich zwar nun generell gut wohnte und die Wohnung auch schön geschnitten war, aber dass massive Mängel zum Unwohlsein beitrugen. Es gab nur zwei Lösungen: Entweder sofort und schnellstmöglich ausziehen oder die Wohnung so sanieren, dass ich mich einigermaßen wohlfühlen konnte. Da ich ein dankbarer Mensch gegenüber meinen Vermietern sein wollte, konnte ich ihnen auch nicht die Schuld daran geben, denn ich hatte ja die Wohnung blind gemietet. Da ich aus Erfahrung wusste, dass es bei ihnen zu lange dauern würde, bis sich etwas täte, entschloss ich mich, alles auf eigene Kosten zu renovieren. Nach all dem, was ich gerade mühsam abbezahlt hatte, sah ich mich dazu gezwungen, meinen verbliebenen Kredit wieder anzuheben, und zwar deutlich. Zwar unterstützte mich auch meine Großmutter, indem sie teilweise den Handwerker bezahlte, der auch ihr Nachbar war, aber das war nur ein Teil dessen, was es kosten sollte. Um auch alles in seiner formellen Richtigkeit zu halten, ließ ich meine Vermieterin zu mir kommen, um sie über einige Dinge zu informieren, die ich bemängelte, und was ich ändern wollte. Ich zeigte ihr beispielsweise das Schlafzimmerfenster, das so gut wie gar nicht abgedichtet war. Im Beisein des Handwerkers stimmte sie zu, dass ich es in Ordnung bringen lassen dürfe. Ferner ließ sie sich sogar dazu hinreißen zu sagen, dass es ja besser wäre, wenn mein bestellter Handwerker das machen würde, da dies keine Stärke ihres Mannes sei, der die Wohnung ja ausgebaut hatte. Aha. Eigentlich erhoffte ich mir, dass sie sich an den Kosten beteiligen würden, doch es blieb bei der Hoffnung.

Durch meinen neuen Verdienst konnte ich mir immerhin den angepassten Kredit leisten, sodass ich wenigstens keine finanziellen Schwierigkeiten bekam. Dennoch waren die drei Jahre, in denen ich hart dafür arbeitete, den Kredit bei meinem Onkel abzubezahlen, sozusagen für den Arsch. Ich empfand es in dieser Zeit eher als nervig, weil ich im Prinzip eben alles dafür getan hatte, um davon wegzukommen. Ich sah darin, die Wohnung zu restaurieren, jedoch die einzige Möglichkeit, mich dauerhaft wohlzufühlen.

Was ebenfalls nervig wurde, waren die drei Nebenjobs, die ich ja mittlerweile hatte. Eigentlich waren es ja nur zwei, aber meine Oma wurde immer mehr zu einem Job. Schließlich sagte ich ihr, dass ich mich nicht mehr so intensiv um sie kümmern könne, da ich ja die Nebenjobs habe. Da sie aber auf Hilfe angewiesen war, kam ein postwendendes Echo. Ich solle den Job als Platzwart kündigen, die fehlenden Einnahmen würde sie mir zukommen lassen. Also kündigte ich die Stelle und dachte, es würde mir sogar mehr Freiheit geben. Es kam aber anders, denn immer mehr intensivierte sich meine Rolle als Ansprechpartner für die Mieter, Pächter und meine Oma selbst. Es fing an bei einem Wasserschaden, der behoben werden musste, bis hin zu nicht pünktlich bezahlter Pacht. Da ich jetzt aber ja mehr Zeit hatte, war das erst einmal kein so großes Problem.

Generell machte ich mit meiner Investition alles richtig. Ich schaffte es, die Wohnung so zu kaschieren, dass ich mich einigermaßen wohlfühlen konnte. Immer heftiger bekam ich jedoch etwas von meinem Nachbarn mit. Diesen kannte ich noch aus früheren Fußballjahren, in denen er immer wieder sportlich aktiv in Erscheinung trat. Mir wurde immer bewusster, wie schwer seine Alkoholkrankheit wirklich war. Immer öfter wurde er aggressiv, da er sich immer weniger steuern konnte, zu sehr hatte ihn die Krankheit bereits in Mitleidenschaft gezogen. Es kam sogar vor, dass ihn der Krankenwagen abholen musste, wenn er sich bei Stürzen verletzt hatte. In großer Häufigkeit fiel er vor meiner Haustür in irgendeine Ecke, sodass ich ihm aufhelfen musste. Das führte dazu, dass ich zeitweise genau abpasste, wann ich zur Tür raus ging. Es war unerträglich. Zutiefst frustriert merkte ich, dass sich der Umzug in keiner Weise gelohnt hatte. Die erhoffte Nähe zu meinen alten Freunden blieb fast komplett aus. Einer von ihnen schaffte es sogar, mich erst nach einem ganzen Jahr das erste Mal in meiner Wohnung zu besuchen. Dieses Desinteresse schmerzte. Ich fühlte mich immer unwohler, jedoch gab es immer wieder Lichtblicke.

Unterdessen lief es in meinem Hauptberuf ganz ordentlich. Auf der Arbeit hing ich mich rein und verstand mich auch bestens mit meinen Kollegen. Es war eine kleine Abteilung, bei der alles zusammenpasste.

Nach Sofia und dem zwischenzeitlichen *Jumpst* nach Bukarest fuhr ich mit meinem Vorgesetzten während einer Dienstreise nach Israel. Dies hatte auch für einen meiner Onkel einen Vorteil: Ich konnte ihm, der mittlerweile dort lebte, einige seiner Sachen mitbringen und wir wiederum hatten einen Reiseführer. Aufgrund der Distanz zu seinem Wohnort hatte auch er immer mehr meine Hilfe in Anspruch genommen und so hatte sich ein intensiver Kontakt entwickelt. Er selbst kämpfte mit seinem Leben, was ihm seine Ex-Frau zur Hölle machte. Da ich ja ein sehr stabiler Mensch geworden war und für mich durchaus viel erreicht hatte, merkten jetzt viele Familienangehörige, dass ich ihnen das Leben erleichtern konnte. Das führte dazu, dass mich fast jeder kontaktierte, um seine Sichtweise darzulegen, wie man in Bezug auf meine Oma etwas ändern könne.

In erster Linie war das wie gesagt familiär. Es herrschte eine wahre Familienkrise. Keiner sprach mit dem anderen, aber jeder mit mir. Vor allem aber wurde meine Oma immer hilfsbedürftiger, sodass ich mich immer intensiver um sie kümmern musste. Ich war eigentlich kein Enkel mehr, sondern eher Kind, Ehemann und Pfleger. All dies wäre noch nicht mal das größte Problem gewesen, wenn sie nicht immer fanatisch und destruktiver geworden wäre. Mein Doppelleben ging weiter. Da ich auch ihr sehr viel zu verdanken hatte, fasste ich das Ziel, ihr nicht ihren Lebensabend zu verderben und weiter zu schweigen. Stattdessen versuchte ich immer mehr, Frieden in die Familie zu bringen, da ich wusste, dass dies ihr größter Wunsch war. Das kostete mich jedoch so viel Kraft, dass ich mich zeitweise in meine Arbeit flüchtete. Diese wurde dabei für mich fast schon zur Erholung. Ich hatte mich auf diese Weise in ein neues Problemfeld begeben, das ich überhaupt nicht als Problem erkannte. Ich sah einfach nicht, dass ich gar nicht mehr an mein eigenes Leben dachte, weil ich es immer wieder schaffte, die Familie ein Stückchen näher zusammenzubringen.

Sehr überraschend kam nun ein weiteres Familienmitglied hinzu: Mein Neffe wurde geboren. Nun wuchs nicht nur meine Familie, sondern es erweiterte sich so auch die familiäre Kultur. Der Kleine hatte einen Vater, der katarischer Staatsbürger war, und war somit das erste Familienmitglied mit muslimischem Blut. Ich hatte lange Jahre ein sehr entferntes Verhältnis zu meiner Schwester, weil wir sehr unterschiedliche Lebensphilosophien und uns unterschiedlich entwickelt hatten.

Zu meiner Überraschung bekam ich zum Geburtstag, den ich hasste, von meiner Schwester ein Geschenk. Sie und ihr Partner luden mich nach Katar ein. Sie hielt sich dort gerade ein paar Wochen auf, um der katarische Familie ihren Nachwuchs präsentieren zu können. Welche weiteren Intentionen sich hinter diesem großzügigen Geschenk verbargen, war mir egal. Die Begründung meiner Schwester war, dass sie mir ja noch nie etwas geschenkt habe. Dabei beließ ich es und stellte auch keine Fragen. Es war jedenfalls ein Schritt der Annäherung im Umgang mit meiner Schwester. Ihr Partner machte sich meine Reise wiederum zunutze und bat mich, ihm diverse Sachen aus Deutschland mitzubringen, darunter zehn Stangen Zigaretten, Brötchen und Brot. Zolltechnisch sollte dies kein Problem darstellen, da er ja Katarer war. Er schicke mir 100 Euro, die ich zum Einkaufen verwenden sollte. Als Dankeschön buchte er mir noch drei Tage Urlaub in Dubai hinzu. Aufgrund eines Problems mit der Buchung drohte dann die Reise auszufallen. Die einzige Möglichkeit war, diese Reise beziehungsweise den Flug selbst zu bezahlen. Da ich alles gekauft hatte, tat ich dies dann auch. Später sollte ich alles zurückerhalten, doch diese Unannehmlichkeiten bewogen den Vater meines Neffen aufgrund seines Stolzes dazu, mir 1.000 Euro Taschengeld für den Urlaub zu geben, und das neben der teuren Suite und dem Luxus, den ich sowieso schon hatte. Zunächst wollte ich das gar nicht annehmen, aber scheinbar ging es ihm dabei wohl um die Ehre, denn Geld spielte zu diesem Zeitpunkt nur eine untergeordnete Rolle in Katar. Meine Schwester riet mir aus diesem Grund dazu, es anzunehmen.

Dementsprechend gestalteten sich auch die Ausflüge. Er lud mich neben seinem anderen Sohn und meiner Schwester auf eine Fünf-Sterne-Insel ein, bei der sein katarischer Einfluss einmal mehr zum Tragen kam. Der beste Tisch, der bereits für zehn Personen gedeckt und reserviert war, wurde kurzerhand entreserviert. Er bestellte einfach mal alles, von Hummer über Garnelen bis zu Nudelgerichten. Bei meinem Ausflug nach Dubai wurde ich in einem Bentley abgeholt und fühlte mich wie ein VIP.

Zurück in Katar machte ich mit meiner Nichte eine Tour durch die Wüste, was ihr richtig gut gefiel. Sie war nach der Trennung bei ihrer Mutter geblieben und hatte die USA verlassen. Blöderweise baute unser Chauffeur bei der Rückfahrt einen Unfall, sodass ich mit meiner Nichte inmitten von Ölfeldern alleine war. Nun war es gut, dass man dort Familie hatte, die sich der Sache annahm und deren Sprache sprach.

Nach vielen muslimischen und arabischen Eindrücken neigte sich diese Woche dem Ende.

Zurück in Deutschland bemerkte ich eine Veränderung in mir, nämlich wie gut mir dieser Luxus tat beziehungsweise wie sehr dieser Luxus die Sorgen verdrängte. Da ich aber immer noch oder wieder hoch verschuldet war, stimmte dies nicht mit meinen Zielen überein. Nachdem ich ein Buch gekauft hatte, in dem es um die Lebenstaktiken der Navyseals, ging, entschloss ich mich, einen Flipchart zu kaufen und mich mit mir selbst zu beschäftigen. Ich schrieb alles auf und fing an, alles zu planen. Mittlerweile stand ich auch im Testament meiner Großmutter, weil sie ihren Dank für die Pflege zum Ausdruck bringen wollte und um mir den Teil zu sichern, der eigentlich für meine Mutter bestimmt war. Diese wiederum hatte beim Tod meines Großvaters meine Oma auf ihren Pflichtanteil verklagt.

In all meiner Planung kam ich zu einer Art Erleuchtung, nämlich dass ich, wenn ich es mir materiell gut gehen ließ, ein glücklicherer Mensch wurde und somit viel mehr erreichen konnte, als wenn ich mich nur mit meinen Problemen beschäftigte. Der Gedanke, dass materielle Dinge alleine nicht glücklich machen, sondern nur mittel zum Zweck sind, kam mir später, als ich mich weiter mit mir beschäftigte.

In meinem Wissen über das Erbe meiner Oma fasste ich daher den Entschluss, alles für meine Oma zu tun, aber es mir eben auch gut gehen zu lassen. Dies tat ich im Grunde schon die ganze Zeit, nur war es jetzt eben ein bewusstes Kompensieren. Es funktionierte, denn ich sah es als Investition in mich selbst. Ich wurde immer stärker und mir gelang vor allem immer mehr.

Kurze Zeit später verstarb dann mein Nachbar an den Folgen seiner Alkoholkrankheit. Ich wurde Zeuge, wie der Alkohol jemanden das Leben kostete.

Da mir seine Frau leidtat und ich gewachsen und stabiler geworden war, setzte ich mich nun öfter mit ihr hin, rauchte mit ihr die eine oder andere Zigarette oder trank Kaffee. Anfangs noch zurückhaltend, entwickelte sich schließlich eine überraschend gute Nachbarschaft. Sie verstand mich und ich sie. Mehr als jeder andere bekam sie mit, was so von außen an mich herangetragen wurde, nämlich nur Arbeit: *Julian, kannst du mal* und *Dankeschön, Julian* waren die häufigsten Worte, die ich mittlerweile zu hören bekam. Ich konnte es einfach nicht mehr hören.

Viele merkten, wie belastbar ich geworden war. Vor allem, weil ich nichts sagte und es zuließ, drückten sie mir alles rein, wozu sie selbst nicht in der Lage waren oder es einfach nicht wollten. Ich kompensierte alles und jeden, nur für mich war keiner da, noch nicht mal ich selbst. Aber da ich nun gelernt hatte, auch mich zu kompensieren, durch Investition in mich selbst durch das Mittel Geld, kaschierte ich mich so, dass ich mir darum keine Gedanken machte. Zudem hatte ich schon schlimmere Situationen erlebt.

Dennoch wurde es zu viel. Vor allem meine Oma wurde immer mehr zu einer Belastung. Da ich merkte, dass sie immer destruktiver wurde, fing ich an, ihr eine Art Daseinsberechtigung zu geben, um sie zufriedener zu machen. Ich ließ sie für mich das kochen, was nicht für mich wichtig war, aber von dem sie wusste, dass es mir noch schmecken würde. Aber der Grund war nicht, weil es mir schmeckte, sondern eben nur, um ihr einen Wert zu geben. Es schlug an. Immer mehr fing sie an, Gulasch und Tomatensoße einzufrieren und mir mitzugeben. Das war eine Idee, die ich von einem Date mitnehmen durfte, der sich den Beruf des Altenpflegers ausgesucht hatte. So hatte also auch das ein oder andere Date etwas für sich.

Aber es war nicht mehr als ein Stein auf meinem Weg, den ich aus dem Weg räumte. Immer wenn ich bei ihr war, hörte ich ihr zu und erzählte ihr das, was sie hören wollte. Und genau darin lag noch immer meine Schwäche: Immer wenn ich etwas gegen ihren Willen sagte, entschloss sie sich, mir Geld zu geben, was es mir wiederum einfacher machte. Leider rutschte ich durch diese Annehmlichkeiten tiefer in etwas hinein, was komplett außerhalb meiner Lebensplanung lag. Ich wurde in ihren Augen zum braven christlichen Weggefährten und Vertrauten. Immer öfter fielen Sätze, die in keiner Weise mit meinem Weltbild zusammenpassten. Als Guido Westerwelle beispielsweise verstarb und dies zu den medialen Themen gehörte, sagte sie, dass sie ihm niemals die Hand schütteln würde, da er ja schwul sei. Ich schluckte das, ohne es mir anmerken zu lassen.

Auch innerhalb der Familie passierte etwas, was durchaus nicht der Norm entsprach und ziemlich erschütternd war. Vor allem entstand so weitere Belastung in meinem Leben: Der Vater meiner Nichte, ein amerikanischer Soldat, erschoss sich selbst und beendete damit sein Leben. Dieser wiederum war so eine Art Traumenkel meiner Oma. In ihren Augen war er ein religiöser Mensch, der meine Schwester im Prinzip zum Glauben bekehren sollte. Aufgrund der Trennung der beiden, war in den Augen meiner Oma natürlich meine Schwester für seinen Tod verantwortlich. Okay, so war sie nun mal, aber genau das hatte auch Folgen für mich. Durch diesen Selbstmord, der in ihren Augen ja eine Todsünde war, verschlimmerten sich ihre Ansichten noch. Sie gab meiner Schwester die volle Schuld an diesem Tod. Es war die eine Sache, dass sie es mir erzählte, eine ganz andere, dass sie das auch meiner Schwester so sagte. Da meine Schwester ja damit fertig werden musste, dass ihr älteres Kind jetzt keinen mehr Vater hatte, flogen ihre Emotionen meiner Oma nur so um die Ohren, die das wiederum an mir ausließ. Es war schwierig, denn meine Schwester wurde labiler, meine Oma musste auch wieder aufgebaut werden und ich musste vermitteln und massenweise Verständnis zeigen. Es kostete mich mehrere Wochen Arbeit, die beiden wieder zusammenzuführen. Ich überzeugte meine Oma letztlich davon, dass mein Schwager durch seine Kriegseinsätze in Afghanistan und im Irak an einer schweren Depression litt, die zu seinem Tod geführt hatte, nicht die Trennung von meiner Schwester. Der wiederum verdeutlichte ich, dass sie verstehen musste, dass unsere Oma nun mal sehr alt war und ihre religiösen Ansichten nicht mehr ändern würde. Ich war zufrieden, denn dieser Vermittlungserfolg führte zu einem immer besser werdenden Vertrauensverhältnis zwischen meiner Schwester und meiner Oma. Es führte aber auch dazu, dass ich einen neuen Patienten hatte: meine Schwester. Sie allein wäre kein Problem gewesen, wenn da nicht noch Patient Nummer drei gewesen wäre: meine Mutter.

Diese Dreierkombination führte zu noch mehr Arbeit, denn jeder war auf seine Art wichtig. Vor allem ging unter, dass es ja auch noch meine Nichte gab, die zwar noch klein war, aber ihren Vater nie richtig hatte kennenlernen dürfen.

Die Behandlung meiner Mutter gestaltete sich in dieser Zeit ausnahmsweise verhältnismäßig ruhig, doch dies sollte sich wieder ändern.

Zunächst aber stellte sich zumindest vorläufige Ruhe ein und so setzte ich mir nun ein neues Ziel: Das Grundstück meiner Großmutter, das zu einer unnötigen Belastung geworden war, musste weg, da es einen erheblichen Zeitaufwand mit sich brachte und kurz davor stand, kostspielig zu werden.

Nachdem ich mit harter Überzeugungsarbeit auch meinen letzten Onkel überzeugt hatte, erarbeitete ich mit ihm zusammen einen Plan, das Grundstück zu verkaufen. Generell band ich offen all meine Onkel in die Lebenssituation meiner Großmutter ein, sodass auch diese Veränderung nicht zu einem Streit führte. Und so wurde es zu einer sehr guten Zusammenarbeit, die funktionierte. So holte ich mir auch von meinen anderen Onkel ihre Erfahrungswerte ein und erzielte beim Verkauf einen guten Preis. Zwar war es enorm viel Arbeit, aber es sollte sich einmal mehr lohnen.

Doch bevor es dazu kam, passierte zwischenzeitlich wieder etwas Dramatisches: Meine Schwester, die meines Wissens nie vorhatte, in Katar zu bleiben, wurde mehr oder weniger gezwungen dortzubleiben oder ohne ihren Sohn abzureisen. So flüchtete sie mithilfe der Schwester ihres damaligen Partners in aller Hast und Eile nach Barcelona, praktisch in einer Nacht-und-Nebel-Aktion. Sie rief mich in ihrer Notsituation an und bat mich, ihr und den Kindern einen Weiterflug nach Deutschland zu buchen oder zumindest zu organisieren. Sie selbst hatte durch die Hektik keine Zeit dafür. Ich machte mir Sorgen, dass der Einfluss des Katar ausreichen könnte, sie und die Kinder verhaften zu lassen. Dies wäre ein absoluter Katastrophenfall gewesen, vor allem für meine Nichte, die eineinhalb Jahre zuvor ja schon ihren Vater verloren hatte. Ich beschloss kurzerhand, selbst nach Barcelona zu fliegen, um sicherzustellen, dass wenigstens einer vor Ort war, der sich um die Kinder kümmern konnte, sollte der Worst Case eintreten.

Doch es ging alles gut.

Allerdings kam es dann zu einem üblen Streit zwischen meiner Schwester, dem Vater meines Neffen meiner Mutter und deren aktuellem Ehemann. Es blieb natürlich nicht aus, dass ich alle Seiten beruhigen und vermitteln musste, um weiteres Unheil zu verhindern. Beleidigungen flogen nur so hin und her, es wurde gedroht – das volle Programm. Der Grund waren gleich mehrere Dinge, wie die verständlichen Emotionen meiner Schwester, aber auch die des Vaters meines Neffen, der sich wahrscheinlich in seiner Ehre verletzt fühlte. Meine Mutter schlug sich auf die Seite des reichen Arabers und giftete gegen meine Schwester, statt sich rauszuhalten. Und da nun auch der Vater meines Neffen sah, dass ich Einfluss nehmen konnte, fing auch er an, mir zu schreiben. Sämtliche Konversation lief mal wieder über mich.

Nun war meine Schwester aber erst mal wieder zurück im Lande und ich verlor an Stärke, denn diese und alle anderen Dinge, die ich so um mich hatte, kosteten Kraft. Also entschloss ich mich, mir mal wieder so richtig was zu gönnen. Das funktionierte zwar, aber ich merkte immer mehr, dass es, wie früher die Wirkung des Alkohols, irgendwann wieder verpuffen würde. Für den Moment half es jedenfalls.

Aber ich fragte mich immer mehr, warum ich nicht einfach mal einen Partner haben konnte, der mich unterstützte oder mal in den Arm nahm. Es wurde irgendwie nicht leichter. Selbst der Grundstücks- und Hausverkauf meiner Oma wurde ein hartes Stück Arbeit. Ich fing an, alles dafür zu tun, einen Partner zu bekommen, aber außer Sex-Dates klappte gar nichts und ich verzweifelte. Ich fühlte mich weder hässlich noch sonst irgendwas.

Als ich dann mal jemanden kennenlernte, bei dem es tatsächlich auf mehr hinauslief, machten wir einen HIV-Test. Beide waren gesund. Nachdem ganzen Stress wollte ich weg, aber auf keinen Fall alleine reisen, und so fragte ich ihn, ob er mich begleiten würde. Er meinte dazu, dass er kein Geld habe. Da es mir so wichtig war, mal etwas gemeinsam zu erleben, bot ich ihm an, ihm die Reise mitzufinanzieren. Er sagte daraufhin zu.

Drei Tage später flogen wir nach Mallorca. Im Flieger sitzend fing er an, Händchen zu halten. Ich fragte mich, ob es in einer Beziehung enden würde, doch ich wollte erst mal abwarten. Da ich hundemüde war, erwiderte ich die Zärtlichkeiten nur so halb.

Auf Mallorca angekommen, hatten wir noch einen richtig guten Tag. Als wir abends im Bett lagen, schrieb er jedoch immer wieder mal mit anderen Typen. Das war aber okay, wir waren ja kein Paar.

Am nächsten Tag trafen wir uns dann mit einem Pärchen am Strand. Als wir abends ins Bett gingen, fragte er mich, ob ich Bock auf einen Dreier hätte. Ich fand es zwar etwas seltsam, aber dachte mir: *Warum nicht?*

Am nächsten Tag hatte er jemanden gefunden. Mit unserem Mietauto fuhren wir zu diesem Typen ins Hotel. Nach ein bisschen Strip-Poker ging es los. Na ja, eigentlich ging da gar nichts, jedenfalls nicht für mich. Ich fühlte mich wie das dritte Rad am Wagen und ging eine rauchen. Verwundert fragte mich Michi, so sein Name, was los sei. Ich sagte ihm, dass ich irgendwie keinen Bock mehr hätte und jetzt fahren würd, dass es mir aber egal wäre, wenn er hierbleiben würde. Die Stimmung war nun buchstäblich im Arsch und da er nun wohl auch keine Lust mehr hatte, kam er mit.

Von da an kippte die Stimmung komplett. Ich versuchte alles, aber auch alles, um den Urlaub zu retten. Ich wollte doch einfach nur gemeinsame Dinge erleben und teilen, doch genau das Gegenteil passierte. Ich hatte mir für den darauffolgenden Tag gegen Mittag eine Massage gebucht. Nachdem ich von dieser zurück ins Hotel kam, hatte ich im Gegensatz zu ihm Lust auf Fun. Da wir keinen Streit hatten, sondern lediglich einen Scheißabend, fragte ich mich, was jetzt auf einmal los sei. Nachdem wir das Hotel verließen, gingen wir erst mal ein bisschen shoppen. Als wir danach essen gehen wollten, bat er mich, schon mal vorzugehen, weil er mit einem Freund telefonieren müsse, der im Krankenhaus liegen würde. Ich empfand es als nicht passend, alleine im Restaurant zu warten, und kam mit ihm mit. Er wirkte sichtlich genervt. Die ganze Zeit schrieb und schrieb er, doch telefonierte nicht. Irgendwann gingen wir dann doch essen, da er wohl auch Hunger bekam. Um ihn bei Laune zu halten, bezahlte ich alles. Immer wieder führte er als Grund seines Verhaltens auf, das er sich Sorgen um seinen Freund machen würde. Ich versuchte, ihn davon zu überzeugen, etwas mit mir zu unternehmen, was ihn ablenken würde. Doch er blockte einfach alles ab. So gingen wir wieder zurück ins Hotel. Während wir im Bett lagen und ich Serien schaute, schrieb er die ganze Zeit herum. Komischerweise hatte er die ganze Zeit Schuhe an. Ich glaubte, dass wir vielleicht noch was feiern gehen würden, aber es wurde immer später, bis mir fast die Augen zufielen. Zwischenzeitlich ging er mal an sein Portemonnaie und schielte auf seine Kreditkarte. Bevor ich einschlief, fragte ich ihn, ob wir jetzt noch feiern gehen würden. Er erwiderte: »Jetzt leider nicht mehr!«, und zog sich die Schuhe aus.

Am vorletzten Tag war ich ernüchtert. Ich fragte ihn, ob er es nicht als undankbar betrachten würde, alles von mir Vorgeschlagene abzublocken. Er wiederum antworte daraufhin nur mit einem patzigen: »Darauf habe ich nur gewartet!« Ich war sprachlos und ging erst mal duschen. Während ich duschte, packte er seine Sachen. Da wir noch einen Tag hatten, fragte ich, ob es nicht ein bisschen früh sei dafür. Antwort: »Ich habe genug davon!« So reiste er ab. Boa!

Fassungslos rief ich einen Freund an, der sich mit seiner Familie ebenfalls auf Mallorca aufhielt. Ohne großes Gerede gab er mir seine Adresse und sagte, ich solle vorbeikommen. Immerhin war ich nicht allein.

Am nächsten Tag früh morgens ging auch mein Rückflug, doch bevor dieser anstand, hatte ich noch einen Abend vor mir und fuhr erst mal zurück ins Hotel. Die Welt ist ein verrückter Ort und ich traf doch tatsächlich den Typen, mit dem der Dreier zustande kommen sollte, Bob. Er fragte mich, wo mein Kumpel sei. Ich sagte ihm, dass er abgereist wäre. Das verstand er nicht, weil er doch gestern noch Sex mit Michi hatte und heute mit ihm geschrieben hätte. Erneut fassungslos fragte ich ihn, wann er denn mit ihm Sex hatte. »Um halb zwölf Uhr mittags.« Das passte. Er zeigte mir den Chat-Verlauf. Nicht das Michi anderweitig Sex hatte, aber dass er mich belogen hatte, entsetzte mich. Ich erzählte Bob die Geschichte. Er wirkte beschämt. Wir unterhielten uns darüber und da ihm das selbst peinlich war, wollte er Michi eins auszuwischen und schrieb ihm in meinem Beisein. So verging dann der restliche Abend. Ich war wieder einmal enttäuscht und konnte nicht schlafen. Vor allem deswegen nicht, weil diese beiden auch noch ungeschützten Geschlechtsverkehr hatten.

Ich machte die Nacht durch. Gegen fünf Uhr morgens fuhr ich los, da ich ja auch noch das Mietauto wegbringen musste. Völlig übermüdet suchte ich den Flug auf der Anzeigetafel des Flughafens, ging dann durch die Sicherheitskontrolle und fragte mich durch, wo denn mein Gate sei. Meine Befürchtungen wurden wahr: Der Flug hatte Verspätung. Aber nicht ein bisschen, sondern direkt mal vier Stunden. Da ich wenigstens kein Gepäck mehr hatte, dachte ich *Scheiß drauf*, fuhr mit einem Taxi zum bekannten Ballermann und haute mir um neun Uhr morgens erst mal ein paar Bier in den Kopf. Ich war durch, aber auch ich schaffte es dann am frühen Abend, zu Hause anzukommen.

Das Erste, was ich machte, war zu einem Freund zu gehen, um mich abzulenken. Ich erhoffte mir einfach zu labern und abzuschalten. Zwar beruhigte ich mich dann schnell wieder, aber ich merkte doch wieder einmal, dass sich etwas verändert hatte: Freunde waren zwar irgendwie da, aber mein Scheiß wurde lediglich weggesoffen. Auch bei anderen merkte ich, dass sie sich meine Probleme gar nicht anhören, sondern nur saufen wollten. So zog ich mich zurück, denn selbstkritisch wie ich war, wollte ich den Leuten auch nicht mehr auf den Sack gehen.

Ich war am Boden. Ich wollte aber kämpfen, wieder auf den Damm kommen, weil ich ja auch noch einige andere wichtige Dinge zu erledigen hatte.

So verlief ich mich in weiteren Stress. Ich machte daraufhin alles, worin ich Erfolg hatte und gut war. So brachte ich zwei meiner Onkel wieder zusammen, die seit Jahren nicht mehr mit einander geredet hatten, und arbeitete fast rund um die Uhr. Nebenher und mittendrin war ja noch meine Oma, die von all dem nichts mitbekommen durfte.

So zog es sich knapp vier Monate hin, bis der Verkauf des Grundstückes meiner Großmutter vonstattengegangen war.

Dann stand Sylvester an. In der Hoffnung, jemand Vernünftiges kennenzulernen, fuhr ich alleine nach Köln. Das hätte ich mir aber sparen können, weil es mich eher noch trauriger machte, Sylvester allein an einer Theke zu verbringen. Ich war einmalmehr platt.

Ich vereinsamte immer mehr, selbst an meinem Geburtstag meldete sich kaum einer oder nur oberflächig. Und so zog ich ein Register, das wieder mal für positive Energie sorgen sollte: Statt die kleine Provision, die ich für das Grundstück erhalten hatte, wie geplant in den Kredit zu stecken, machte ich mich auf zu einer dekadenten Asienreise. Mehr als alles andere genoss ich wieder mal die schöne Seite des Lebens, was mir erneut zu Stärke verhalf. Doch selbst bei dieser Reise bemerkte ich, dass ich von einem Ort zum anderen jagte, um mich abzulenken, ohne zur Ruhe zu kommen. Irgendwas lief immer noch schief. Ich verstand doch immer mehr, erreichte so viel, doch irgendwie kam immer etwas Neues hinzu.

Da ich mir mittlerweile den Kredit finanziell locker leisten konnte, und merkte, dass ich eine Veränderung brauchte, fing ich an, mich nach einer vernünftigen Wohnung umzuschauen. Da ich dies wieder mal allgemein kundtat, bekam ich ein Angebot, das perfekt schien: eine richtig schöne Wohnung, von der ich einen traumhaften Blick hätte. Leider wollte die Vermieterin diese Wohnung nur möbliert vermieten. Das war aber keine Option, da ich selbst einen Hausstand besaß. Da ihr neuer Freund mein alter Arbeitskollege und Vater eines meiner besten Freunde war, einigten wir uns jedoch auf einen Kompromiss. Nichts ahnend unterschrieb ich den Mietvertrag, und zwar unmöbliert.

Nachdem meine Planungen fertig waren, wurden aus den vereinbarten Kompromissen jedoch immer mehr Bedingungen. So sollte ich zum Beispiel für ein Klavier, das sich in der Wohnung befand, nicht nur den Transport bezahlen, sondern auch noch die Kosten für das anschließende Stimmen – und das war nur ein Beispiel! Ich war sprachlos. Kurz bevor ich dort einzog, riss mir dann der Geduldsfaden und ich löste den Vertrag auf. Da es ja der Schwiegervater meiner Freunde war, der mir diese Wohnung vermittelt hatte, versuchte ich Streit zu umgehen und kaufte mich quasi mit einer stattlichen Summe aus dieser Wohnung frei. Dadurch, dass ich nie Streit mit meinem noch aktuellen Vermieter angefangen hatte, konnte ich zum Glück noch eine Zeit lang dort wohnen bleiben.

Nach all diesen menschlichen Enttäuschungen und Erfahrungen, die ich erlebte, auch mit den Menschen in meinem Heimatdorf, wegen denen ich ja eigentlich dorthin zurückgezogen war, sowie der Intensivpflege meiner Oma, wurde mir klar, dass ich keine Zukunft mehr in diesem Dorf hatte, und so zog es mich nach Bonn.
Es war schwer, die richtige Wohnung zu finden, zumal ich nicht allzu viel Geld für die Miete ausgeben wollte, aber ich fand schließlich eine. In der neuen Wohnung mit direkten Rheinblick – zumindest im Winter – war ich überglücklich. Leider wurde es alles in allem doch sehr teuer, aber das war es letztlich wert.
Doch auch bei diesem Umzug schafften es Menschen, mich richtig in der Scheiße sitzen zu lassen. Zudem hat sich auch einer der Handwerker wegen der Hitze überarbeitet und musste mit dem Krankenwagen abgeholt werden. Es war eine Umzug-Katastrophe 2.0: Alles, was kaputt gehen konnte und teuer war, ging kaputt. Keiner von denen, denen ich immer geholfen hatte, half mir. Ich sah mich gezwungen, da ich handwerklich leider sehr ungeschickt bin, Arbeitskollegen um Hilfe zu bitten. Auch sie bezahlte ich fürstlich, denn gerade auf der Arbeit wollte ich mir nichts nachsagen lassen. Und so wurde dieser Umzug vor allem durch die entstandenen Schäden und die professionellen Handwerkern, die ich bestellen musste, genauso teuer wie mein vorheriger.

Zu allem Stress, den ich sowieso schon hatte, kam noch eine Taufe hinzu, bei der sich zufällig das Problem ergab, das sich meine Schwester und meine Mutter mit ihrem Mann gleichzeitig ankündigten. – Menschen, die sich mittlerweile völlig überworfen hatten und ich mal wieder mittendrin und in der Vermittlerrolle. So musste ich also auch noch dafür sorgen, dass die Taufe meiner Nichte ohne das Wissen meiner Mutter vonstattenging, denn die war der Wunsch meiner Oma und Schwester. Die Verheimlichung gegenüber meiner Mutter war wegen der muslimischen Wurzeln meines Neffen nötig, da Mutter es seinem Vater erzählt und dies zu enormen Problemen geführt hätte. Es war ein Balanceakt, aber es klappte.

Ich war danach völlig fertig – mal wieder. Fertig mit alten Freunden, die mir nicht halfen, fertig mit dem Dorf und fertig mit mir selbst. Ich war jedoch nicht mehr der Typ, der in eine Opferrolle reinfallen wollte, und entschloss mich, einige Türen zu schließen und vorwärtszugehen. Zum Beispiel die Tür zu einem dieser alten Freunde, von dem ich wusste, dass er während meines Umzuges Urlaub hatte und der mit nicht mal helfen wollte, die Waschmaschine in den zweiten Stock zu tragen – mir nicht mal ein halbes Stündchen war ich ihm wert. Die Tür war nicht verschlossen, aber erst mal zu. Aber es gingen auch Türen auf. So erhielt ich die Hilfe meines Vorgesetzten, der noch schnell vor der Arbeit vorbeikam und mir in dieser blöden Situation aushalf. Auch meine Kollegen sprangen ein und wurden zu den größten Helfern in dem Umzugschaos. Selbst meine ehemalige Nachbarin bot mir ihre Hilfe an und half, indem sie meine alte Wohnung für die Übergabe sauber machte. Grade sie wurde in den vergangenen Jahren zu einer moralischen Stütze, die dafür sorgte, dass ich positiv bleiben konnte.

Aber eine Sache veränderte sich drastisch positiv: Da ich meine Großmutter nie um Geld bat, weil ich viel zu stolz dafür war, ging sie immer davon aus, dass ich diesen Umzug finanziell locker wegstecken konnte. In dem ganzen Stress rutschte mir dann aber doch irgendwann heraus, dass ich einen Kredit hatte. Meine Oma wurde sauer. Sofort fragte sie mich, warum ich ihr nichts gesagt hätte. »Weil das nichts zur Sache tut und ich mir den Kredit leisten kann!«, sagte ich. Das akzeptierte sie so nicht und wollte wissen, um wie viel es gingt. Ich rückte nicht mit der Sprache raus, aber sie ließ einfach nicht locker und ich gab schließlich zu: »Viel.« Sie: »Und was ist viel?« Ich sagte es ihr nicht, nur dass es fünfstellig sei. Daraufhin wies sie mich an, einen hohen Betrag, der diesen Kredit weit überdeckte, von ihrem auf mein Konto zu überweisen. Ich lehnte zunächst ab und versuchte, ihr klarzumachen, dass das zu Problemen führen würde, aber sie bestand darauf und meinte, dass das keinen etwas angehen würde, weil sie mit ihrem Geld machen könne, was sie wolle. Weil ich keine Gegenargumente mehr hatte, nahm ich dieses Geschenk schließlich an. Ich ließ mir aber im Beisein meines Onkels als Zeugen schriftlich geben, dass es ihr Wunsch war und ich sie nicht genötigt hatte.

Damit hatte sich eines der langwierigsten Probleme quasi in Luft aufgelöst. Nun hatte ich einen fünfstelligen Betrag auf meinem Konto und um daraus was zu machen, bat ich meinen Onkel um Rat. Eine Sache war jedoch schon geplant, für die ich trotz Kredit über ein Jahr gespart hatte: Ich wollte mir den Traum erfüllen und zum *Superbowl* fliegen. Das kostete allerdings einen vierstelligen Betrag. Na ja, Geld hatte ich ja nun. Nichtsdestotrotz eröffnete ich ein Aktiendepot bei meiner Hausbank.

Nachdem ich etwas zur Ruhe gekommen war, merkte ich, wie richtig die Entscheidung war, meinem Heimatdorf wieder zu entfliehen. Da ich nun aber immer noch unglücklich damit war, alleine zu sein und alleine zu reisen, kam ich zu dem Entschluss, dass ich meine Erholung auch zu Hause suchen könne. So kaufte ich mir ein teures Rudergerät, das mir dabei half, etwas Sport zu machen, und richtete mir die Wohnung so ein, dass ich mich darin wohlfühlen konnte.

Ich hatte jedoch noch nicht mit den alten Freunden abgeschlossen. Einen fragte ich, ob er, gern auch mit Freundin, mal nach Köln in die Schwulenszene mitgehen würde, damit ich da nicht so allein und einsam war, denn das wirkte sich negativ auf meine Stimmung aus und führte letztlich nur zu oberflächlichen Dates. »Jaja, machen wir irgendwann«, sagte er. Das kannte ich schon aus der Vergangenheit. Ich wollte ihm das Ganze versüßen, indem ich ihn einlud, mit mir auf die *Schwulenpride* nach Gran Canaria zu fahren. Er redete sich raus, indem er es auf seine Freundin schob. Ich ließ nicht locker und fragte sie, ob sie damit ein Problem hätte. Sie verneinte. Aha. Einige Zeit später gab ich dem Ganzen eine letzte Chance, sprach ihn offen darauf an und sagte ihm, dass es mein Herzenswunsch sei, zumindest in Köln mal mit ihm schwul feiern zu gehen. Auch da suchte er sich wieder andere Themen, um abzulenken. *Na ja*, dachte ich, *okay*, aber wenigstens zum Saufen kann man die Typen gebrauchen.

Es war wieder an der Zeit, ein Jahr älter zu werden – ein Grauen für mich. Zuvor lud ich dann doch noch eine Handvoll der alten Freunde aus dem Dorf in meine Wohnung ein, da ich ja unter anderem noch mit ihnen um den Aufstieg in meiner Fußballmannschaft spielte. Doch nun stand erst mal mein Geburtstag an und ich dachte, dass nach Karneval jeder wusste, wo ich nun wohnte und vorbeischauen würde. Oder sich wenigstens mal melden, was ich so machte. Doch es kam nichts. Ich fuhr wieder allein nach Köln.

Selbst die Gratulanten wurden immer weniger, vor allem der letzte verbliebene vermeintlich *echte* Freund gratulierte nicht, was mich nach über 30 Jahren sehr verletzte. Aber die neue Wohnung entspannte mich und ich kam zu dem Schluss, dass es ja durchaus sein könne, dass er einfach zu heftig feiern war und es im Suff am nächsten Tag vergessen hat. Als ich ihn jedoch zwei Wochen später um Hilfe bat, sagte er mir, ich solle vorbeikommen. Das tat ich und fuhr zu ihm. »Lass uns mal was fressen gehen.« Okay, wir gingen los. Unterwegs, als ich ihn auf die benötigte Hilfe ansprechen wollte, wechselte er das Thema. Angekommen bei dem griechischen Lokal fing er direkt an, mit jemandem zu schreiben, der dann kurz darauf zu uns kam. Ich kannte den nur vom Hörensagen. Dann wurde erst mal was gesoffen. Aus einem wurden zwei und mehr und schon konnte keiner mehr fahren. Ich hatte nichts erreicht, außer zu sagen, was ich wollte. Na ja, ein netter Abend war es zumindest. Aber eine Sache machte mich dann doch sprachlos: Sein Bekannter, der mit uns am Tisch saß, hatte am selben Tag wie ich Geburtstag und erzählte frei heraus, wie sie zusammen gefeiert hatten. War das wirklich wahr? Das sollte ein Freund sein, den ich seit über 30 Jahren kannte, der aber meinen Geburtstag vergisst, während er einen anderen feiert? Als uns seine Schwester abholte, fragte sie mich, ob sie mich nach Hause fahren solle. Ich nickte. Mein *guter Freund* überredete mich allerdings, mit zu seiner Schwester zu kommen, bei der er auch noch Lampen anbringen musste. Ich dachte: *Na ja, vielleicht kommt ja jetzt was Entschuldigendes.* Aber nichts da, vielmehr vollbrachte er seine Arbeiten, während ich mich an den Küchentisch setzte und mich mit einer Flasche Bier vergnügen musste. Es fühlte sich an, wie eine unsichtbare Wand, die zwischen uns lag. Als er anschließend fertig war, blieb keine Zeit mehr, denn er war zu einem Geburtstag eingeladen. Als ich mich daraufhin verabschiedete, zerbrach etwas in mir. Es fühlte sich an, wie ein gewaltiger Arschtritt. Ich brauchte eine ganze Woche, um mich davon zu erholen.

Was mich wieder etwas aufpäppelte, war der Gedanke an meinen Traumurlaub. Und so ließ ich mir nichts anmerken, denn eine Sache war noch nicht vorbei: der Fußball. Diese Saison sollte meine letzte werden und ich wollte mir den Wunsch erfüllen, noch mal als aktiver Spieler aufzusteigen. Und es sah gut aus. Da sich mein Heimatverein in der untersten Kreisklasse befand und ich selbst ja auch höher gespielt hatte, benötigte ich mit all meiner Erfahrung kein Training, um meine Leistung abzurufen. Ich spielte nicht spektakulär, ich war auch alles andere als vorbildlich, aber eben gut, zumal es zunächst keine wirkliche Alternative gab. Das änderte sich jedoch. Ich wage mal zu behaupten, dass wir ohne mich nicht so weit gekommen wären, doch nun standen wir kurz vor dem Aufstieg. Durch sich zurückziehende Mannschaften und den grünen Tisch gab es jedoch ein entscheidendes Spiel gegen eine Mannschaft, bei der sich die erste Garde in einer Liga drei Klassen höher befand. Wir spielten quasi gegen ein paar Ligen weiter oben, weil die ihre Spieler in ihre zweite Mannschaft abgaben, um ihnen den Aufstieg zu vereinfachen.

Es war Freitag, als ich vom Trainer einen Anruf bekam: »Julian, bist du fit?« Ich hatte immer wieder mal kleinere Probleme mit meinen Händen gehabt, was für einen Torwart nicht so gut ist, und antwortete: »Natürlich.« Das war aber nicht das, was er hören wollte, und so versuchte er, mir durch die Blume mitzuteilen, dass ich nicht spielen sollte. Ich war nun aber in einem Alter, in dem für mich nur noch der Aufstieg zählte. Ich war aber grundsätzlich bereit, mich auf die Bank zu setzen, weil ich ja um meinen Anteil wusste. Dennoch fragte ich mich, ob der junge Torwart, der mittlerweile spielberechtigt war, meine Erfahrung und kompensieren konnte. Ich bat einen meiner Mitspieler um Rat, der mich seit vielen Jahren kannte. Dieser sagte mir, dass es eine schwere Entscheidung sei. Na gut, im Teamgedanken und im Unwissen um die tatsächlichen Fähigkeiten des anderen Torwarts rief ich den Trainer an und teilte ihm mit, dass ich mich auf die Bank setzen würde, wenn er das für besser hielte. Dennoch empfand ich es als undankbar und falsch. Undankbar, weil ich immer noch der Meinung war, dass man zusammen gewinnt und verliert. Wir hatten zusammen gewonnen und jetzt zweifelte man an meiner Stärke, sodass man mich über Bord warf. Dennoch fuhr ich sonntags zum Spiel, weil ich der Meinung war, dass es hierbei nicht um mein egoistisches Empfinden gehen solle, sondern um den Aufstieg. Unter dem Beifall der Mannschaft hielt ich dann die spielvorbereitende Motivationsrede. Auch während des Spiels versuchte ich, positiven Einfluss zu nehmen, da wir einen Trainer hatten, sodass keiner von außen einwirkte. Wir gingen überraschend in Führung, doch was war das? Kaum Freude, auch nicht bei den Zuschauern. Anders beim hoch favorisierten Gegner, als dieser ausglich. Deren Freude war nicht zu überhören. Am Ende verloren wir mit vier zu eins.

Wie zuvor von mir geplant, meldete ich mich daraufhin vom Fußball ab. Nicht aus Trotz, sondern weil ich keinen Sinn mehr darin sah, die restlichen Spiele gegen Gegner zu spielen, gegen die wir, mit Verlaub, auch mit einem Mann weniger gewonnen hätten. Dass wir am Ende doch noch aufstiegen, lag daran, dass auch der Zweitplatzierte mitaufstieg. Es fühlte sich jedoch irgendwie nicht wie ein Aufstieg an, den ich ja gut kannte.

Eines blieb jedoch besonders hängen: der Abschied. Nach den über 30 Jahren, die ich diesem Verein angehörte, erhielt ich weder eine Einladung zum Abschluss noch sonst irgendwas. Das Einzige, was mir geschickt wurde, war die restliche Jahresbeitragsrechnung, die ich eigentlich aufgrund einer Absprache nur noch freiwillig zahlte. Es war ein Abschied voller Undankbarkeit und fehlendem Respekt, statt Anerkennung zu bekommen. Aber das erleichterte mir wenigstens den Abschied. – Ja, ich fühlte mich erleichtert und traurig zugleich, denn ich liebte die Stimmung in der Kabine.

Während dessen wurde meine neue Heimat immer besser. Ich hatte mittlerweile sogar jemanden im Haus kennengelernt, der zwar heterosexuell war, mit dem ich aber eine gute Zeit verbringen konnte. Da ich mir nie etwas über meine Ansichten anmerken ließ und mich trotzdem mit dem einen oder anderen aus Dorf und Verein gut verstand, ging es noch zu zwei versöhnlichen abschließenden Touren nach Österreich und Mallorca. So verabschiedete ich mich letztlich ohne Groll von dem Dorf, in dem ich aufgewachsen war. Es dauerte einige Zeit, bis ich dies verarbeitet hatte, doch fühlte es sich immer besser an.

Ich entwickelte mich weiter und wurde reifer. Ich hatte die Vergangenheit weitestgehend abgehakt, trank kaum noch Alkohol, lernte neue Menschen kennen und hatte keine finanziellen Probleme mehr. Auch die Arbeit lief mehr als zufriedenstellend. Es ging mir also besser als je zuvor. Nur in einem Punkt reifte ich nicht wie gewünscht und das lag an dem, was doch noch nicht abgeschlossen war. Da war zum einen meine Großmutter, die ich immer noch pflegte, und zum anderen meine Vermittlerrolle zwischen den Kriegsparteien der Familie.

Gerade die Pflege meiner Oma wurde immer mehr zu einem Problem. Durch die größer werdende Distanz wurde mir vieles bewusster. Ich hatte schon vieles auf den Weg gebracht, aber obwohl ich selber nun weniger Zeit für sie aufwenden musste, war sie omnipräsent. Nachdem ich sie im Laufe des Jahres einmal vollgeschissen aufheben musste, weil sie gestürzt war, stellte ich sie vor vollendete Tatsachen und beschaffte ihr einen Hausnotruf in Form eines Armbändchens. Auch das gehörte zu meinem Reifeprozess, ihr klarzumachen, dass es nicht einfach immer so weitergehen konnte wie bisher.

Hinzu kam meine Schwester, die von ihrer eigenen Mutter diskreditiert und von ihrem zweiten Mann ernsthaft bedroht und unter Druck gesetzt wurde. Da ich neben meiner Oma ja mittlerweile der Einzige war, der zu meiner Mutter Kontakt hielt, war ich in der Lage, größeren Schaden abzuwenden. Durch gegenseitige Beschuldigungen und teilweisen Hass kommunizierten sie über mich wie in einem Grabenkrieg, und ich war das zertrampelte Feld dazwischen. Ich war zwar gut im Vermitteln, aber es wurde mehr und mehr zur unerträglichen Anstrengung. Doch auch das bekam ich schließlich in den Griff.

Nun waren bereits acht lange Jahre ohne Partner an meiner Seite vergangen. Ich war mittlerweile tatsächlich reif und litt prinzipiell auch nicht mehr an fehlendem Selbstbewusstsein, aber bei Männern war das irgendwie immer noch anders.

Bei meiner Suche nach einem Partner schrieb ich in einer Dating-App mit jemandem, der zwar wesentlich jünger war, aber den ich wirklich süß fand. Er wollte sich dann sogar mit mir treffen. Dieser Typ hatte allerdings das Tourettesyndrom. Da ich ja aufgrund meines Zivildienstes keine Berührungsängste hatte, empfand ich das nicht als schlimm. Mehrfach fragte er mich, ob ich mir wirklich sicher sei, damit kein Problem zu haben und natürlich hatte ich das nicht. Dennoch schrieb er dann irgendetwas Verwunderliches, das den Eindruck machte, dass er wahrscheinlich doch kein Interesse hatte, da ich ja um einiges älter war. Um ihn nicht weiter in meiner Liste zu haben, blockte ich ihn daraufhin.

Das ist eigentlich nicht weiter dramatisch gewesen. Ich war aber dummerweise davon ausgegangen, dass sich seine *Tics* nicht schriftlich äußern würden, jedenfalls hatte ich noch nie von schriftlichem Tourette gehört. Das war aber wohl tatsächlich ein Teil seines Krankheitsbildes. Viele Monate später sah ich ihn wieder, diesmal bei *Youtube*. Ich konnte es gar nicht glauben. Er war mittlerweile ziemlich bekannt und beim Ansehen seiner Videos wurde mir einiges bewusst. Er hatte mir die Wahrheit gesagt und seine Videos, die humorvoll zur Aufklärung dienen sollten, bestätigten das. Er litt außerdem an Epilepsie, wie meine Mutter. Ich ärgerte mich über mein Misstrauen, denn so viele Verbindungen empfand ich als interessant.

Ich setzte mir das Ziel, meinen Fehler zu korrigieren, und wollte ihn wiedersehen. Das Ganze hatte mittlerweile nur einen Haken. Dadurch dass er nun weit über eine Million Abonnenten hatte, wollte sich jeder in seinem Ruhm sonnen und ihn treffen. Ein Kontakt, ohne den faden Beigeschmack, dass das Interesse mehr seiner Berühmtheit als ihm galt, war daher schwierig.

Doch nun war *CSD* in Köln. Durch *Instagram* wusste ich, dass er sich ebenfalls dort aufhielt, und so hatte ich die Hoffnung, ihn dort zu treffen. Und genau das geschah. Doch was zum Teufel war das jetzt? Als ich ihn traf, mutierte ich schlagartig zum pubertierenden Teenager, als wäre ich wieder 13. Ich weiß nicht, ob er mich wiedererkannte, aber er war sehr höflich und schien zumindest erfreut. Je freundlicher er wurde, desto selbstbewusster wurde wiederum ich. Da ich ja um seinen Bekanntheitsgrad wusste, empfand ich es als wichtig, ihm zu signalisieren, dass ich nicht irgendein Fan war, und sagte zu ihm: »Weißt du was? Jeder spricht dich an, und du willst doch bestimmt feiern. Geh zu deinen Freunden, ist schon okay.« Er wirkte zwar verdutzt, blieb aber weiter höflich. Dann fragte ich ihn, ob wir noch ein Selfie machen könnten. Es wurde ein richtig schönes Bild, vor allem, weil er darauf auch nicht unglücklich aussah.

Der Tag war für mich gelaufen. Ich fragte mich, wie ich so blöd sein konnte. Mein sich wieder aufrappelndes Selbstbewusstsein hatte gerade mal dafür gereicht, die Sache zu versemmeln. Ich merkte in meiner Selbstreflexion, wie tief meine Oma in mir saß. Ich hatte sozusagen eine Impfung mit auf den Weg bekommen, die mein Selbstbewusstsein im entscheidenden Moment aushebelte. Na ja, immerhin hatte ich es erkannt.

Da ich wusste, wie schwer er es mit diesen beiden Krankheiten hatte, und ich auch sah, wie er das Beste daraus machte, fand ich das schon irgendwie vorbildlich für mich. So schlecht ging es mir nicht, im Gegenteil, mir ging es vergleichsweise richtig gut. Ich hatte keine solchen Krankheiten, mit denen ich mit rumschlagen musste. Ich unterstützte ihn und seinen Mitstreiter in ihrem Kanal mit Spenden, um in erster Linie ihm zu helfen.

Leider kam ich nicht damit zurecht, dass ich nur wie ein Spender unter vielen behandelt wurde. Dabei wurde mir auch bewusst, wie schlecht ich grundsätzlich im Umgang mit Kommentaren in Social Media beziehungsweise überhaupt mit jeglicher Form sozialer Medien war.

Als ich eines Tages Lust auf Fun hatte, datete ich ein Pärchen. Sie kamen mir zwar bekannt vor, ich konnte sie jedoch nicht zuordnen. Als die beiden dann vor der Tür standen, wurde mir klar, dass es Freunde des Youtubers waren, mit denen er beim *CSD* war. Nach diesem wirklich kommunikativen und schönen Date entschloss ich mich, ihm davon zu berichten. Merkwürdigerweise brach daraufhin jeder Kontakt komplett ab.

Was hatte ich falsch gemacht? Warum war ich so? Das konnte doch echt nicht wahr sein, dass ich immer wieder dumme Fehler machte und sie nicht direkt verstand. Aber nun hatte ich wieder etwas gelernt.

Nur wenige Wochen später traf ich mich dann wieder mit einem jüngeren Mann, den ich schon Monate zuvor mal gedatet hatte. Piet. Unser Treffen verlief richtig gut. Wir waren beide gegenseitig beeindruckt, wie wir uns in der kurzen Zeit weiterentwickelt hatten. Nach einem langen Spaziergang mit ihm fuhr ich nach Hause und war happy, dass es so gut lief. Auch die nächsten Treffen waren gut. – Richtig gut. Als ich ihn aus dem weit entfernten Hamm abholte, fing er an, die im Radio laufenden Lieder mitzusingen. Ich war total glücklich, weil es mir zeigte, dass er sich bei mir wohlfühlte. Es zeigte mir aber auch, dass irgendetwas in mir fehlte. Ich fragte mich, warum ich nicht einfach mitsingen konnte. Ich zweifelte einmal mehr an mir.

Dann sahen wir uns zwei Wochen nicht, weil er sich auf seine Prüfungen vorbereiten musste. Er versprach mir aber, mich danach wiederzusehen, es war also nicht schlimm.

Zwischenzeitlich hatte ich ein platonisches Date, das alles änderte. Das Date selbst war mit einem Pärchen, bei dem die Altersstruktur dieselbe war, wie bei Piet und mir. Ich traf mich generell ungern mit Gleichaltrigen. Den Gleichaltrigen aus diesem Pärchen kannte ich schon sehr lange und er empfahl mir, ich solle doch mal eine andere Sicht auf die Jüngeren haben: »Du musst den jungen Menschen führen, du bist verantwortlich für ihn, weil du die Reife hast.« Ich dachte nach, ob vielleicht etwas davon stimmen könnte.

Ich probierte es in alter Manier aus und flog damit voll auf die Fresse. Eigentlich wusste ich, dass es falsch war, aber immer wieder kamen Zweifel, denn er hatte nun mal einen Freund und ich seit Ewigkeiten nicht. So schrieb ich Piet, er solle das, was er da vorhatte, nicht tun, weil es ein Fehler sei. Er reagierte gereizt und fragte, ob ich ihn nicht seine eigenen Fehler machen lassen könne. Er hatte recht und eigentlich wusste ich es schon vorher. Das zog mich runter. Dennoch schrieben wir weiter, da er ein sehr liebenswerter Mann war.

Aber ich kam aus der Nummer mit den Selbstvorwürfen nicht mehr raus. Aus dem Versprechen wurde nichts, sodass ich nach den zwei Wochen hartnäckig nachfragte, doch er vertröstete mich immer wieder. Ich bot ihm ebenfalls in alter Manier an, mit mir nach Barcelona zu fliegen, da ich wusste, dass es einer seiner Lieblingsstädte war. Er lehnte ab, obwohl ich alles bezahlt hätte.

Ich fragte mich, ob ich denn nichts gelernt hatte. Irgendwie war ich immer noch der Alte. Woher kam denn bloß die ganze Scheiße? Es kam mir alles so bekannt vor. Ich merkte durch meine Selbstreflexion, dass ich zwar verstanden hatte, warum ich so reagierte, aber geändert hatte ich nun mal nichts. Es war doch immer dasselbe: Ich lernte jemanden kennen, alles lief gut und dann machte ich irgendetwas, was es zerstörte.

Ich stellte nun aber immerhin fest, was das Problem war. Ich verstand, nach der vorgelebten Art und Weise meiner Oma etwas künstlich am Leben zu erhalten, sozusagen Liebe zu erkaufen, nicht nur finanziell, sondern auch in Form von Hilfe, die ich anbot. So wie bei Piet, dem ich Hilfe beim Renovieren anbot, um endlich wieder in Kontakt mit ihm zu kommen.

Zu verlieren hatte ich nichts und dachte auch nicht, dass es ein Rückschlag werden könnte. Ich bekam einen Pinsel in die Hand gedrückt und strich den Flur des Hauses, in das er mit seiner Familie umgezogen war. Es war auch vollkommen okay und schließlich das, wofür ich gekommen war. Grundsätzlich half ich gerne und auch das Streichen war nicht das Problem. Aber anstatt mit mir, strich er mit seiner Mutter einen anderen Raum, während ich mich alleine mit dem Pinsel vergnügte. Es war frustrierend – wieder einmal.

Was hatte ich falsch gemacht? Ich zweifelte an mir selbst und gab mir die Schuld, so wie ich es immer tat. Doch irgendetwas stellte sich innerlich gegen mich. Ich hatte immer noch den Job der Pflege bei meiner Oma zu erfüllen und switchte so meine selbstkritisch hinterfragenden Gedankengänge um. Ich merkte, dass ich ihr vorgelebtes Verhalten selbst an den Tag legte. Sie unterdrückte mein Selbstbewusstsein und war unterbewusst immer noch in meinem Kopf vorhanden. In jedem Date, in jeder Phase meines Lebens. Ich hatte so unfassbar viel erreicht, mir ging es ansonsten so gut, nur dieser Punkt, den ich zuließ, war dafür verantwortlich und zerstörte mich regelrecht.

Doch was sollte ich tun? Es war kein Sohn und auch nicht ihre Tochter vor Ort, um die Pflege zu übernehmen. Sie von jetzt auf gleich sitzen zu lassen brachte ich nicht übers Herz, da die Bindung zu stark geworden war. Aber immer mehr merkte ich, dass ich mich in vielerlei Hinsicht kaufen ließ, denn jedes Mal, wenn ich allem ein Ende setzen wollte, erhielt ich Zuwendungen. Aber ich hatte das doch gar nicht mehr nötig!

Es wurde immer schwieriger. Als Oma kurz vor meiner größten Traumreise ins Krankenhaus musste, sah ich die Chance: Sie konnte in ein Altenheim wechseln, was für mich eine Befreiung gewesen wäre. Die Woche vor meiner Reise, machte sie mir dann allerdings buchstäblich zur Hölle und so ging es auch weiter, als ich wieder zurück war, sie war einfach nur destruktiv.

Es reichte. Ich hatte keinen Bock mehr, weil sie sich so tief in mein Unterbewusstsein gegraben hatte, das ich zu viel zuließ. Es konnte doch nicht sein, dass ich mich in allen Bereichen weiterentwickelte, nur über sie nicht hinwegkam. Ich setzte dem nun ein Ende und organisierte, das sich meine Onkel, die sich 14 Jahren nicht mehr gesehen hatten, zusammensetzten, um das zu regeln. Das war keine leichte Aufgabe, da sie alle sehr unterschiedliche Weltsichten hatten und zudem sehr weit auseinanderwohnten. Ich bereitete aber stoisch alles vor und es klappte, sie fanden eine Lösung. Ich gab nun die Verantwortung gegenüber meiner Oma zurück an ihre Kinder und hatte damit auch meine letzten Probleme aus der Welt geschafft. Es wurde unter anderem beschlossen, dass meine Oma in ein Altenheim ziehen würde.

Dann kam die Corona-Pandemie und ich bekam eine Panikattacke. Das ist etwas, das ich meinem schlimmsten Feind nicht wünschen würde. Es veränderte etwas in mir. Ich hatte nun Angst, dass es wieder auftreten würde, und kam auf die wahnsinnige Idee, etwas auszuprobieren, was alles andere als gut für mich war: Ich verabredete mich mit einem Freund und kiffte mit ihm.

Noch härter als die erste traf mich die zweite Panikattacke. Weil ich dachte, ich müsse sterben, schrieb ich Cecil, meinen dritten Partner an. Blöderweise erzählte ich ihm zwar wahren, aber dummen emotionalen Scheiß. Ich klärte ihn zwar anschließend über die Pannickattacke auf, die für mein Geschreibsel verantwortlich war, aber das machte es nicht besser. Was mochte er jetzt über mich denken? Weiterentwicklung fehlgeschlagen. Er kannte mich ja nur so.

Ich beschloss dann doch, mich nicht zu überschätzen, und holte mir fachgerechte Hilfe. Nach drei oder vier Sitzungen stellte die Psychologin dann fest, dass ich nicht allzu labil war und generell an mir arbeitete. So schloss ich diese Sitzungen sehr schnell erfolgreich ab, fühlte mich wieder stark und war bereit, Bäume ausreißen.

Durch eine Knieverletzung, die ich mir zu der Zeit beim Fußballspielen in der Firmenmannschaft zugezogen hatte, war ich bereits einen Monat krankgeschrieben. Durch meine soliden Finanzen ging es mir blendend. Ich kam zur Ruhe und alles war in bester Ordnung. Dadurch dass ich in dieser Zeit keine Oma, keine Arbeit, keinen Druck oder irgendetwas hatte, das mich belasten würde, bekam ich aus heiterem Himmel eine dritte Panikattacke. Wie zum Teufel konnte das möglich sein? Mir ging es doch gut!

Aber immerhin wusste ich nun schon mal, wie ich damit umgehen musste. So tat ich alles, um mich davon abzulenken, in weitere Panik zu verfallen, und es funktionierte. Der Grund für die Panik war wohl der, dass ich nun, nach all diesen irren Jahren, das erste Mal richtig frei war und zur Ruhe kam. Die dritte Attacke zeigte prinzipiell eine verspätete Reaktion auf diese erstmalige Ruhe. Ich entschloss mich nun, die Zeit zu nutzen und etwas Neues aufzubauen, meine Ziele zu verfolgen.

Als die ersten Bars wieder öffneten, fuhr ich in das *Schwulenviertel* um zum einen Leute zu sehen und zum anderen Eindrücke für mein Buch zu gewinnen. Dabei lernte ich ein Pärchen kennen, mit dem ich mich zu einem geselligen Abend verabredete, der richtig schön wurde. Dennoch war ich wieder mal frustriert, weil ein weiterer Gast mich runtergezogen hatte. Aber warum konnte das passieren? Oma schwirrte doch gar nicht mehr in meinem Kopf herum! Ich konnte lange nicht schlafen.

Am nächsten Abend war ich sauer auf mich. War ich doch nicht reif? Ich zweifelte wieder einmal an mir selbst, so wie ich es all die Jahre getan hatte. Doch Stopp, das war doch nicht möglich! Ich hatte doch die Reife, nicht an mir zu zweifeln!

Ich setzte mich ins Auto, drehte die Musik laut auf und fuhr durch die Gegend. Ich hörte Musik, die mich innerlich stärkte und die Selbstzweifel vertrieb. Musik, die ich immer dann hörte, wenn ich stark war. Das funktionierte nun auch andersherum und die Musik baute mich auf.

Endlich hatte ich auch den letzten Punkt überwunden, der es mir nicht erlaubte, glücklich zu sein. Ich hatte endlich verstanden, dass es einfach nicht immer an mir lag. Gerade an diesem Abend, an den ich mit moralischen Wertvorstellungen heranging, ließ ich mich durch den anderen Typen, der ebenfalls der Party beiwohnten, herunterziehen, nur weil er sein Ding durchziehen wollte und für mein Selbstbewusstsein dabei kein Platz war. Dieser Typ lenkte von sich selbst ab, was ich verstand, was er aber an diesem Abend zu meinem Problem beziehungsweise meiner Verantwortung machte. Absolut unnötig!

Dadurch wurde mir bewusst, was ich erreicht hatte. Nun hatte ich endlich verstanden, dass ich mich auch dann selbst anerkennen konnte, wenn ich nicht die Anerkennung anderer erhielt. Daraus ergab sich, dass mein größter Erfolg alleine schon darin bestand, dass ich trotz all den Einflüssen und Prägungen, denen ich ausgesetzt war, weitergekommen war, kein Alkoholiker wurde, nicht gebrochen war. Darauf und auf mich selbst konnte ich stolz sein. Es spielte fortan keine Rolle mehr, ob mich andere anerkennen würden, sondern es war wichtig, dass ich mir selbst Anerkennung schenken konnte, was alles andere automatisch mit sich brachte. Ich musste nur zufrieden mit mir selbst sein, dann spielte für mich der Rest keine Rolle mehr und auch andere konnten mich dann akzeptieren, anerkennen und respektieren. Dieses Prinzip hatte ich zwar schon früher erkannt, aber es einfach nicht zum festen Bestandteil meines Lebens gemacht.

Als ich mich dazu entschloss, meine Selbsterkenntnis in einem Buch niederzuschreiben, war es zunächst der Gedanke, die Erkenntnisse durch Selbstreflexion zu vertiefen, was ja auch wunderbar funktioniert. Indem man es so formuliert, als würde man es anderen erklären, führt man quasi eine Unterhaltung mit sich selbst. Da das aber umso besser funktioniert, je ernsthafter man das betreibt, war schnell klar, dass ich dieses Buch tatsächlich schreiben und veröffentlichen würde. Daraus ergab sich dann der Anspruch, für den Leser einen ganz handfesten Mehrwert herauszuarbeiten, sodass jeder die Möglichkeit hatte, meinen Reifeprozess und die sich entwickelnde Selbsterkenntnis für sich selbst zu nutzen.

Beim Schreiben merkte ich außerdem, dass es in meiner Biografie viele Bereiche gab, mit denen nicht jeder Leser vertraut sein dürfte. Der normale Freizeitfußballer hat beispielsweise vermutlich keine Ahnung von der homosexuellen Welt und umgekehrt. Um das alles für den Leser, unabhängig von seinen eigenen Lebensumständen, ein bisschen transparenter zu machen, gehe ich im nächsten Kapitel auf einige spezielle Aspekte meines Lebens ein und behandele Fragen wie: *Wie ist es denn so in einer Schwulenbar? Wie ist es als homosexueller Mann mit Heteros nackt unter der Dusche?* Der eine oder andere wollte das vielleicht schon immer mal wissen, andere wären gar nicht darauf gekommen, auch nur darüber nachzudenken … nun ja. Ich lasse die Achterbahn meines Lebens nun noch mal eine entspannte Runde drehen, in der die einzelnen Aspekte genauer betrachtet werden können.

Analyse:
Ich machte schon einiges richtig, doch immer wieder neue Einflüsse sorgten dafür, dass ich zwar lernen durfte, aber die gewünschte Reife sich erst noch entwickeln musste. Erst als ich begriff, dass es nicht von äußeren Einflüssen abhängen durfte, wie ich mich fühlte oder verhielt, wurde ein Schuh daraus und ich war imstande, ein glückliches Leben zu führen. Ohne dieses Wissen war meine Achterbahn ins Stocken geraten, ich konnte jetzt jedoch in eine glückliche Zukunft blicken. Sollte dennoch ein Unwetter über mich hereinbrechen, war ich nun imstande, trotzdem mein Bestes zu geben und mit mir zufrieden zu sein. Ich trug die Verantwortung für mich selbst und nur noch für mich selbst.

Kapitel 6

Die Achterbahn trudelte aus

Dein Kind sei so frei es immer kann. Lass es gehen und hören, finden.

Warum dieses Kapitel so wichtig ist:
Gerade in einer Zeit, als sich meiner Achterbahn dem Ende neigte und austrudelte, begann ich, bewusst über die prägendsten Momente meiner Achterbahnfahrt zu reflektieren. In diesem Kapitel möchte ich Dir über meine prägendsten Einflüsse eine Inspiration vermitteln. Ich bin mir sicher, dass jeder seine eigene Achterbahnfahrt und prägende Erlebnisse hatte, der Vergleich mit anderen könnte bei der Gesamtbeurteilung hilfreich sein und neue Ansätze ermöglichen.
Aufgrund meiner wilden Fahrt splitte ich dieses Kapitel in mehrere Teile auf.

Background 6.1: Fußball
(0 bis 38 Jahre)

Hinfallen, aufstehen, Trikot richten, weiterspielen!

Seit Kindesbeinen an spielte ich ja nun Fußball und umso mehr war dies einer der elementareren Bestandteile meines Lebens. Für mich spielte der Fußball eine wirklich große Rolle, weshalb ich ihm ein ganzes Unterkapitel widme.

Fußball ist trotz des großen Interesses nicht jedermanns Sport, erst recht nicht in der homosexuellen Welt, wo eher andere Dinge Thema sind.

Der Erfolg des Fußballs beruht zum einen auf seiner Einfachheit. Genau so einfach machten es sich wahrscheinlich meine Eltern, als sie mich in einen Fußballverein steckten. Das war allerdings eine gute Entscheidung, weil eine Fußballmannschaft eine Sozialgemeinschaft ist. In dieser Sozialgemeinschaft lernte und entwickelte ich mich dahingehend weiter, dass ich folgende Werte verinnerlichte. Pünktlichkeit, Zuverlässigkeit, Freundlichkeit, Teamfähigkeit, Sauberkeit, Kritikfähigkeit, Toleranz, Diskussionsfähigkeit, Hilfsbereitschaft, Fairness und Ehrlichkeit. Also eine ganze Menge. Für mich umso wichtiger, da ich ja viele dieser Dinge von Haus aus nicht kannte. So versteifte ich mich vom ersten Moment an umso mehr auf den Fußball.

Die Schwierigkeit dieses Kapitels bestand darin, meine individuelle Geschichte mit meinen damaligen Mannschaftskollegen in Einklang zu bringen. Ich könnte nicht mehr sagen, wann ich das erste Mal einen Fußballschuh trug. Ich könnte nicht mehr sagen, wann ich das erste Mal gegen einen Ball trat. Ich könnte nicht mehr sagen, wann ich das erste Mal einen Torwarthandschuh trug. Ich könnte nicht mehr sagen, wann ich das erste Mal wegen einem Tor jubelte. Ich weiß nicht, wann ich das erste Mal umgetreten wurde oder selber jemanden foulte. Es liegt dafür alles einfach zu lange zurück und ist dennoch in meinem Leben auch jetzt noch präsent – mittlerweile über 30 Jahre, auch wenn ich inzwischen nicht mehr aktiv bin.

Unabhängig davon, dass mein Vater auch Fußball spielte, hatte ich Spaß an der Sache. Generell war ich schon von klein auf jemand, der gerne Sport trieb. Meine Eltern meldeten mich ja zusätzlich noch in einem Tennisverein an. Auch darin übte ich mich mit größtem Einsatz. Dahingehend hatte ich während meiner gesamten Kindheit einen Sparringspartner, der ebenfalls beides gerne ausübte, und mit dem ich später meine größten fußballerischen Erfolge gemeinsam feiern konnte.

Mir machte Sport so viel Spaß, dass ich beispielsweise auch außerhalb der Trainingszeiten Fußball spielte. Durch den Fußball entwickelten sich auch genau die Freundschaften, die dazu führten, dass ich als kleiner Mensch praktisch nichts anderes im Kopf hatte, als Fußball und anderen Sport. Ich verbrachte jede freie Minute damit, mich mit Freunden auf dem heimischen Bolzplatz zu treffen. Wenn kein anderer konnte, warf ich den Ball gegen die verklinkerte Wand unseres Hauses. Selbst wenn das Wetter schlecht war, grätschten wir über die rote Asche des dörflichen Bolzplatzes. Wenn wettermäßig gar nichts mehr ging, hatte ich ja noch mein Zimmer, aus dem kurzerhand alles rausgeräumt wurde, um mit einem Soft- oder Tennisball Fußball zu spielen.

Aufgrund meiner persönlichen Geschichte ist es vielleicht kein Wunder, dass ich letztlich Fußballer wurde und blieb, denn Tennis ist ein Sport, den man ganz individuell betreibt, Fußball hingegen ein Mannschaftssport, was genau das ist, was ich daran mag. Eine Mannschaft ist, wie gesagt, eine Sozialgemeinschaft.

Jeder, der einmal Fußball gespielt hat, kennt die Umkleideräume und die ganz eigene Stimmung, die vor jedem Spiel oder Training entsteht, und die miefigen Gerüche, die durch ungewaschen Sportsachen in den Taschen entsteht.

Für mich hatte die jeweilige Mannschaft fast jederzeit eine gewisse Intimität. Gerade in den Momenten vor dem Spiel, wenn man sich schon fast meditierend in Stimmung bringt; der Mannschaftskreis, wenn der Mannschaftskapitän oder Trainer die letzten motivierenden Worte zum Einheizen findet. Es sind die besonderen Momente, die jeder Fußballer kennen wird. Eine Atmosphäre, die es meiner Meinung nach wahrscheinlich nur in einem Teamsport gibt.

Fußball war und ist eine eigene Welt für mich, in der ich auch oder gerade in meiner jugendlichen Zeit die Dinge, die um mich herum passierten, vergessen konnte. Das war wohl einer der Gründe, die mich fußballerisch stark machten, aber sicher nicht der einzige Grund.

Unabhängig von meiner persönlichen Geschichte waren wir alle gleichermaßen *fußballverrückt*, was der Grundstein für die kommenden Jahre sein sollte. Joschi war genauso fußball- oder sportverrückt wie ich selbst. Er war in meiner Kindheit mein bester Freund und so verbrachte ich viel Zeit mit ihm, hauptsächlich beim Fußball. Zwar waren wir anfangs auch auf gemeinsamen Schulen, aber selbst als sich dort unsere Wege trennten, waren wir noch sehr viele Jahre in derselben Fußballmannschaft. Erst im Erwachsenenalter entwickelten wir uns gänzlich auseinander, was manchmal eben der Lauf der Dinge ist, aber ich glaube, dass er und ich uns in unserer Kindheit gegenseitig positiv beeinflusst haben – durch Fußball, Tennis und alles, was wir sonst so anstellten.

Da Fußball ein Mannschaftssport ist, war Joschi nicht der Einzige, mit dem ich mich entwickelte. Ein weiterer Stein in diesem Mosaik war das Team, das sich in diesen ganz jungen Jahren bildete. In diesem Zusammenhang kam ein für mich wichtiger Eckpfeiler hinzu, der das Ganze formte, forcierte, das Team komplementierte und somit wichtigster Teil meines Lebens wurde, nämlich unser langjähriger Jugendtrainer Bernd. Er war selbst noch jung und entwickelte sich erst zu dem Trainer, der er heute ist.

Der erste große Erfolg war sicher nicht der sportliche, sondern vielmehr das Zusammenwachsen und groß werden unserer Truppe. Sportlich lief es dann eigentlich fast schon automatisch. Woran ich mich erinnere, ist eine Saison, die wir in der E-Jugend bestritten. Dort schossen wir weit über 100 Tore, wobei die meisten von einem meiner langjährigen Mitspieler erzielt wurden. In dieser Saison schoss ich selbst gut und gerne sieben Tore – und das als Torwart.

In den weiteren Jahren, während der D-Jugend, wurde unsere Mannschaft weiter ergänzt und erstmals mit Spielern der benachbarten Dörfer aufgestockt. Alle Neuzugänge passten in unsere junge Mannschaft wie die Faust aufs Auge.

Unsere Mannschaft fuhr in dieser Zeit des Öfteren ins Stadion nach Köln, was den Teamgeist weiter förderte.

In der Zeit der C-Jugend ging es dann auf jene Mannschaftstour nach Lloret del Mar, bei der ich mich so furchtbar blamierte. Gerade nach dieser peinlichen Lloret-Geschichte war es Bernd, mein Trainer, der mich nicht fallen ließ. So entstanden wenige Jahre später unsere größten Erfolge. Aber genau durch diese Aktion zeigte sich eben nicht nur der sportlich, sondern auch menschliche Wert, den der Fußball für mich ausmachte. In meiner weiteren fußballerischen Laufbahn sollte ich noch sehr viele solcher Menschen kennenlernen, doch Bernd war derjenige, der mich durch meine gesamte Kindheit und Jugend als Trainer und Mentor begleitete.

Zwei Jahre später begann unsere fußballerisch beste Zeit in der B- und A-Jugend. Wir starteten dort in der damaligen *Normalgruppe*, aus der wir ziemlich souverän in die nächst höherer Spielklasse aufstiegen, die *Sondergruppe*. Das allein war für uns schon ein Erfolg. Dieser Erfolg zog weitere gute Spieler zu unserm Dorfverein und auf den zu diesem Zeitpunkt noch besonderen Rasenplatz.

In diesem Jahr allerdings etwas zerteilt, durch eine Datumsänderung für die jeweilige Alters- und Jugendeingruppierung. Durch diese Umstellung wurde unsere B-Jugendmannschaft zur neuen A-Jugend. Da ich ins jüngere B-Jugend-Alter kam, ging ich nicht mit hoch und hatte so nun zwei Mannschaften. Auch wenn ich mit dieser Mannschaft trainierte und zeitweise Spiele absolvierte, hatte ich eine teilweise neue Mannschaft, in der ich einer der Älteren war. Eine neue Situation. Ich trainierte in dieser Zeit in der Regel bis zu fünfmal die Woche, weil meine richtige Mannschaft ja doch eher die der A-Jugend war.

Ein weiterer Faktor, der eine Rolle spielte, war unsere erste Mannschaft, die sich auch aufmachte, sich in ihrer Spielklasse zu etablieren, um später den Versuch zu starten aufzusteigen.

In meiner damaligen Mannschaft klaffte indes ein großes Loch zwischen guten und weniger guten Spielern. Probleme hatte ich in dieser Mannschaft allerdings weniger, da ich, behaupte ich jetzt einfach mal, einer der besseren Spieler war. Zudem spielte ich auch dort noch mit Freunden zusammen, mit denen ich auch heute noch Zeit verbringe. Freunde, die sich vielleicht gerade in dieser Zeit entwickelten. Und so ging es auch mit dieser Truppe auf Mannschaftstour. Diese sollte uns in den spanischen Ort Capella führen, wo wir an einem internationalen Fußballturnier teilnehmen konnten. In diesem Turnier schafften wir es dann auch, recht weit zu kommen und ich sollte zudem als bester Torwart des Turnieres gewählt werden, das kam allerdings aufgrund unserer Vereinsgröße nicht zustande, denn an diesem Turnier nahmen auch namhafte große Vereine teil. Trotz des Turnieres sollte auch diese Tour zu einer *Tour de sauf* werden. Auf dieser Fahrt entdeckten wir die Gurken der Fastfoot-Burger für uns – nicht als Essen, sondern um sie gegen die Scheibe zu schmeißen und Gurkenrennen zu veranstalten. Des Weiteren war dies eine Zeit, in der Waffen mit Plastikkugeln *in* waren. Wir ballerten rum wie die Wilden. Alles in allem war es eine erfolgreiche Abschlusstour. So endete dann auch das Jahr in dieser Mannschaft.

Zusätzlich ging ich auch mit meiner anderen Mannschaft, der A-Jugend auf Tour, nach Abdingen in Bayern. Offiziell war es ein

Trainingslager, ein Stadionbesuch im damaligen Heimatstadion des *FC Bayern* sollte die ganze Sache abrunden. Bei dieser Tour bin ich mir nicht sicher, was man als Highlight definieren sollte. Also sportlich war es sicherlich das Trainingsgeländes des Bauernhofes, auf dem wir nächtigten, der Bauernhof war allerdings schon ein Highlight an sich. Wir nächtigen dort nicht in einfachen Doppelzimmern, sondern in Zehnbettzimmern mit Gemeinschaftsraum. In dieser Zeit hatten wir auch unsere, nennen wir es *Kurzhaar-Phase*: Wir hatten fast alle kurz geschoren Haare. Ein Highlight bei dieser Tour was sicherlich auch unser damaliger Betreuer Horst, der sich mit seinem Gewicht von 150 Kilo mit einem sogenannten *Flying Clothesline* auf einen meiner Mitspieler stürzte, das Ganze in einem dieser Betten, das unter der Last nachgab und zusammenkrachte. Ein weiteres Highlight war der Versuch eines anderen Mitspielers, nach Hause zu kommen, das ganze besoffen und nur mit Skateboard. Ich bin mir leider nicht mehr sicher, ob wir unser Testspiel, das wir dort bestritten, gewannen, aber entscheidend war, dass wir eine tolle Tour hatten. Fernab der anderen hatte natürlich auch ich meine persönliche Sternstunde, als ich besoffen kotzen musste, aber nicht in, sondern genau neben die Toilette. Na ja, nach dieser sehr anekdotenreichen Tour war die A-Jugend Zeit erreicht.

Fußballerisch war die kommende Saison eine Weiterführung unseres Erfolges. Unsere Mannschaft schaffte etwas, was es so in unserem Verein noch nicht gab: die Qualifikationsrunde zum Aufstieg in die Bezirksliga. Damit begann sich auch die lokale Medienwelt für unseren kleinen Dorfverein zu interessieren.

Unser erstes Qualifikationsspiel sollte gegen einen Bonner Verein gehen. Dass wir einer der wenigen Vereine in unserem Kreis waren, die zu dieser Zeit einen Naturrasen hatten, sollte uns dabei zugutekommen. Es regnete an diesem Wochenende so stark, dass der Untergrund unseres Platzes eher einem rutschigen Schlachtfeld als einem Fußballrasen glich. Durch diesen Vorteil und unserer Moral schafften wir es, das erste Spiel mit 3:1 zu gewinnen. Zustande kam dieser knappe Sieg durch die kämpferische Moral unserer Mannschaft und der Kontertaktik, die wir in der zweiten Halbzeit diszipliniert an den Tag legten. In diesem Spiel erlöste uns kurz vor Schluss ein Konter, der zum Endstand führte. Nun konnte das Rückspiel kommen. Dieses Spiel wurde noch knapper, wir wurden von Beginn an unter Druck gesetzt und verlagerten das Spiel ausschließlich aufs Kontern. Wir schafften es durch einen dieser Konter, mit 1:0 in Führung zu gehen. Kurz vor der Halbzeit bekamen wir jedoch einen Elfmeter gegen uns, der dann zu dem Halbzeitstand von 1:1 führte. Auch wenn wir in beiden Spielen insgesamt noch führten, wurde es nun eng für uns. Dies sollte nicht alles sein, denn kurz nach der Halbzeitpause ging unser Gegner mit 2:1 in Führung. Bei einem Endstand von 3:1 würde es Verlängerung geben, bei einem weiteren Tor des Gegners wären wir sogar ausgeschieden. Doch nach tollem Fight der kompletten Mannschaft blieb es dann bei diesem Zitterergebnis und wir schafften es in die zweite Qualifikationsrunde.

In der zweiten Runde ging es zu einem kleinen Verein bei Aachen. Dieser Verein, der aus einem anderen Kreis wie wir selber stammte, besaß ebenfalls einen Rasenplatz, allerdings war der in einem wesentlich besseren Zustand als unserer, da dieser Verein zudem noch einen Ascheplatz hatte. Man kann nur darüber spekulieren, ob uns diese Mannschaft unterschätze oder zu arrogant war, um gegen uns auf den Ascheplatz auszuweichen, denn sie spielten mit uns auf dem Rasen. Wir als Nobody schafften es, dieses Hinspiel mit 3:1 für uns zu gestalten, in ähnlicher Manier wie in der Erstrunde dieser Qualifikation.

Da es in diesem Zeitraum sintflutartige Regenfälle gab und wir in unserem ersten Spiel schon unseren Platz vollends zerstörten, mussten wir dieses Mal auf einen anderen Platz ausweichen. Dies sollte eigentlich ein anderer Rasenplatz unseres Kreises sein, der war jedoch auch gesperrt und somit wichen wir auf einen zu dieser Zeit neuartigen Kunstrasenplatz aus. Abgesehen von den für uns verhältnismäßig vielen Zuschauern, fing dieser Tag alles andere als gut an. Nicht nur, dass wir auf einen anderen Platz ausweichen mussten, erschien auch der für dieses Spiel angesetzte Schiedsrichter nicht. Glücklicherweise war unter den Zuschauern ein Schiedsrichter und beide Mannschaften einigten sich darauf, ihn für dieses Spiel zu nehmen, als er seine Hilfe anbot.

So wie es die Tage vor diesem entscheidenden Spiel geschüttet hatte, so heiß war es an diesem Tag. Was dann kam, konnte dramatischer nicht mehr werden: Wir gingen zunächst mit einem zufriedenstellenden 0:0 in die Halbzeitpause. Es sah zu diesem Zeitpunkt an sich noch sehr gut aus für uns. Weiter verbessern sollte sich dies noch, als wir kurz nach der Pause mit 1:0 und dann mit 2:0 in Führung gingen. Doch die letzte halbe Stunde sollte es wahrlich in sich haben. Auf uns prasselte ein wahrer Sturmlauf der Gästemannschaft nieder. In diesem Spiel, in dem ich als junger A-Jugendlicher auf der Bank Platz nahm, hatte mein zukünftiger Konkurrent um die Position des Torwartes einen echten *Sahnetag* und hielt alles, was auf das Tor zu kam. Vier Minuten nach unserer 2:0-Führung kassierten wir schon das 2:1. Dieses Ergebnis hätte weiter locker gereicht, um in die Bezirksliga einzumarschieren, aber 15 Minuten vor dem Ende bekamen wir dann den Ausgleich. Da wir personell nicht so gut aufgestellt waren, wie unser Gegner, und demzufolge nicht dieselben Wechselmöglichkeiten hatten, gingen wir nur noch auf dem Zahnfleisch. Fünf Minuten später bekamen wir dann auch noch das 2:3 eingeschenkt. Bei einem weiteren Tor wären wir gescheitert und es waren noch fünf Minuten plus Nachspielzeit zu spielen. Wir kämpften uns bis in die Nachspielzeit, obwohl sich einige von uns schon mit Wadenkrämpfen herumplagten. In der Nachspielzeit schoss unser Gegner dann das Entscheidende 4:2, wodurch wir ausgeschieden wären. Wir waren kurz schockiert, aber dann kam der erleichternde Pfiff des Schiedsrichters: Abseits. Wir schlugen danach nur noch den Ball raus und versuchten, uns über die Zeit zu retten. Dann der erlösende Pfiff: Wir hatten es geschafft – kotzend, jubelnd, schreiend und völlig am Ende. Wir hatten es als Nobody in die Bezirksliga geschafft! Durch diesen Aufstieg schafften wir etwas, was bis zu diesem Zeitpunkt keiner einzigen Mannschaft unseres Dorfvereins gelungen war.

Dieser Erfolg war jedoch nicht nur sportlich ein Erfolg, denn wir schafften es damit, mehr Zuschauer anzuziehen als unser damaliger Seniorenbereich. Wir galten fortan als *goldene A-Jugend*. Dies alles schafften wir nur durch ein Team, das zusammenhielt, natürliche fußballerische Qualitäten besaß und kämpfte bis zum Umfallen.

Genauso losgelöst fuhren wir dann auf unsere Mannschaftstour in Richtung Prag. In einem kleinen Ort in der Nähe hauten wir auf die Kacke wie sonst was, weil unser bisschen Taschengeld damals in Tschechien richtig viel wert war. Das führte unter anderem zu einem legendären Spruch eines Mitspielers: »Ich habe noch fünf Mark, wir können noch 'nen Monat bleiben.« Wo Alkohol floss, gab es auch Toilettengänge. Dies gestaltete sich in meinem Zimmer sehr freizügig und offen. Es wurde bei offener Tür gekackt und Wettbewerbe im Furzen veranstaltet. Wir ließen im wahrsten Sinne des Wortes die Sau raus. Nach dieser etwas hemmungslosen Fahrt, in der auch viele Lokalrunden geschmissen wurden, kamen wir dann wieder heil zu Hause an und konnten uns von der anstrengenden Saison erholen, bevor wir in die neue Saisonvorbereitung starteten.

In die neue Saison gingen wir dann mit derselben Mannschaft, die den Aufstieg in die Bezirksliga schaffte. Es gab zwar leider schmerzliche Abgänge, die aber durch weitere Neuzugänge kompensiert werden konnten.

Nachdem wir hart an unserer Basiskondition gearbeitet hatten, stand unser erstes Testspiel an. Dies sollte gegen keinen geringeren gehen als den damaligen Bundesligisten. Immer noch im Höhenflug der vergangenen Saison gewannen wir dieses Testspiel mit 4:3. Unser Selbstbewusstsein wuchs umso mehr.

In dieser Zeit, in der wir alle mehr als fit waren, gingen wir unsere Spiele mit viel Selbstbewusstsein an, sodass wir in diversen Vorbereitungsturnieren die eine oder andere Mark für unsere Mannschaftskasse erspielten. In einem dieser Turniere spielten wir gegen namhafte Gegner wie *Borussia Dortmund, 1. FC Kaiserslautern* und *VFL Bochum* und erreichten immerhin den dritten Platz.

Am Ende der Vorbereitungszeit verlor ich dann meinen Stammplatz aufgrund einiger Undiszipliniertheiten, sodass ich am ersten Spieltag nicht der Stammformation angehörte. Das war für mich natürlich bitter. Das anzunehmen fiel mir zwar schwer, aber mein Konkurrent, mit dem ich mich jederzeit gut verstand, half mir in dieser Situation, dranzubleiben.

Nun stand also der erste Spieltag unserer neuen Saison an. Keiner wusste, wo wir stehen würden, keiner wusste, was wir erreichen konnten. Alle waren nervös. Wir legten los und schon nach einer Minute gelang uns eine gute Aktion, mit einem Kopfball gegen die Torlatte des Gegners. Wir legten unsere Nervosität ab und schafften es, kurz vor der Halbzeitpause mit 1:0 in Führung zu gehen. Da wir das Kämpfen ja bereits gewöhnt waren, brachten wir diese hart umkämpfte Führung über die Zeit und gewannen unser Einstandsspiel mit 1:0.

Im zweiten Spiel lagen wir dann das erste Mal in Rückstand, das ganze bis zur Halbzeit. Doch nach der Halbzeitpause kämpften wir wie gehabt wie die Löwen und gewannen schließlich auch unser erstes Heimspiel am Ende deutlich mit 3:1.

Durch unser gewonnenes Selbstvertrauen gewannen wir dann auch unser drittes Spiel als Aufsteiger und Nobody. Erst im vierten Spiel mussten wir Punkte liegen lassen. Was besonders bitter für mich war, war die Tatsache, dass dies mein erstes Saisonspiel war. Normalerweise gab es keine Gründe, den Torwart zu wechseln, aber da sich auch mein Konkurrent außerhalb des Platzes Undiszipliniertheiten leistete, wechselte unser Trainer die Position aus. Sportlich konnte man ihm jedoch nichts vorwerfen, sodass mein Platz an der Sonne eher durch Glück zustande kam.

Trotz des Punktverlustes blieb ich im nächsten Spiel in der ersten Garde und so holte ich im folgenden Spiel auch meinen ersten Dreier. Unser Erfolg wurde zum Selbstläufer, sodass wir erst am elften Spieltag eine Niederlage einstecken mussten, und zwar im Spitzenspiel gegen den Tabellenzweiten. In diesem Spiel, in dem wir zwar schlecht spielten, aber durch ein gegnerisches Eigentor in Führung gingen, passte gar nichts zusammen. So kassierten wir nicht nur die beiden entscheidenden Gegentore, sondern verschossen zudem auch noch einen Elfmeter.

Bis zur Winterpause blieben wir dennoch in der Spur und waren die Überraschung der Saison.

Was mich persönlich in dieser Zeit besonders Stolz machte, war mein erstes Bild in einer der Zeitungen, die über uns schrieben, wo ich nicht nur abgebildet war, sondern auch namentlich erwähnt wurde. Das Ganze nach einem gehaltenen Elfmeter.

In der Winterpause gewannen wir dann zudem noch ein renommiertes Hallenturnier. Ich wurde zum besten Torwart des Turniers gewählt, was mich noch einmal stolz werden ließ, weil ich das erste Mal einen Pokal mit nach Hause nahm. In der Winterpause schlug ich dann allerdings einmal mehr über die Stränge, sodass ich meinen Stammplatz wieder verlor.

Aber genauso undiszipliniert, wie ich manchmal war, war es auch mein Konkurrent – vielleicht einer der Gründe, warum wir uns menschlich gut verstanden. Wir brachten unseren Trainer regelmäßig in Rage.

Unsere Mannschaft schaffte aber auch in der Rückrunde Unglaubliches und obwohl wir unsere Spitzenreiterposition zeitweise abgeben mussten, hielten wir an unserem Erfolg fest und kämpften uns am Ende bis zur Qualifikation in die Verbandsliga. Und das war noch nicht alles. Noch einfacher, als in der Aufstiegsqualifikation des Vorjahres triumphierten wir mit zwei Kantersiegen gegen einen Aachener Verein und erfüllten uns den Traum der Verbandsliga. Leider mussten uns dann unsere Häuptlinge verlassen, da sie fortan dem Seniorenbereich angehörten. Dies waren schmerzliche Abgänge, die wir im Folgejahr nicht kompensieren konnten.

Und es gab noch einen Wermutstropfen: Wir verloren unser einziges Kreispokalfinale, in dem wir standen, gegen einen Gegner der untersten Klasse, weil der überwiegende Teil der Mannschaft zuvor saufen war. Nichtsdestotrotz schafften wir es mit unseren drei Aufstiegen in Folge, in die Geschichtsbücher unseres kleinen Dorfvereines einzugehen.

Die kommende Saison, war dann aufgrund der schmerzlichen Abgänge aber auch das Ende der Fahnenstange. Was mich anging, so war ich mal wieder nicht in der Startelf. Leider verloren wir auch unser erstes Spiel. In diesem Fall bremste mich allerdings keine Undiszipliniertheit aus, sondern eine Verletzung, die erst kurz vorher auskuriert war.

Zum Absurdum wurde dann unser lang ersehnter erster Sieg. Bei diesem Auswärtsspiel gab das Auto unseres Trainers den Geist auf, sodass er uns nicht coachen konnte und zu Hause blieb. Schon die ersten Spiele verloren wir ausschließlich durch individuelle Fehler und Laschheit, dann aber reichte es endlich zu unseren ersten drei

Punkten. Wir alle hofften, dass der Knoten platzen und wir wieder in die Erfolgsspur zurückkehren würden. Leider geschah dies nicht. Die Mannschaft, die sich über die fast komplette Jugendzeit formierte und zusammenwuchs, war nicht mehr vorhanden. Zwar kamen einige wenige brauchbare Mitspieler hoch, mit denen ich in der B-Jugendzeit zusammenspielte, aber vor allem die Neuzugänge konnten unsere Abgänge nicht kompensieren. Unsere Neuzugänge waren leider eher Quatschärsche, als dass sie mit Leistung überzeugten. Und genauso, wie wir in den Jahren zuvor unseren Erfolgslauf hatten, bekamen wir nun einen Negativlauf. Zu den Auswärtsspielen reisten wir weit und erreichten wenig, genau genommen gar nichts. Dies zog sich über die komplette Saison hin, sodass wir schließlich sang und klanglos abstiegen. Letztendlich war dies trotz des Abstieges aber eine Erfahrung.

Etwas über diese Saison zu schreiben gestaltete sich schwierig. Nicht weil es sich um eine sehr schlechte Saison handelte, sondern weil es schlichtweg keine besonderen Dinge gab, über die man berichten könnte. Es gab am Ende dieser Zeit noch nicht mal eine Mannschaftstour, wir ergaben uns einfach unserem Schicksal. Nachdem die Saison absolviert war und ich in den Seniorenbereich ging, verließ mein langjähriger Jugendtrainer den Verein und schloss sich einem anderen an. Am Ende fuhr ich dann zusammen mit ihm auf dessen Mannschaftstour nach Mallorca. Das war auch mein Einstieg in den Seniorenbereich. Eine erfolgreiche Jugendzeit ging zu Ende.

Aufgrund meiner persönlichen Lebenssituation und meiner Freunde, die ich in unserem Verein hatte, blieb ich dem Verein treu. Zwar hätte ich den Verein wechseln können, da es durchaus Angebote gab, aber weder hatte ich die Unterstützung noch den Mut dazu. Leider fing die erste Seniorensaison, mit etwas eigentlich Positivem, negativ an: Mein langjähriger Mitspieler und amtierender Torschützenkönig machte sich auf, um wieder in höheren Liegen zu spielen. Er ging zu einem renommierten Verein, der als Sprungbrett für weitere Karriereschritte galt. Dennoch spielte ich nun mit den Spielern zusammen, denen ich schon als kleines Kind zusah. Ich selber war durch die vergangenen Jahre durchaus selbstbewusst geworden und wollte auch im Seniorenbereich Fuß fassen und die Nummer eins werden. Ich spielte gut und war der Meinung, genau dieses erreicht zu haben, doch es kam anders: Meine Leistung wurde zwar anerkannt, aber dennoch setzte mich mein Trainer auf die Bank. Ich konnte es nicht verstehen. Als Begründung gab dieser die langjährige Erfahrung des neuen Konkurrenten an. Der war allerdings menschlich so gut drauf, dass er mir half, diese schwere Situation zu meistern. Dennoch war dies in meinen jungen Jahren schwer zu verstehen. Auch hier verweilte ich nicht die komplette Saison auf der Bank. Nach ein paar Spielen verletzte er sich jedoch und so kam ich zu meinen ersten Einsätzen im Seniorenbereich. Ich spielte durch, bis zur Winterpause. Nicht unbedingt schlecht, aber es reichte schließlich auch nach der Winterpause nicht in die erste Elf. Diese Saison verlief eher mittelmäßig. Allerdings war mir aufgrund meiner persönlichen Lebenssituation der Fußball sehr wichtig und so war ich froh über jede Trainingseinheit, die ich absolvierte. Was aber schon zuvor in der A-Jugend begann, war das gute Verhältnis zu meinem Torwarttrainer. Wir flachsten im Training rum und arbeiteten genauso intensiv an der Verbesserung der fußballerischen Fähigkeiten. Außerdem lernte ich unsere wöchentliche Mannschaftssitzung kennen. Diese wurde abgehalten in unserem damaligen Vereinslokal. So zogen sich diese Sitzungen nicht nur aufgrund der Ansprachen unseres Trainers in die Länge, sondern, da es auch hier mannschaftlich stimmte, verlängerten wir diese bis tief in die Nacht, teilweise bis wir von unserem Gastwirt rausgeschmissen wurden. Der Zusammenhalt war groß, was mir persönlich in allen Bereichen half, mich weiterzuentwickeln.

Nach dieser Saison ging es wieder nach *Malle* auf Mannschaftstour. Im Anschluss daran gab es zur Überbrückung der Sommerpause unseren *Kölschcup*. Dort musste der Verlierer in der nächsten Woche das Bier bezahlen.

In der neuen Saison war ich dann die Nummer eins. Ich hatte nun auch im Seniorenbereich Fuß gefasst. Leider verlief die Saison auch nur mittelmäßig. Nachdem die Winterpause vorüber war, gab es dann einen Trainerwechsel. Es wurde ein Trainer geholt, der unseren Verein schon in der Vergangenheit trainierte und den ich zudem persönlich kannte, da dieser mich in meinen jungen Jahren kurzzeitig auch im Tennis trainiert hatte. Leider konnte er uns keine neuen Impulse geben und wir schafften gerade so, den Abstieg zu verhindern. Nun hieß es erst mal durchatmen und wie jedes Jahr, die Mannschaftstour genießen.

Nach dieser Saison verließen uns weitere wichtige Spieler, wodurch wir weiter geschwächt wurden. Einer der Neuzugänge war der Sohn unseres alten Trainers.

In der neuen Saison hörten dann zahlreiche Spieler der alten Garde auf, zu denen ich als Kind immer aufgeblickt hatte. Eine bessere Saison sollte folgen. Unter dem spanischen Trainer, den wir bekamen, schafften wir es dann, die Klasse locker zu halten. Mit ihm machte nicht nur das Training Spaß, sondern er war zudem auch außerhalb des Platzes genau der richtige Trainer für unseren Verein. Die Mannschaftssitzungen wurden sehr lang. Nach diesem tollen Jahr mit ihm verließ er uns leider aus beruflichen Gründen. Folgen sollte aber die für mich tollste Mannschaftstour, die ich bisher erlebte. Sie hatte alles zu bieten, was man sich unter einer Mannschaftstour vorstellte und spiegelte unseren gesamten Saisonverlauf wieder.

Wieder kam ein neuer Trainer. Diesmal einer unserer Mitspieler, der Sohn des Trainers, der uns zwei Jahre zuvor trainierte. Leider konnten wir uns in dieser Saison nicht wirklich gut verstärken.

Und auch aus der eigenen Jugend kam nichts mehr so richtig nach, da wir keine A-Jugend mehr hatten. Diese Saison war leider eine, die man schnell wieder vergessen sollte. Ziemlich kläglich stiegen wir mit ihm als Trainer ab. Auch die Stimmung der Vorsaison blieb nicht erhalten und so trennte sich der Verein ein weiteres Mal von einem Trainer.

Der kommende Trainer wurde von einem unserer letztjährigen Neuzugänge empfohlen. Er sollte frischen Wind, mehr Disziplin und vor allem mehr Kondition in die Mannschaft bringen. Es mag sein, dass dieser Trainer es bei anderen Mannschaften schaffte, jedoch sollte ihm das bei uns nicht gelingen. Wir waren ein Dorfverein, der vom Zusammenhalt und den dazugehörigen Saufgelagen lebte. Meiner Meinung nach passte dieser Trainer nicht zu uns. Ich bin mir nicht sicher, wie viele meiner Mannschaftskollegen meiner Meinung waren, aber der Erfolg blieb aus und alles verschlechterte sich noch. Motivieren konnte mich dieser Trainer in Gesprächen, die ich mit ihm führte, nicht im Geringsten, da ich mittlerweile ja auch in die Riege der erfahreneren Spieler eingetreten war. Größere Probleme hatte ich zwar nicht mit ihm, aber erzählen konnte er mir nicht wirklich etwas. Weder menschlich noch sportlich. Vielleicht war das mit ein Grund, warum es in dieser Zeit zu einem Eklat kam. Zwar hatte dieser Trainer, der ja noch nicht einmal begonnen hatte, nicht im Geringsten etwas damit zu tun, aber grundsätzlich war ich im Hinterkopf bereit, neue Wege zu gehen und ein Angebot eines anderen Vereines anzunehmen.

Als wir uns bei unserem Heimatgastwirt einmal mehr die Kante gaben, verkrachte ich mich mit diesem in heftigster Art und Weise. Da er zum Vorstand gehörte und ein sehr verdienter Mann war, wurde mir nahegelegt, dass ich mich bei ihm entschuldigen sollte. Stur wie ich aber war, ließ ich das aber zunächst sein. Man drohte mir, mich aus dem Verein zu werfen, dem ich schon sehr lange angehörte und mir dort einige Verdienste erworben hatte. Mir war plötzlich alles egal und da dies in den letzten Wochen vor der Sommerpause geschah, meldete ich mich kurzerhand von meinem Verein ab.

Nachdem nicht allzu viel Zeit vergangen war, bekam ich einen Anruf. Am Telefon war mein erster Senioren-Trainer. Er fragte mich, ob man sich vielleicht einmal treffen könne und ob ich mir vorstellen könnte, für den Verein, für den er nun tätig war, zu spielen. Auch wenn dies nicht der erste Anrufer war, der mich so etwas fragte, sagte ich dem Treffen zu. Schon zu diesem Zeitpunkt war für mich klar, dass mein weiterer fußballerischer Lebensweg in diese Richtung gehen würde. Es ging nicht ums Geld, nicht um die Spielklassenhöhe ... mir ging es darum, in einem Verein zu spielen, in dem ich Spaß haben konnte und in dem mir Respekt gezollt wurde, wo es menschlich passte. Zudem stellte mir dieser Trainer in Aussicht, noch einmal das Erlebnis eines Aufstiegs zu haben, wenn alles gut lief. Er wies mich aber auch darauf hin, dass ich mich im Training reinhängen musste, da in diesem Verein ein erfahrener Torwart seinen festen Platz hatte, der aber des Öfteren mal beruflich gebunden war. Für mich war die Sache klar und ich wechselte den Verein. Für mich war es wie eine Befreiung.

Ich musste mich aber noch einer Operation am Fuß unterziehen und würde für die meiste Zeit der Saisonvorbereitung ausfallen. Was mir alles leichter machte, war die Tatsache, dass ich nicht nur den Trainer kannte, sondern auch zahlreiche Mitspieler, die in den Jahren zuvor den Verein, in dem ich zuvor spielte, verließen und sich ebenfalls meinem nun neuen Verein anschlossen.

Nachdem ich nun befreit war, entschloss ich mich, mich bei dem Gastwirt zu entschuldigen. Er nahm die Entschuldigung an, und so hatte ich diese Lappalie bereinigt. Ein weiterer Punkt, der mich positiv stimmte, war mein nun neuer Torwarttrainer. Dieser war mein Konkurrent, bei dem ich in meinem ersten Seniorenjahr das Nachsehen hatte. Menschlich war er absoluter top, sportlich wusste er in der kommenden Saison zudem, wie er mich weiterbringen konnte.

In diese Saison starte ich als Nummer eins, aber nicht in der Mannschaft, für die ich den Verein wechselte, sondern für die zweite Mannschaft, die sich in der kleinsten Amateurspielklasse wiederfand. Ich nahm diese Rolle an, und zwar ohne Wenn und Aber. Ich war erst kurz vor Saisonstart wieder fit geworden und bereits erfahren genug zu wissen, dass sich das wieder ändern konnte. Da ich in dieser kleinen Klasse noch nie gespielt hatte, wollte ich zeigen, dass das nicht meine Liga war. Zudem kannte ich kaum einen in dieser Mannschaft, sodass ich, der Neuzugang, mir keine Blöße geben wollte. Das gelang mir dann auch und wir gewannen alle unsere Spiele. Anders als geplant verlief der Saisonstart unserer ersten Garde, sie holten in den ersten Spielen nicht die Punkte, die sie fest eingeplant hatten. Und da wohl auch der Torwart nicht die gewünschte Konstanz zeigte, entschied sich mein Trainer dann in Absprache mit meinem Torwarttrainer, mich in unserer ersten Mannschaft aufzustellen. Da ich um die Verdienste meines Konkurrenten wusste, empfand ich das zwar als Druck, aber ich freute mich auf diese Herausforderung, denn ich spielte wieder in der Mannschaft, für die ich in diesen Verein gewechselt war. Mein Konkurrent war menschlich, wie der meiste Teil der Mannschaft, so gut drauf, dass er mir nicht das Leben schwer machte, und so knüpfte ich an meine vorherigen Leistungen an und wurde zum Stammtorwart. Mein Konkurrent hatte sehr viel Sympathien im Verein und der Mannschaft, sodass ich mich jede einzelne Woche neu beweisen musste. Dies gelang mir schließlich auch. Der heikelste Punkt für mich war ein Spiel, zu dem ich verkatert kam. Mit zitternden Händen bewältigte ich aber auch diese Herausforderung mit genauso viel Konzentration, wie ich verkatert war. Es mag arrogant klingen, doch ohne es nur auf mich zu beziehen, kam mit mir die Wende und wir legten eine lange Siegesserie hin. Letztlich waren es aber nicht die Spieler, die ich bereits kannte, sondern welche, die ich neu kennenlernte, durch die ich mich in meinem neuen Verein wohlfühlen sollte. Einer von ihnen wurde zu einem sehr guten Freund, mit dem ich immer noch befreundet bin, obwohl dieser mittlerweile in Australien lebt.

Dass ich mich sportlich weiterentwickelte, daran hatte mein jetziger Torwarttrainer den größten Anteil. Er war nicht so erfahren wie mein langjähriger Torwarttrainer zuvor, aber er trainierte mit mir neue Dinge, an denen ich arbeitete. Neben dem Vertrauen, das mir mein neuer Torwarttrainer gab, arbeitete er mit mir an meinem Flankenspiel, bis ich kotzte. Flanken abzufangen wurde dadurch neben meinen Abschlägen zu einer meiner größten Stärken.

In der Winterpause machte unser Haupttrainer eine Umfrage zur Startaufstellung für das erste Spiel in der Rückrunde. Trotz meiner Leistungen rechnete ich damit, nicht dazuzugehören. Mein Konkurrent war nicht nur menschlich gut, sondern eben auch sportlich. Da ich ja immer noch neu war und mit vielen erst seit dieser Saison zusammenspielte, war mein Wunsch lediglich, nicht allzu schlecht abzuschneiden. – Doch es kam anders. Auch heute noch bin ich stolz, es geschafft zu haben, mich gegen ihn durchzusetzen.

Mit einem Auge schielte ich während dieser ganzen Zeit auf meinen Heimatverein. Dort wurde es immer dramatischer, sie spielten um den Abstieg. Das wäre für den Verein eine Katastrophe gewesen. Nichtsdestotrotz war ich froh, damit nichts mehr zu tun zu haben. Ich spielte nun um den Aufstieg.

Eine weitere Besonderheit in diesem Jahr war, dass unsere zweite Mannschaft vollkommend überraschend auch um den Aufstieg mitspielen sollte.

Am Ende der Winterpause kam dann noch etwas Überraschendes: Mein langjähriger Jugendtrainer, mit dem ich ja so viele Erfolge hatte, plante eine Wiederzusammenkunft unsere *goldene A-Jugend*, um mit unserem Heimatverein aufzusteigen. Zwar konnte man nicht jeden zurückholen, weil der eine oder andere weggezogen war oder Geld verdiente, aber ein überwiegender Teil war bereit dazu. Für mich persönlich war dieses geheime Treffen eine sehr schwierige Situation. Ich fühlte mich pudelwohl und hatte absolut keinen Anlass, den Verein zu wechseln. Das lag aber erst mal nicht an, denn das kam ohnehin nur infrage, wenn mein alter Verein den Abstieg verhinderte und das war mehr als in der Schwebe. Deswegen kümmerte ich mich erst mal um den Verein, in dem ich gerade spielte.

Ich stand nun auch nach der Winterpause in der Startelf, meine Leistungen waren wie gehabt gut – zumindest die erst vier, fünf Spiele. Dann kamen zu dem bereits aufkommenden Gerücht von unserem *Geheimtreffen* auch noch weniger solide Leistungen von mir hinzu. Ich stand das erste Mal etwas infrage, allerdings weniger von der Mannschaft, sondern viel mehr von meinem Trainer, der vielleicht etwas mehr wusste. Verständlich, da er ja meine etwas schwächelnde Leistung gegenüber meinem Konkurrenten rechtfertigen musste. Trotzdem schenkte man mir weiterhin Vertrauen. Durch dieses Vertrauen steigerte sich wiederum meine Leistung. Da ich ja eine Aufstiegssituation kannte und ein wenig Erfahrung darin hatte, versuchte ich meine Ruhe auf die Mannschaft zu übertragen. Dies gelang auch. Mein alter Verein geriet währenddessen in immer weitere Nöte.

Auch unsere zweite Mannschaft blieb oben dran und spielte ebenfalls um den Aufstieg. Freude pur. Wir schafften wenige Spieltage vor Ende der Saison den Aufstieg. Nicht nur wir, sondern auch unsere zweite Mannschaft, sodass wir einen Doppelaufstieg feiern konnten. Wie es der Zufall wollte, spielten wir am letzten Spieltag gegen meinen alten Verein, wo ja immer noch der geheime Plan stand. Mein alter Verein musste gewinnen, um nicht in die Abstiegsrelegation zu kommen. Eine absurde Situation für mich. Ich konnte mit dafür sorgen, dass der geheime Plan in die Tat umgesetzt wurde, spielte aber nun in dem Verein, bei dem ich mich mehr als wohlfühlte. Was mir in meinem aktuellen Verein wahrscheinlich viele Sympathien einbrachte, war dann meine Leistung in diesem Spiel: Ich machte ein richtig gutes Spiel und verhinderte mehr als einmal sichere Torchancen. Ich spielte für einen Verein, der mich sehr gut aufnahm, in dem eine langfristige Freundschaft entstand und hätte mir in diesem Spiel keine schlechte Leistung erlauben können. Zudem war ich immer schon Fußballspieler und wollte gewinnen. Wir schickten meinen alten Verein also in die Relegation und ich war mit verantwortlich dafür. Aber richtig viel zu verlieren hatte ich auch nicht.

Wahrscheinlich hätte es meine Situation einfacher gemacht, wäre der Abstieg eingetreten. Es kam durch viel Dusel, Glück dennoch anders und sie stiegen doch nicht ab. Nun stand ich vor der schwierigsten Entscheidung meines Lebens, was den Fußball betraf. Ich fühlte mich in meinem jetzigen Verein pudelwohl und war dankbar dafür, andererseits bot sich nicht nur die Möglichkeit, noch einmal aufzusteigen, sondern zudem wieder mit meinen alten Freunden zusammenzuspielen. Zudem hatte ich gezwungenermaßen verlauten lassen, dass ich in meinem jetzigen Verein bleiben würde. Ich persönlich wollte dies allerdings erst nach der Saison entscheiden, um zum einen nicht meinen Stammplatz zu riskieren und zum andern, um mich damit nicht zu belasten. Allerdings war dies natürlich nicht die feine Art, da ein Trainer ja auch gewisse Planungssicherheit braucht. Zum Problem wurde das aber eigentlich erst dann, als ich mich für meinen alten Verein und die alten Freunde entschied. Es tat mir in gewisser Hinsicht sehr leid, aber ich war überzeugt von meiner Entscheidung, weil es meiner Meinung nach die Richtige war. Der Krach mit unserem Gastwirt war vergessen und es war der Verein, in dem ich groß wurde. Ich bin allerdings bis zum heutigen Tage sehr dankbar für meine Zeit, die ich in dem anderen Verein spielte.

Nun war ich wieder an alter Wirkungsstätte. Der Trainer, den es gab, bevor ich den Verein verließ, war immer noch im Amt. Wir beendeten die Saison für meinen neuen Trainer unbefriedigend, aber aufgrund des wiederkommenden Zusammenhaltes und der Neuzugänge, die wir in diesem Jahr verzeichneten, blieb die Mannschaft zusammen.
Nach dieser Saison kam dann das, was ich schon aus meiner Zeit der A-Jugend kannte: Wille, Spaß, Zusammenhalt und zudem Potenzial beziehungsweise Leistungsvermögen. Der Unterschied war allerdings nicht nur die Liga, sondern auch der Trainer. Dieser Trainer, den wir nun vorgesetzt bekamen, hatte eine Gabe: Motivation. Ich glaube nicht, dass er von all meinen Trainern die beste Fachkompetenz hatte, aber motivieren konnte er. Das zeigte sich gleich im ersten Saisonspiel. Er gab in unserer Kabinenansprache die Prämisse aus, *Beton anzurühren*. Das hieß im Klartext, dass wir lieber weniger Tore schießen, aber dafür auch weniger kassieren sollten. Wie ging es aus? Sage und schreibe 5:7 für uns, also genau das Gegenteil. Er ließ sich nämlich im Laufe dieses Spieles so mitreißen, das er schon in der Halbzeit alles an Taktik über Board warf. Er ließ sich genauso von der Mannschaft mitreißen, wie die Mannschaft von ihm. Das zog sich über die gesamte Saison hin. Schon in der Winterpause merkten wir, dass wir es schaffen könn-

ten, unser Ziel *Aufstieg* zu erreichen. Da ich mir zu diesem Zeitpunkt sicher war, dass wir es schaffen würden, zeigte ich diese Sicherheit, indem ich anfing, mich nicht mehr zu rasieren, bis wir aufgestiegen waren. Und das schafften wir schließlich auch. Wir ließen es krachen, und zwar nicht zu knapp, allerdings nicht erst am letzten Spieltag. Nein, auch dies sollte sich über fast die gesamte Saison hinziehen. Bei unserem letzten Heimspiel wurde ich dann von meinem Torwarttrainer auf einer Bierbank rasiert – nicht trocken, sondern mit Bier. Es war nicht mein erster, aber trotzdem ein sehr schöner feierlicher und trinkfreudiger Aufstieg. Die Feierlichkeiten spiegelten die komplette Saison wieder.

Etwas überraschend teilte uns dann unser Trainer mit, dass er aus beruflichen Gründen aufhören würde. Und so bekamen wir für die neue Saison den gefühlt hundertsten Trainer zu Gesicht. Dieser Trainer, der eine sehr offene Spielweise an den Tag legte, war einer der eher ruhigen Fraktion, genau das Gegenteil von seinem Vorgänger. Was ihm seine Arbeit erleichtern sollte, waren die guten Kontakte zu unserem alten Jugendtrainer. Da dieser eine gute A-Jugend trainierte, bekamen wir aus dieser Mannschaft junge Spieler, die uns bereichern sollten. Diese Saison wurde eine sehr erfolgreiche. Aber auch hier gab es eine Besonderheit. Die lag darin, dass wir nach der Hinrunde, die wir total verkackten, eher um den Abstieg spielen sollten, als um das obere Drittel. Selbst in der Winterpause sah es nicht gut aus. Mit sage und schreibe sechs Spielern traten wir unser Abschlusstraining vor dem ersten Rückrundenspiel an. Doch dann kam etwas, womit wirklich niemand gerechnet hatte: Wir gewannen wirklich fast alles. Gerade mal zwei Niederlagen und ein Unentschieden mussten wir noch einstecken und wurden am Ende Tabellensechster. Das war für einen Aufsteiger ein toller Erfolg. Diesmal blieb der Trainer, jedoch nur bis zur Winterpause, als auch dieser wegen beruflicher Belange sein Amt niederlegte.

Diesmal übernahm ein eigenes Duo das Amt des Trainers. Zum einen mein langjähriger Jugendtrainer, der alles wieder zusammenfügte, zum anderen ein Mitspieler, mit dem ich schon in meinem Auswärtsverein erfolgreich zusammenspielte. In dieser Saison konnten wir den Erfolg aus dem Vorjahr nicht wiederholen, auch der Trainerwechsel änderte nichts daran. Wir schlossen im unteren Tabellendrittel die Saison ab.

Nichtsdestotrotz gingen wir frohen Mutes in die neue Spielzeit. Das Trainerduo war lediglich eine Übergangslösung, sodass wir in der neuen Saison wieder mal einen neuen Trainer bekamen, und zwar den aus dem anderen Verein, den ich etwas verprellt hatte. In dieser Zeit entwickelte ich mich beruflich so, dass ich nur noch müde zum Training gehen konnte. In der Mannschaft kam das jedoch vollkommen anders an. Ich wirkte auf sie, wie auch auf meinen neuen Trainer, eher lustlos. Dem war aber eigentlich nicht so. Ich liebte dieses Spiel, was sich eigentlich auch in meinen Leistungen wieder spiegelte. Doch ich hatte fortan ein eher differenziertes Verhältnis zu meiner Mannschaft. Aber Erfolg hatten wir, was das Problem ein wenig untergehen ließ. Schließlich gliederten wir uns im oberen Tabellendrittel ein.

Kurz vor Ende der Saison trennte sich der Verein ein weiteres Mal von seinem Trainer. Wir machten mit meinem Jugendtrainer weiter, diesmal mit relativem Erfolg. Da dieser ganz andere Ziele im Kopf hatte und sehr unzufrieden war mit der Herangehensweise in Trainingsbelangen und spielerischen Elementen, aber vor allem dem ausbleibenden Erfolg, trat er kurz vor der Winterpause nach einer 1:6-Klatsche zurück.

Nun übernahm der Mitspieler, der uns im Duo kurz zuvor schon einmal trainiert hatte. Leider formierten sich in diesem Zeitraum erste Grüppchen, wodurch Unruhe in die Mannschaft kam. Dennoch hatten wir viel Qualität in unseren Reihen. Doch diese reichte nicht aus, um die Klasse zu halten. Wir stiegen wieder ab. Und wie. Letztendlich fehlten uns bei diesem Abstieg zwei geschossene Tore, um die Liga zu halten. Ein sehr bitterer Abstieg. Durch diesen bitteren Abstieg stieg jedoch wieder die Moral, sodass wir unbedingt den Wiederaufstieg erreichen wollten.

Leider war diese Grüppchenbildung nicht förderlich für unseren aufrückenden Nachwuchs. Der Trainer schaffte es nicht, diesen richtig zu integrieren.

Was das Training betraf, so machte es schon Spaß, jedoch der Teamspirit der vergangenen Jahre war nicht mehr so vorhanden. Wir sollten am Ende der Saison den Aufstieg verfehlen. Ich war in dieser Zeit ziemlich angefressen, da mich die gesamte Situation ankotzte. Wir verloren unnötig Spiele. Zu diesem Zeitpunkt war mein eigenes Spiel schon sehr offensiv angelegt. Durch diese Spielweise kassierten wir dann in einem Spiel ein Gegentor aus 40 oder 50 Metern nach einem Freistoß. Mir wurde dieses offensive Spiel zum Vorwurf gemacht, was mich aggressiv werden ließ.

Da trat etwas viel Bedeutenderes hinsichtlich meiner persönlichen Entwicklung ein. Mittlerweile war ich mir ja im Klaren darüber, dass ich schwul war. Dies führte zu einem Doppelleben bei Oma und Fußball. Als sich dann mein erster Freund von mir trennte, merkte ich, wie sehr ich doch den Fußball als Rückhalt brauchte. Aber es fiel mir innerlich immer schwerer, beides unter einen Hut zu kriegen. Bei bislang nur ganz wenigen Freunden geoutet, wagte ich anlässlich meiner schmerzlichen Trennung den Schritt zum Outing im Fußball. Ich führte zunächst ein Gespräch mit meinem damaligen Trainer und ließ anschließend vor versammelter Mannschaft die Katz aus dem Sack. Selten hatte ich so viel Schiss, wie an diesem Donnerstag. Mein Trainer begann seine wöchentliche Fußballanalyse und übergab anschließend das Wort an mich. Da ich nicht wusste, was mir um die Ohren fliegen würde, positionierte ich mich nahe der Kabinentür. Zunächst erklärte ich vorbereitend ein paar Dinge, dann sagte ich ängstlich: »Und dass ihr das dann wisst: Ich bin schwul!« Nach ein paar Sekunden Ruhe, in denen man eine Stecknadel hätte fallen hören, bekam ich Beifall. Ich war fertig, aber erleichtert. Nun fielen humorvoll gemeinte Sprüche, dass man trotzdem gern mit mir duschen gehen würde. Es war zwar nett anzuhören, nur war ich persönlich mental einfach kaputt. Duschen ging ich an diesem Abend nicht und fuhr auch recht zügig nach Hause, um den Abend erst mal zu verarbeiten.

Im Allgemeinen wurde es also gut aufgenommen und mein Mut belohnt. Für mich war das ein gewaltiger Schritt in meiner persönlichen Weiterentwicklung. Der Mut wurde belohnt, indem ich weiter Fußball spielen konnte, mich nicht mehr verstecken musste und es meine Leistung antrieb. Im Laufe der Zeit fielen mir allerdings ein paar Mitspieler auf, die zwar Toleranz signalisierten, aber nicht tolerant waren. Es fielen Sprüche oder es gab Aktionen, die bei mir vorher, als *Hetero*, normal gewesen wären und nun auf die Homosexualität geschoben wurden. Obwohl ich das sowieso noch nie getan hatte, durfte ich fortan niemanden mehr auf die Stirn küssen, wenn er ein Tor geschossen hatte. Das war etwas schräg. Dennoch war der allgemeine Tenor ein guter.

Das Outing brachte mir Respekt, den ich allerdings nur bedingt spürte. Ich hielt eigenmächtig, so aggressiv wie ich war, eine Halbzeitansprache, in der ich sagte, dass ich kein Spiel mehr machen würde, sollten wir nicht gewinnen. Da ich in diesem Spiel Fehler machte, wollte ich am Ende nicht nur sehen, ob die Mannschaft in der Lage wäre unseren Rückstand zu drehen, sondern auch, wie viel Einsatz man für mich selber bringen würde, um meine Fehler zu kompensieren. Auch zu diesem Zeitpunkt hatte ich dieselben Gedankengänge, wie vor meinem ersten Wechsel zu einem anderen Verein. Nachdem es im Anschluss eine angebliche Abstimmung darüber gab, ob ich in dieser Mannschaft weiterspielen sollte, war für mich schon alles klar. Ich machte kein Spiel mehr. Lediglich in unserer zweiten Mannschaft machte ich ein abschließendes Spiel. Kurz danach meldete ich mich wieder einmal ab.

Aufgrund meiner mittlerweile erlangten Bekanntheit im Kreis meldeten sich relativ viele Trainer und Vereine bei mir. Wo diese meine Nummer her hatten, war mir ein Rätsel. Interessant waren natürlich die Vereine, in denen ich tatsächlich noch etwas Geld für mein Fußballspielen erhalten hätte, aber ich entschied mich für einen Verein, bei dem ich zwar auch etwas erhielt, aber primär die fußballerischen Möglichkeiten und eine tolle Mannschaft im Vordergrund stand. Dies war deswegen von Bedeutung, da sich ja mein Outing sicherlich im Kreis herumgesprochen hatte und ich nicht noch einmal ein Doppelleben führen wollte. Nun war ich zwar in meiner alten Mannschaft geoutet, aber nicht in der neuen. In meinen Gesprächen mit dem dortigen Trainer ging es nicht um schwul oder nicht, es ging rein um meine sportlichen Belange, sodass die Homosexualität nicht zum Thema wurde. Ich stellte natürlich entsprechende Fragen, was mich in diesem Verein denn für Mitspieler erwarten würden, aber da dies zu passen schien, wurde ich mit dem Verein einig. Mit extrem viel Vorschusslorbeeren aber auch Respekt ging ich nun in das neue Abenteuer und die neue Saison herein. Doch kurz bevor ich dorthin wechselte, verlor ich das zweite Mal meinen Führerschein, also wurde ich zu jedem Training und zu jedem Spiel chauffiert. Nach wenigen Wochen merkte ich, wie gut mir dieser Wechsel getan hatte. Ich hatte Konkurrenz, bei der nicht alles von mir abhing, mich entlastete und vor allem eben diesen Zusammenhalt. Auch wenn weder ich noch meine neuen Mitspieler die Homosexualität thematisierten, fühlte ich mich frei. Vielmehr überzeugte ich meine Mitspieler mit Leistungen aber vor allem auch mit dem Respekt, in ihren Verein gewechselt zu sein. Ich wollte nicht als Söldner dastehen und vor allem alles tun, was den Zusammenhalt förderte. Ich hing nun nicht mehr mit den Kumpels aus dem alten Verein herum, sondern integrierte mich in diese Mannschaft. Dies führte dazu, dass ich auch in diesem Verein, in der Mannschaft sowohl sportlich als auch menschlich Respekt erwarb.

Schon ziemlich früh, noch in der Saisonvorbereitung, hatten wir einen Mannschaftsabend. Mit Alkohol im Blut sprach mich einer meiner Mitspieler auf die Homosexualität an. Er versicherte mir, dass dies absolut kein Problem sei. So hatte ich auch hier kein Doppelleben. Fast schon freundschaftlich wurde ich behandelt. Da dieser Mannschaftsabend in dem Spielort war und dies ohne Führerschein ein Problem war, organisierte einer meiner Mitspieler eine kostengünstige Fahrgelegenheit, indem er mitten in der Nacht seine Freundin aus dem Bett klingelte, die mich dann nach Hause fuhr. Ich war glücklich und zufrieden.

Auch sportlich hing ich mich rein. Dies führte wiederum dazu, dass ich dann immer häufiger mit der Landesligamannschaft trainierte und sogar in Testspielen zum Einsatz kam. Mein Interesse galt allerdings der zweiten Mannschaft, da ich mich dort einfach wohlfühlte. Aber nur kurze Zeit, nachdem ich dort gut integriert wurde und alles super lief, noch besser sogar als gedacht, veränderte ich meine berufliche Laufbahn, sodass ich noch weniger Zeit für Fußball hatte. Dadurch trainierte ich im Laufe der Saison immer weniger und spielte nicht mehr. Da mein Job aber mehr in den Fokus gerückt war, stellte dies kein Problem für mich da. Dennoch war ich die Sonntage immer da und tat wirklich alles für meine Kollegen, um das, was sie mir gaben, zurückzugeben.

Nach dieser Saison beendete ich dort mein Engagement, weil ich es zeitlich einfach nicht mehr hinbekam. Immerhin hatte ich meinen

Anteil am Erfolg dieser Saison, die wir am Ende als Tabellenfünfter abschlossen. Weil mir aber so unfassbar viel Respekt seitens des Trainers und der Mannschaft entgegenschlug, schenkten sie mir das letzte Meisterschaftsspiel. Es war eine riesige Überraschung und ich ahnte wirklich gar nichts. Ich hatte nur irgendwelche gammeligen Klamotten dabei und das machte mich dann doch irgendwie nervös. Aber ich glaube, es wurde zu einem meiner besten Spiele für diese Mannschaft. So trennten sich die Wege im Guten, worauf ich sehr stolz bin. Gerade diese Zeit, die ich in dieser Mannschaft, diesem Verein verbrachte, ließ mich weiter reifen. Was ich noch nicht ahnte war, dass dies meine letzte richtige Mannschaft hinsichtlich des Zusammenhaltes sein sollte.

Es fiel mir schwer, diese tolle Mannschaft zu verlassen, und so landete ich ein drittes Mal in meinem Heimatverein. Der Grund, weshalb ich trotzdem zurück zu meinen Wurzeln ging, war schlichtweg der, dass es dort keinen Torwart mehr gab. Der Verein war in Nöten und konnte nur durch die Rückkehr vieler Jugendspieler eine Mannschaft stellen. Es war ein fast komplett neues Team, das ich vorfand. Ein Trainer hatte bei seinem Weggang viele Spieler mitgenommen und auch sonst war einiges schiefgegangen. Da es sich beim verbleibenden Rest der Mannschaft meist um sehr junge Spieler handelte, war man aufgrund meiner mittlerweile langjährigen Erfahrung froh, als ich meine Zusage gab. Ein weiterer Grund war sicher auch mein Nebenjob als Platzwart. Hauptsächlich wollte ich aber Fußball spielen und aufgrund der logistischen Umstände beziehungsweise des Führerscheinverlustes, konnte ich dies nur hier gut integrieren. Durch die jungen Spieler litt trotz des einen oder anderen Talents etwas die Qualität, der Gemeinschaftssinn hob jedoch alles wieder an. Wir starten gut in die Saison und standen zunächst vor allem tabellarisch ganz gut da.

Im darauffolgenden Jahr erlangte ich meinen Führerschein wieder, sodass ich nun wieder etwas präsenter sein konnte. Auch diese Saison sollte zufriedenstellend enden. Zwei Dinge blieben jedoch an dieser Spielzeit haften: Zum einen die Besonderheit, dass wir mitentschieden, wer in die nächst höherer Spielklasse aufsteigen sollte und zum anderen die schwere Verletzung, die ich am letzten Spieltag davontrug. In diesem Spiel, in dem es für den Gegner nur noch aus Prestigegründen um den Sieg ging, entstand durch den zugeteilten Schiedsrichter viel Unruhe. Als bereits mehr als zehn Minuten nachgespielt waren und unser Gegner nach einem Tor nur noch ein weiteres Tor zum Sieg fehlte, hielt ich den Ball fest in meinen Händen und bekam in dem entstehenden Gerangel einen Tritt gegen den Kopf. Da ich in meinen Spielen meist unter Adrenalin stand und zudem nicht blutete, bemerkte ich die Schwere der Verletzung erst nach dem Spiel. Das Adrenalin verflog und ich bekam Probleme mit dem Kreislauf. Im Krankenhaus wurde die Fraktur hinter dem Auge diagnostiziert, wegen der ich operiert werden musste.

Im Anschluss daran fiel ich lange aus. Häufig wurde ich nach dieser Aktion gefragt, ob ich denn überhaupt weiterspielen würde. Meine Großmutter versuchte, mir das sogar zu verbieten. Doch ich sah das nicht als Fußballverletzung an, sondern als etwas, das einem auch auf der Straße hätte passieren können. Allerdings musste ich nun mehr als zuvor auf mich aufpassen. Zwar spielte ich weiter Fußball, aber nur noch mit angezogener Handbremse.

Die letzten Fußballerjahre waren gekommen und wer sonst, außer meinen langjährigen Mentor und Trainer, sollte mich in eine neue Erfahrung einbinden? Er bot mir an, in seiner Mannschaft Torwarttrainer zu werden und als Back-up zu dienen. Eine Win-Win-Situation. Bernd hatte einen Ersatztorwart mit immer noch genug Qualität, um eingesetzt werden zu können und das Torwarttraining zu machen, was ihn entlasten würde. Für mich, mittlerweile im hohen Fußballeralter angekommen, wäre es hingegen eine neue und wertvolle Erfahrung. Also sagte ich zu. – Zwar lief es gut, aber durch Umstände, von denen ich bei meiner Zusage noch nichts wusste, war es nicht von langer Dauer.

Nun war für mich klar, dass es vorbei war mit dem Fußball. – Dachte ich zumindest. Nach vielen Überredungskünsten ging ich ein viertes Mal zurück zu meinem Heimatverein, aber diesmal unter der Bedingungen, nur zu spielen, wenn Not am Mann war, also just for fun.

Was vielen Sportlern nicht gelingt, wurde mir zuteil: In meiner letzten Saison, in der ich noch einmal in der ersten Mannschaft spielte, schaffte ich es, mit der Mannschaft ein letztes weiteres Mal aufzusteigen. Dass ich in der ersten Mannschaft spielte, und zwar ohne Training, lag nicht nur daran, dass außer mir kein Torwart da war und ich da mehr oder weniger reinrutschte, sondern vielmehr daran, das sich auch die erste Mannschaft mittlerweile in der untersten Kreisliga befand. Durch meine Erfahrungen in den etwas höheren Ligen konnte ich so, ohne viel dafür zu tun, immer noch mithalten.

Mit diesem Aufstieg beschloss ich, endgültig mit dem aktiven Fußball aufzuhören. Sicherlich hätte ich noch etwas weiterspielen können, aber wie ich, so veränderte oder entwickelte sich auch der Fußball und es war einfach nicht mehr das, dass es für mich immer gewesen war.

Meine gesamte fußballerische Laufbahn hat mich beeinflusst und geprägt, sowohl sportlich als auch auf menschlicher Ebene. Ich hatte großes Glück, in einer Zeit groß zu werden, in der es nicht nur die *Playstation* gab, sondern die Freizeit auch aus gesunden Aktivitäten wie Fußball bestand, was offenbar langsam nachlässt. Der Fußball brachte mir sehr viele Freundschaften, sehr viel Spaß, sehr viel Emotionen, gab mir halt, wenn ich ihn brauchte, brachte Erfolge aber auch Misserfolge, woraus ich lernen konnte. Das Wichtigste am Fußball ist und war für mich jedoch die Sozialgemeinschaft, in der ich viele Dinge wie Disziplin (na ja, nicht immer) und vor allem Zusammenhalt erlebte. Ich lernte, wie man Erfolg haben konnte.

Mein Abschied wurde wie gesagt durch einen Wermutstropfen belastet, weil ich statt eines Dankeschöns für die Leistungen lediglich die Beitragsrechnung bekam, aber es war trotzdem eine tolle Zeit.

Background 6.2: Homosexualität
(0 bis 38 Jahre)

Es spielt keine Rolle, wen du liebst, sondern wie du liebst!

Ja, ich bin schwul. Aber was bedeutet Homosexualität überhaupt? Ich glaube, dass das eine der wichtigsten Fragen überhaupt ist. Natürlich könnte ich jetzt darüber schreiben, wo das herkommt, warum das so ist, wie es ist und was man sonst noch alles darüber googeln kann, aber ich möchte das lieber aus meiner Sicht schildern:

Homosexualität ist im Prinzip nichts anderes, als eine angeborene gleichbleibende Leidenschaft für das eigene Geschlecht, in meinem Fall Männer. Anders gesagt bedeutet es einfach, Sex mit Männern erregend zu finden. Mit Liebe hat das nicht direkt etwas zu tun. Ich liebe meine Reisen, ich liebe den Fußball, ich liebe den Football und ich liebe noch vieles mehr, und alles ist genauso ehrlich. Durchaus können dies auch Frauen sein, aber im Endeffekt definiere ich Homosexualität in erster Linie darüber, Sex mit Männern zu haben. In zweiter Linie ist es so, dass ich mit Männern einfach mehr anfangen kann als mit Frauen. Das bedeutet aber nicht, dass ich mich nicht auch mit Frauen umgeben und Spaß mit ihnen haben könnte, auch nicht, dass ich Frauen nicht attraktiv finden würde, nein, es geht hierbei einfach um die Leidenschaft, die aber für mich nicht das Wichtigste ist, denn das, was für mich zählt, ist letztlich der Mensch. Wie man seine Leidenschaft definiert oder auslebt, ist etwas völlig anderes.

Auf all die Fragen, die mir immer wieder gestellt werden, wann und wie ich zum ersten Mal gemerkt habe, dass ich schwul bin, ob ich mir wirklich sicher sei, gehe ich hier bewusst nicht ein. Einen Heterosexuellen fragt ja auch keiner, ob und seit wann er sich dessen sicher sei. Es ist auch völlig egal. Wichtig ist allein, dass jeder die Möglichkeit hat, das ganz in Ruhe für sich selbst rauszufinden, ohne Angst haben zu müssen oder Druck ausgesetzt zu sein. Meiner Erfahrung nach sind homosexuelle Menschen in der Regel übrigens viel offenere Menschen als heterosexuelle, was viele nicht verstehen und dementsprechend nicht damit umgehen können. Homosexualität offen auszuleben, ist eine Art Freiheit, also ein Gewinn für den Einzelnen – zumindest für die Homosexuellen.

Die Entdeckung meiner Homosexualität entwickelte sich zumindest bei mir erst im Laufe der Jahre, dauerte vermutlich auch deutlich länger als bei anderen. Der Grund dafür war einerseits meine Oma, die mir in ihrem religiösen Wahn ein erzkonservativ-christliches Weltbild eingetrichtert hat. Andererseits hatte ich in meiner gesamten Kindheit und Jugend durchaus andere Themen, sodass ich mich mit meiner Sexualität nie beschäftigte. Außerdem wuchs ich ja in einem Dorf auf, wo es ja auch eher konservativ und tendenziell homophob zugeht. Ich möchte mein Heimatdorf in keiner Weise schlecht machen, diese Heile-Welt-Idylle war toll, aber einfach kein Umfeld, in dem man sich so ohne Weiteres auf neues Terrain wagt. Die Entwicklung der Homosexualität blieb uns auch auf dem Dorf nicht verborgen, Funk und Fernsehen hatten wir auch da, aber das war halt weit weg in der Großstadt und gehörte sozusagen nicht zum Dorfidyll. Ein älterer Dorfeinwohner sagte mir dazu einmal, unser Dorf sei praktisch wie dieses gallische Dorf, das allem trotzt. »Sei froh, dass du auf dem Dorf wohnst.« Das zeigt ja recht deutlich, wie verschlossen man war. So ist es da teilweise auch heute noch. Die Verschlossenheit beruht in der Regel auf der Angst vor Veränderung, deren Folgen nicht abgesehen beziehungsweise nicht ausreichend gut beurteilt werden können, was dann zu einer reflexartigen Abwehrhaltung führt. Nun ja, auf dem Land mahlen die Mühlen halt etwas langsamer. Und genau das galt auch für mich und den Umgang mit Homosexualität. Was mich betrifft, so war ich zu lange nicht geoutet – und zwar mir selbst gegenüber. Anders gesagt hielten mich die beschriebenen Umstände davon ab, mich mit mir selbst zu beschäftigen und zu verstehen, wer ich wirklich war. Selbst als ich in meiner Jugend erste Kontakte mit Männern hatte, dachte ich nicht im Entferntesten daran, dass ich schwul sein könnte. Ich hielt das für ganz normale Kumpanei und gemeinsames Erkunden der Sexualität. Es scheint auch normal zu sein, denn viele dieser Kontakte sind heute glücklich verheiratet (mit Frauen) und haben Kinder. Was ich zu diesem Zeitpunkt für Männer empfand, war einfach nicht besonders ausgeprägt. Sexuelle Erfahrungen mit anderen Jungs waren schlicht einfacher zu erreichen, als welche mit Mädchen, die ja fast vor den Jungs weggesperrt werden.

Ich kam also gar nicht auf die Idee, schwul sein zu können, mein Umfeld behandelte mich als Fußballer natürlich auch als *garantiert dorfgeprüfter Hetero* und so entdeckte ich meine Homosexualität abstruserweise erst, als ich bei meinen Großeltern wohnte und etwas mehr Zeit für mich hatte. Ich war bereits über 20 Jahre alt und beschäftigte mich mittlerweile etwas mehr mit diesem Thema, war aber noch immer nicht so weit, dass ich hätte sagen können, dass ich schwul war. Für mich waren homosexuelle Männer exzentrisch Diven, die mit Stöckelschuhen durch die Stadt liefen, das war halt mein klassisch anerzogenes Dorf-Bild. Ich hatte in diesem Entwicklungsstand eher den Eindruck, dass ich bisexuell sei. Das war aber immerhin schon mal ein Fortschritt. Auch in dieser Zeit verschwieg ich jedem, dass ich mich nun öfter mit Männern traf. So entwickelte sich zunehmend ein Doppelleben, indem ich einerseits versuchte, einen auf heterosexuell zu machen, aber andererseits halt auch ab und an Spaß mit Typen hatte. Das war die Zeit, in der ich über das Internet herausfand, dass es doch relativ einfach war, schwule Dates für schnellen Sex klarzumachen. Vor allem die Anonymität war durch die diversen Plattformen gegeben und ein Auto hatte ich auch, um mich etwas außerhalb mit Männern zu treffen. Weil ich ja auch Frauen hübsch fand, versuchte ich mir dennoch krampfhaft einzureden, heterosexuell zu sein. So lernte ich damals eine Arbeitskollegin kennen, in die ich glaubte verliebt zu sein. Aber dahinter stand mehr der Wunsch, heterosexuell zu sein und dem Weltbild von Dorf und Oma zu entsprechen. Diese Angst vor Neuem, die Angst, anders zu sein als das Gewohnte, hatte ich leider mit auf den Weg bekommen. Ich stellte diese Kollegin sogar meiner Großmutter vor. Rückwirkend betrachtet war das ziemlich schräg, aber ich glaubte wirklich daran, heterosexuell zu sein, oder bi, und war am Boden zerstört, als sie mich recht unfein abservierte. Erst später merkte ich, wie viel Kraft es mich kostete, mir einzureden, dass ich auf ihre Brüste und ihr Wesen stand, was eigentlich gar nicht der Fall war. Selbst als ich meine erste *richtige* sexuelle Erfahrung (na ja) mit einer Frau in Form eines Dreiers hatte, merkte ich immer noch nicht, dass das einfach nichts für mich war. So sammelte ich auch auf der heterosexuellen Seite Erfahrungen.

Nachdem ich mich aber immer häufiger für Sex mit Typen traf, kam es wahrscheinlich unterbewusst zu der Reise, die mich erstmals nach Gran Canaria führte. Und genau diese Reise sorgte dann dafür, dass mir bewusst wurde, dass ich schwul sein könnte, denn auf dieser Reise, in der ich mich einfach nur frei fühlte, lebte ich mich aus. Ich gestand mir meine Homosexualität zwar immer noch nicht hundertprozentig ein, aber ich war schon recht nahe dran. Immer noch hatte ich ein wenig Panik, in den schwulen Bars gesehen zu werden, und testete, immer noch mehr als Ausrede, auch die Heterobars dieses Ortes aus. Aber es zog mich dann doch immer wieder zurück in das sogenannte *Jumbocenter*, in dem sich die Schwulenbars befanden. Der wichtigste Moment war auf dieser Reise jedoch, als mich Alejandro in der Disco abschleppte. Das war das erste Mal, dass ich einen Mann liebevoll küsste – also Zärtlichkeit statt Sex! Das machte mich irgendwie glücklich und es fühlte sich richtig an, wenngleich ich mir aufgrund des Alkohols über die Bedeutung dieser Gefühle nicht gleich im Klaren war. Wäre ich damals schon weiter gewesen, hätte sich vielleicht tatsächlich mehr daraus mehr ergeben, da Alejandro mir ja immerhin seine Nummer und Adresse aufschrieb. Aber schon als ich zu Hause war, musste ich wieder *der Hetero* sein, doch nun war mir so gut wie klar, dass ich das nicht war.

Ich hatte mich mehr oder weniger vor mir selbst geoutet. Dieser Urlaub, diese Erfahrung fernab des Heimatdorfes, hatte so eine enorme Bedeutung, dass ich meine umherschwirrenden zahlreichen Gedankengänge auf die Reihe zu bekommen schien. Durch mein Coming-out vor mir selbst wurde mir bewusst, wie schwer das Zusammenleben mit meiner Oma werden würde, denn mein Doppelleben wurde durch diese Entwicklung natürlich noch problematischer. Ihre fanatische Religiosität wurde im Prinzip nur durch meinen lieben Opa ausgebremst, sodass ich schon damals wusste, das ich in diesem Hause langfristig nicht weiterleben konnte. Dennoch steckte in mir viel Dankbarkeit gegenüber meinen Großeltern also auch gegenüber meiner Oma. Aufgrund meiner Dankbarkeit nahm ich diese Last auf mich und lebte so weiter bei ihnen.

Leider war die Folge, dass ich mit der Zeit immer wütender wurde – nicht nach außen, aber innerlich. Ich musste immer mehr lügen, um alles geheim halten zu können – gegenüber Oma, dem Verein und dem ganzen Dorf. Da der Fußball und die Freunde eine große Bedeutung hatten, suchte ich nach Lösungen, um weiter als derjenige wahrgenommen zu werden, der ich war, und nicht plötzlich auf die Homosexualität, zur *Schwuchtel*, zum *Homo* reduziert zu werden. Auf den Fußball bezogen hatten meine immer klareren Gedanken zunächst einen pushenden Effekt, da ich die Wut in Leistung umwandelte und so den Frust rauslassen konnte, nur wusste eben keiner warum und man hielt mich einfach für den *verrückten* und nicht für den *schwulen* Torwart.

Ein Jahr später beschloss ich dann auszuziehen, als Großvater gestorben war. In den drei vorherigen Jahren hatte ich mich kein bisschen weiterentwickelt und wollte einfach nur noch raus. Endlich war ich frei und konnte mich ausleben. Dann folgte etwas, das ich mir besser erspart hätte, denn ich versuchte sozusagen all das, was ich verpasst hatte, nachzuholen und wurde in meiner ersten eigenen Wohnung mehr oder minder zu einer kleinen Schlampe. Ich vögelte alles, was mir vor die Flinte kam. Zu meinem Glück hielt diese Zeit nur drei bis vier Monate an, dann lernte ich jemanden kennen, mit dem ich nicht direkt in die Kiste sprang. Aber bis dahin hatte ich Männer kennengelernt, die an Oberflächigkeit nicht zu überbieten waren, die bereit waren, mir Geld zu geben, um mit mir Sex zu haben. Ich war jung und war gefragt, das hatte wohl auch negative Auswirkung auf meinen eigenen Charakter. Genau wie bei den Saufgeschichten sollte man so etwas nicht verherrlichen, aber es gehörte eben doch zu meinem Leben, meinen Erfahrungen und somit zu meiner Entwicklung.

Doch auch diese Phase ging rasch vorbei, natürlich aufgrund des Glückes, das dann folgte: mein erster Partner Jo. Mit ihm änderte sich sehr viel in meinem Leben. Ich war durch ihn bereit, mich bei meinen Freunden zu outen, denn er wollte ja verständlicherweise wissen, mit wem ich meine restliche Freizeit verbrachte. Aus Liebe zu ihm tat ich es, wurde also irgendwie zum Glück gezwungen. Die Reaktion meiner Freunde, ich für mein Outing extra eingeladen hatte, zeigte mir, wie ahnungslos sie wirklich waren. Ich schwitzte Blut und Wasser: Hoffentlich erzählten die es nicht rum, vor allem nicht Oma, und würde ich weiter Fußball spielen können?, sorgte ich mich. Sie behielten es aber für sich, vielleicht dachte der eine oder andere auch, es wäre nur eine Phase, wegen meines Umzugs in die Stadt.

Jo war maßgeblich an meiner Weiterentwicklung beteiligt, aber wie viel, zeigte sich erst Jahre später, nachdem ich mich auch alleine weiterentwickelt hatte und mehr verstand. Nachdem wir zusammen gekommen waren, lief natürlich erst mal alles super. Da ich in ihm etwas sah, was ich mir wohl immer gewünscht hatte, war ich über-glücklich, ihn kennengelernt zu haben.

Kennengelernt hatten wir uns über eine Schwulen-Plattform im Internet, damals gab es noch keine *Apps*. Auf dieser Plattform hatte man die Möglichkeit, anonym zu bleiben oder Bilder reinzusetzen. Zunächst blieb ich komplett anonym und verschickte nur Bilder, wenn ich schon mit jemandem schrieb. Zusätzlich hatte man dort die Möglichkeit, allgemeine Informationen wie beispielsweise Sprache, Orientierung oder auch den Beziehungsstatus preiszuge-ben. Neben sozialen Informationen wie dem Lieblingsessen, der Religion, dem Sport und den Hobbys gab es allerdings einen Unterschied zu den normalen Dating-Plattformen: Man konnte auch seine sexuellen Vorlieben wie sexuelle Rolle, Beschneidung und auch Größe des Gemächts angeben. Eigentlich sehr praktisch, wenn man nur jemanden für Sex wollte. Sicher konnte man sich auch mit eigenen Worten beschreiben oder beschreiben, was man suchte, aber auch Jo war zunächst nur für Sex vorgesehen – den wir allerdings bei unserem ersten Treff dann gar nicht hatten, weil wir uns gut unterhalten konnten. Wir unterhielten uns so intensiv, dass die Zeit wie im Flug verging. Auch beim zweiten Mal kam es nicht zu Sex. Nicht dass er oder ich zu prüde dafür gewesen wären, nein, es war einfach schön, sich zu unterhalten, und wir merkten wahrscheinlich beide, dass da womöglich mehr war. Erst beim dritten Mal war es dann soweit, aber fortan wollte ich nur noch ihn. Da dies wohl auf Gegenseitigkeit beruhte, kamen wir schließlich zusammen. Zwar bin ich mir nicht mehr sicher, ob es eines unserer Themen gewesen war, aber eine Gemeinsamkeit hatten wir: Wir waren damals beide noch nicht geoutet.

Nachdem er meinen Bekanntenkreis kennengelernt hatte und wir ja fest zusammen waren, wollte er sich als Nächstes bei seinen Eltern outen. Auch er hatte Schiss. Ich wollte ihm helfen und überlegte mir, dass er seiner Mutter einen Brief schicken könnte. Er fand das gut. Da er nicht wusste, was er schreiben sollte und total unsicher war, schrieben wir den Brief zusammen. Das klappte dann auch.

Ungeachtet meiner größer werdenden finanziellen Probleme fing ich an, alles für ihn zu machen, was mich fast ins Verderben riss. Da er grade seine Ausbildung zum Krankenpfleger abgeschlossen hatte, musste er noch einen Zivildienst absolvieren, deswegen hatte er natürlich kaum Geld. Aus Liebe und weil ich in diesem Jahr noch keinen Urlaub gemacht hatte, lud ich ihn zum Beispiel nach Berlin ein.

Nach etwas über einem halben Jahr wollte er eine Beziehungspause haben, was mich am Boden zerstörte, aber die Liebe war dann wohl doch zu stark und wir blieben zusammen. Alles wurde zunächst wieder wie vorher und da Weihnachten vor der Tür stand, luden mich seine Eltern zu sich nach Hause ein, damit ich sie kennenlernen konnte. Da ich noch etwas länger arbeiten musste als er, fuhren wir getrennt hin. Das Weihnachtsfest verlief dann harmonisch und so war ich glücklich und zufrieden. Vor allem mit der weiteren Erfahrung, das erste Mal die Eltern eines Partners kennengelernt zu haben.

Nachdem wir gemeinsam mit seiner angereisten Schwester Sylvester verbracht hatten, passierte etwas ganz Blödes: Wieder mal ging mein Auto kaputt. Da wir beide noch unsere eigenen Wohnungen hatten, war das ein ziemliches Problem. Diesmal unterstützte er mich, indem er sich für uns das Auto seiner Schwester lieh. Es lief also wirklich gut. Immer mehr genoss ich das gemeinsame Einkaufen und all die anderen Alltagsdinge. Natürlich gab es auch kleinere Streitigkeiten, aber nichts, was ausartete. Vielmehr sagte einer seiner Freunde zu uns: »Könnt ihr mal leben? Ihr seid wie so ein altes Ehepaar.« Ich jedenfalls empfand dies als schönes Kompliment. Da es ja ganz gut lief, ich aber immer mehr finanzielle Probleme bekam, fragte ich ihn, was er davon halten würde, wenn wir zusammenziehen würden, um uns die Miete zu sparen. Er war sich zunächst nicht sicher, aber wir kamen dann doch überein. Da er aus seiner Wohnung nicht herauswollte, da sein Arbeitgeber in seiner Nähe lag, beschlossen wir, dass ich zu ihm ziehen sollte. Ich gab für ihn meine immer noch relativ neue Wohnung auf. Ich verramschte mein Inventar und kaufte mir davon ein neues Auto, um wieder auf eigenen Beinen zu stehen. Am kommenden Samstag waren wir bei einem meiner Freunde, der ebenfalls mit seiner Freundin zusammengezogen war, gemeinsam eingeladen. Es war harmonisch und alles lief super. Am darauffolgenden Montag wollte ich mich offiziell ummelden. Aber das, was zwischen diesen beiden Tagen passierte, war schlimmer als jeder Albtraum. Ich saß am Computer und löffelte in der von ihm gekochten Suppe. Natürlich kamen wir auf die Party zu sprechen. Irgendwie sagte er dann, dass er glauben würde, dass bei meinem Kumpel und dessen Freundin nicht alles in Ordnung wäre. Ich lachte und erwiderte, dass das ja kein Problem sei und die Hauptsache, dass es bei uns beiden super liefe. »Das kann man so nicht sagen!«, meinte er daraufhin und machte mit mir Schluss. Es war nicht nur ein Schlag ins Gesicht, sondern für mich ein finanzielles Desaster, schließlich hatte ich gerade erst meine gesamte Wohnung für lau aufgegeben, ein Zurück gab es nicht. Von einem Tag auf den anderen hatte ich nichts mehr: keine Wohnung, kein Geld, keinen Partner. Ich war mehr als am Boden zerstört und stellte sogar mein Leben infrage. Er bot mir an, noch einen Monat bei ihm schlafen zu können, um mir eine neue Wohnung zu suchen. Das hielt genau eine Woche. Ich ertrug es nicht mehr und flog vom letzten verfügbaren Rest meines Überziehungskredites für ein paar Tage nach Gran Canaria. Ich heulte den ganzen Flug über wie ein Schlosshund.

Diese Entscheidung war die beste, die ich meiner desolaten Finanzlage hatte treffen können. An dieser Stelle kam ein Wendepunkt in meiner Weiterentwicklung: Niemals davor und danach war ich so tief am Boden, wie in dieser Zeit. Das erste Mal dachte ich darüber nach, mich bei meiner Großmutter zu outen. Es war aber auch ein Moment, in dem ich Hilfe brauchte, denn wo sollte ich hin, wenn die vier oder fünf Tage vorbei waren? Und auch noch ohne Geld?

Ich rief zunächst einen meiner Onkel an, um ihn nach seiner Meinung zu fragen. Auch er bestätigte mir, dass es besser wäre, meiner Oma nichts zu sagen. Ein Freund, den ich anschrieb, bot mir an, bei ihm unterzukommen. Ich war erleichtert, und hatte das größte Problem erst mal gelöst. Dieser Freund war Hetero, meine sexuelle Orientierung war ihm egal. Dass ich ihn in dieser Situation überhaupt um Hilfe bitten konnte, lag daran, dass ich mich ja geoutet hatte, ansonsten hätte ich das nicht fertiggebracht.

Dieser schlimmste Moment meines Lebens wurde zu einer der wichtigsten Erfahrungen, eigentlich sogar zur besten, natürlich erst rückwirkend betrachtet, denn wenn ich diese schlimme Zeit nicht gehabt hätte, wäre ich niemals so geerdet worden, wie ich es jetzt bin. Vor allem die Erfahrung, einen Freund zu haben, der mich unabhängig von der sexuellen Orientierung unterstützte, war und ist etwas, was ich niemals vergessen werde.

Nun kam ein Vorteil der Homosexualität ins Spiel: Durch die bereits erwähnte Dating-Plattform setzte ich meinen noch immer vorhandenen Frust in Sex-Dates um, was in der schwulen Welt wesentlich einfacher ist als bei den Heteros. Nach zwei Monaten sexueller Exzesse trat wieder mal etwas Sonderliches ein: Bei einem dieser Sex-Dates tauschte ich die Nummern aus, was ich sonst nicht tat. An einem Freitag, an dem mich Jo wegen der noch vorhandenen Autoschlüssel ärgerte, rief mich plötzlich dieser Typ namens Joschi an. Ich erzählte ihm, warum ich grad nicht so gut drauf war und im Moment kein Interesse an einem Treffen hätte. Aus irgendeinem Grund, den ich nicht verstand, war ihm meine Stimmung egal. Er selbst feierte mit ein paar Freunden seine bestandene Prüfung, die ihm ermöglichen sollte, sich seinen Traum zu erfüllen. Er bat mich, nicht in Selbstmitleid zu versinken und nicht alleine den Freitagabend zu verbringen. Ich sagte ihm zwar, dass ich nicht allein sei, aber er ließ nicht locker. Auch dass ich mies drauf war, war ihm egal. Er fragte mich, ob ich nicht zu ihm und seinen Freunden nach Köln kommen könne. Und das tat ich. Er schaffte es tatsächlich, mich ein stückweit glücklich zu machen. Da ich mit dem Auto nach Köln fuhr, bot ich ihm an, ihn nach Hause zu fahren. Ziemlich schnell war klar, dass Joschi etwas Besonderes war. Er lebte noch bei seinen Eltern und so schlichen wir uns klammheimlich in sein

Zimmer. Schließlich kamen wir zusammen, so schnell konnte es gehen und auch diesmal dank dieser Plattform.

Nach ein paar Wochen zog ich dann ja wieder in eine eigene kleine Wohnung. Wie kein Zweiter half Joschi mir und weihte sie mit mir ein. Es ging also eigentlich bergauf. – Eigentlich, denn um seinen Traum zu leben, ging er nach Hamburg an eine Musicalschule, es wurde also eine Fernbeziehung. Es war nun aber schon das zweite Mal, dass sich jemand für mich outete, was mir zeigte, das dieser Mensch mich wirklich lieben musste, und so bekam ich in diesem Fall eine neue Familie, da er vor allem ein sehr familiärer Mensch war. Durch seine familiäre Verbundenheit schaffte er es, mich dazu zu bringen, mein größtes Tabu zu brechen und ihn meiner Großmutter vorzustellen – zwar offiziell natürlich nur als Heterofreund, aber immerhin. Meine Oma glaubte nicht nur die Geschichte, sondern empfand Joschi als gutes Vorbild für mich. So sagte sie mir anschließend, dass ich mir mal ein Beispiel daran nehmen könne, wie sich Joschi anzog und benahm. Ein bisschen verrückt, wenn man bedenkt, dass sie Schwule verabscheute. Aber das zeigte mir, dass ich nicht nur den richtigen Partner hatte, sondern auch, dass einem selbst die konservativste Oma die Sexualität nicht ansehen konnte.

Durch meine schlechten Erfahrungen in der ersten Beziehung glaubte ich jedoch nicht, dass Joschi mich wirklich liebte, sodass ich immer wieder Zweifel hatte, die allerdings vollkommen unberechtigt waren. Dies sollte aber später zunehmend an Bedeutung gewinnen.

Aber zunächst führten wir erst mal rund drei Monaten eine Fernbeziehung, was bedeutete, dass ich jedes Wochenende zu ihm nach Hamburg fuhr. Aber es wurde schwerer für mich. Verbunden waren wir durch seine Schildkröten, die er mir hinterließ, meine Bildercollage in seinem Regal in Hamburg und halt durch *Skype*. Doch irgendwann ließ er einen Spruch los, der mich beängstigte: Er fragte mich, was ich täte, wenn er die Beziehung beenden würde. Das fragte er mich an einem Tag, an dem ich sowieso schon eifersüchtig auf seine Freunde war und dementsprechend klammerte. Ich wusste, dass er in Hamburg eine Gesangsausbildung machte, wo es nun mal viele Homosexuelle Männer gab, sodass ich verunsichert war. Ich antwortete ihm mit Worten, die ich nicht wiederholen möchte, aber ich versuchte, ihn moralisch zu erpressen, da ich ihn doch so sehr liebte. Ein oder zwei Wochen später besuchte er dann seine Heimat. Am ersten Tag trafen wir uns zum Schwimmen in einer Therme und verabschiedeten uns, da er zu seinen Eltern wollte. Um es kurz zu machen: Er beendete am nächsten Tag die Beziehung.

Nicht finanziell, aber emotional fiel ich daraufhin wieder mal in ein tiefes Loch. Was mir diese Geschichte bringen sollte, lernte ich erst später. Mein Absturz führte jedenfalls erst mal dazu, dass ich mich zehn Monate mit keinem Typen mehr traf. Selbst dann nicht, als ich, mittlerweile wieder auf der besagten Plattform angemeldet, herausfand, dass mich mein erster Freund scheinbar betrogen hatte. So etwas war neben offenen Partnerschaften in der Schwulen-Szene nicht ungewöhnlich, da die Auswahl groß war, man sich nicht den *spießigen Konventionen der Heteros* unterwerfen wollte und Sex ohne Gefühle völlig normal und weit verbreitet war.

Dann, nach den schlimmen zehn Monaten, lernte ich Cecil kennen. Er war ein ganz anderer Typ als seine beiden Vorgänger. Er studierte, war klug und zudem aus meiner oberflächlichen Sicht bildhübsch. Ja, er hatte scheinbar einen Hang zum Luxus, was viele wahrscheinlich als arrogant abgetan hätten, ich aber nicht, denn ganz so oberflächlich war ich denn doch nicht. Irgendetwas sagte mir, dass das nur eine Fassade sei. Und so war es auch. Er war der liebste Mensch, den ich mir als Partner hätte vorstellen können. Er war unerfahren und ich sein erster richtiger Freund – eine Erfahrung, die ich ja bereits hinter mich gebracht hatte.

Zu jenem Zeitpunkt, als ich mit ihm zusammenkam, legte ich aufgrund meiner bisherigen Erfahrungen Wert darauf, die Beziehung kühl anzugehen, um nicht wieder in ein emotionales Loch zu fallen. Ich war vorbelastet, sozusagen ein gebranntes Kind. Wahrscheinlich führte dies zum größten Fehler meines Lebens hinsichtlich einer Partnerschaft. Dass er eben nicht der hübsche Schnösel war, der nur auf Luxus schielte, zeigte sich sehr schnell. Allein die Tatsache, dass er nicht in der homosexuellen Szene herumtingelte wäre schon ein Plus gewesen, aber der eigentliche Punkt war, in welcher maroden Situation dieser wirklich hübsche Mann mich kennenlernte. Er, aus meiner Sicht ein Modell mit Geld, und ich, ein abgewrackter Habenichts. Wahnsinn! Auch Jahre später zeigte sich noch, welch große Bedeutung Cecil für mich hatte, vor allem bezüglich der Auswirkungen auf mich und mein Leben. So wurde er beispielsweise der Grundstein für dieses Buch, wofür ich ihm immer dankbar sein werde. Er setzte mich, weil ich ja kühl und mir selbst beschäftigt war, vor die Tür. Doch um das alles verstehen zu können, musste erst Vincent, mein bis dato letzter Partner kommen. Vincent liebte mich. Er war die Kehrtwende. Ich bin ihm sehr dankbar für die gemeinsame Zeit. Auch er war wieder völlig anders als die drei vor ihm. Seine Gabe war es, mir Sicherheit zu geben und zuzuhören. Vor allem, dass wir uns so nahmen, wie wir wirklich waren – kindisch, verfressen und alles, was andere vielleicht zum Problem machen würden –, machte ihn zu etwas Besonderem. Leider liebte er mich so, wie ich meine ersten beiden Partner liebte. Er widerspiegelte damit mein Verhalten, das ich selbst zuvor an den Tag gelegt hatte: Einengung und Beschneidung der Freiheit durch Eifersucht. Das war eine für mich neue Sichtweise, die ich durch ihn erfahren konnte. Ich war meinerseits noch nicht bereit für diese

Beziehung und er wusste jederzeit, wie er mich kriegen konnte. Trotzdem bin ich ihm sehr dankbar für die Zeit mit ihm, weil er mir durch sein Verhalten die Augen öffnete, was ich so alles in meinen vorherigen Beziehungen falsch gemacht hatte. Und somit hatte auch er großen Anteil an meinem wachsenden Selbstverständnis. Er entschuldigte sich später, als die Beziehung beendet war, für sein Verhalten. Doch auch wenn er mir zeigte, dass er verstanden hatte, war auch ich daran beteiligt gewesen, denn ich hatte mich ja darauf eingelassen. Alles in allem hatte er mehr Wert, als ich ihm anfänglich zukommen ließ.

Seit ihm und meinen vorherigen Partnern hatte ich mich nun so entwickelt, dass ich wusste, was ich wollte und was nicht. Ich stellte dadurch aber fest, dass es für mich nicht einfach war, jemanden kennenzulernen. Natürlich hatte ich in all den Jahren immer wieder meine Sex-Dates, aber mit der Zeit wurde mir das alles zu anstrengend. Ich versuchte mittlerweile, mit vermehrten Besuchen in Bars der Schwulenszene eine andere Gangart einzulegen, aber auch das war absolut nicht einfach und auch nicht sehr motivierend, weil ich fast immer alleine unterwegs war. Obwohl ich kein Aufreißer war, lernte ich trotzdem den einen oder anderen Mann kennen. In den Bars wurde man im Gegensatz zur Onlineplattform immerhin nicht direkt aufs Alter reduziert, sondern nach dem Gesicht beurteilt. Nicht viel besser, aber immerhin. Dennoch hielten sich dort immer wieder dieselben Leute auf, mit denen man bereits in der Kiste war und die einen dennoch nicht mehr kannten, obwohl man beidseitig Spaß hatte. Aber es waren nicht alle so. In einigen wenigen Fällen traf ich mich dort wenigstens auch mal mit meinem ebenfalls schwulen Arbeitskollegen. Aber es war nicht derselbe Spaß, wie ich ihn mit meinen Dorffreunden gehabt hätte.

Immer mehr hegte ich den Wunsch, mit meinen alten Freunden einmal in der Schwulenszene feiern zu gehen, aber es kam nie dazu. Sie lehnten es zwar nicht ab, aber redeten sich immer wieder raus. Der Einzige, mit dem ich jemals dorthin ging, war Mark, mit dem ich eine Wette einging, der Freund, der mittlerweile zurück nach Wien gezogen war. Das er in einer Schwulenbar ein Mädel für eine Nacht kennenlernte und ich niemanden abschleppen konnte, war schon kurios, aber es zeit, dass auch Heteros in schwulen Bars feiern gehen und jemand kennenlernen können, denn da herrschen Toleranz und Offenheit. Toleranz ist einfach eine notwendige Seite der homosexuellen Lebensweise, Oberflächigkeit allerdings auch. Toleranz fand ich in meinem Dorf jedenfalls nicht. So konnten meine Freunde zwar mit mir Spaß haben, wenn wir die Dorfkneipe oder sonstige heterosexuelle Kneipen oder Bars aufsuchten, aber für einen Abstecher in die homosexuelle Szene war keiner bereit. Es wurde zwar immer wieder signalisiert, dass man das ja mal machen könne, aber in all den Jahren kam es nie dazu. Dass die Kölner Szenebars zwar eine eigene Community waren und es auch ein wenig sexueller zuging, ist zwar richtig, doch pauschalisieren konnte man das nicht. Für ein paar heterosexuelle Landjungs wäre es jedenfalls dein Drama gewesen, da mal die Nase reinzustecken. Na ja … Ich war allein jedenfalls eher weniger anziehend, weil meine Laune im Keller war, das machte die Suche nicht einfacher. Mein ganzes Auftreten war im Eimer. So trat ich nicht in gewohntem Selbstbewusstsein, sondern als Opfer auf, was halt meistens nach hinten losging.

Die Schwulenszene hatte aus meiner Sicht ein paar abstoßende Facetten, die speziell in der Außenwirkung auftraten. So musste ein *CSD* auf Heteros, die ansonsten mit Homosexuellen keinen Kontakt hatten, abstoßend wirken, wie eine einzige Orgie mit Alkohol und Drogen, das wurde ja von den Medien auch gerne genau so gezeigt: alles durchgeknallte promiskuitive schräge Vögel. Das ist zwar auch beim Karneval so, einer in weiten Teilen heterosexuellen Veranstaltung, aber da ist es natürlich *ganz was anderes*. Knapp bekleidete Frauen sind halt normal, halb nackte Jungs nicht. Jedenfalls empfand ich so manche öffentlichen Zurschaustellungen der Szene als kontraproduktiv, denn es ist ja beileibe nicht jeder so. Na ja, meine Meinung, vielleicht habe ich ja auch noch zu viel Christentum in mir. Den CSD halte ich durchaus für eine wichtige Demonstration, bei der man allerdings aufpassen sollte, dass man nicht die falsche Wirkung erzielt und der Grundgedanken an diese Demonstration verloren geht. – Es ist eine Demonstration, keine Love-Parade!

Was die Toleranz im Fußball betraf entwickelte sich in mir ein umgekehrtes Bild. Mir wurde mit der Zeit immer bewusster, dass vieles nur gespielt war und meine Homosexualität von einigen Leuten nur durch den fußballerischen Respekt mir gegenüber toleriert wurde. Ich musste höllisch aufpassen, weil bei mir jede Geste gleich auf die Goldwaage gelegt wurde. Wo andere ohne nachzudenken rumblödeln konnten, musste ich nun immer bedenken, dass das als *schwul* aufgefasst werden könnte. Wie gesagt, bekam ich den ausdrücklichen Hinweis, keinen mehr vor Begeisterung auf die Stirn zu küssen, obwohl ich das noch nie gemacht hatte. – Kunststück: Verschwitzte Männerstirnen sind gar nicht so lecker, wie man sich das vielleicht vorstellen mag. Jedenfalls schwang bei mir immer die Unterstellung mit, es könnte sexuelle Motive geben, als würde ich alles, was nicht bei drei auf den Bäumen ist, gleich flachlegen. Also keine Berührungen, auch kein Schulterklopfen oder dergleichen, während sich die anderen aus Spaß auch mal auf den Arsch schlugen oder in die Wange kniffen. Einmal wollte ich auf einer Mannschaftstour in einem rappelvollen Lokal an einem Mannschaftskollegen vorbeigehen. Um ihn nicht unangemessen *zärtlich* beiseitezuschieben, wie es jeder anderen getan hätte, schubste ich ihn mehr oder weniger nach vorn. Dieser Kollege kannte mich bereits viele Jahre und sagte trotzdem: »Geh woanders lang.« Durch mein Outing wurde mein Mut zwar belohnt, aber die dörfliche Toleranz hielt sich weiter in Grenzen – sehr engen Grenzen. Das spielte allerdings keine große Rolle, denn für mich zählte der Fußball. Na ja, wenn ich mir all die Seiten ansehe, die ich zu dem Thema gefüllt habe, spielte es womöglich doch eine gewisse Rolle.

Background 6.3: Alkohol
(0 bis 38 Jahre)

Kann mir bitte jemand das Wasser reichen?

Alkohol … wer hat da nicht seine Geschichten? Na gut, so einfach will ich mir dieses Kapitel nicht machen. Auch hier ist es wichtig, meine Sicht der Dinge darzulegen und meine Erfahrungen zu analysieren.

Es wäre sicherlich amüsant und unterhaltsam, hier einfach vergangene Saufgeschichten aufleben zu lassen und mich zum Vollidioten zu machen. Gar kein Problem, da stehe ich inzwischen drüber, da das Thema Alkohol für mich abgeschlossen ist. Alkohol gehörte sicherlich zu meinem Leben, aber ich will hier nicht am eigentlichen Thema vorbeirauschen. Denn es geht nicht um den amüsanten Teil der Sauferei, sondern um deren Auswirkungen.

Fangen wir einfach bei meinem ersten Bier an. Wann das war, kann ich gar nicht mehr sagen, aber eine Sache weiß ich doch noch: Es schmeckte mir nicht. Ich und meine Clique gründeten damals einen *Mixeryclub* – wir fanden alle, dass Bier nicht schmeckte, und mischten es mit Cola, um es überhaupt runterzukriegen. Das war quasi unser persönlicher Vorläufer der späteren *Alcopops*. Daraus ergibt sich schon, dass es nicht um Genuss, sondern Alkohol ging. Das muss man ja auseinanderhalten – einen leckeren Wein und irgendetwas zum in den Kopf knallen. Es gehörte blöderweise dazu und förderte natürlich auch die Geselligkeit. Wir merkten schnell, wie viel Spaß man so haben konnte, dass man Hemmungen verlor und sich so neue Möglichkeiten auftaten. Natürlich dauerte es nicht lange und wir ersetzten das Bier durch härtere Sachen – mit Cola geht ja alles. Wir waren bald recht trinkfest, das war für uns gleichbedeutend mit cool und passte in unser Dorf. Schwul durfte man da nicht sein, aber kotzend über die Straße zu torkeln war okay. Das war natürlich keine Zeit, auf die man stolz sein sollte, bin ich auch nicht, aber wir hatten viel Spaß und ich bereue es nicht. Gerade diese Fehler zu machen gehört meiner Ansicht nach zum Erwachsenwerden dazu – zu lernen, den richtigen Umgang mit Alkohol zu entwickeln, weil der in unserer Gesellschaft nun mal dazugehört und nicht wegzudiskutieren ist. Jeder, der mal eine Weile auf Alkohol verzichtet hat weiß, wie schwierig das ist, weil alle so tun, als hätte man sie nicht mehr alle.

Zum Beweis, dass ich das tatsächlich hinter mir gelassen habe und auch zu meinen peinlichen Geschichten stehen kann, hier die peinlichste Saufgeschichte von allen:

Es war in einem Partykeller, indem wir uns schon als Teenies geprügelt hatten. Da stand eine Unmenge an Schnaps der Eltern herum – aber nicht lange. Auf dem Heimweg, auf dem ich auch jede Menge Unfug angestellt hatte, wurde mir schließlich schlecht. Als ich bei meinen Großeltern zu Hause ankam, war ich so besoffen, dass ich nicht mehr in der Lage war, die Türe aufzuschließen, denn ich bekam den Schlüssel einfach nicht ins Schloss . Also legte ich mich in den Vorgarten. Dann kamen Nachbarn vorbei, die mich vollgekotzt da liegen sahen. Ich war hackedicht und wohl kurz vor einem Koma. Und so klingelten diese Nachbarn gegen Mitternacht meine Großeltern wach. Was für eine Blamage! Sie schleppten mich in mein Zimmer und brachten mir einen Kotzeimer, der sich auch schnell füllte. Meine Oma machte mir erst Wadenwickel und mich dann fürchterlich zur Sau. Dann kam mein Großvater und machte meine Oma zur Sau, sie sollte endlich ins Bett kommen und mich liegen lassen. Zu mir sagte er nur, dass ich selbst schuld sei und er mich in meiner Kotze hätte liegen lassen. Noch Jahre danach musste ich mir diese Geschichte von meiner Oma anhören.

Bis ich den richtigen Umgang mit Alkohol erlernte, dauerte es noch eine ganze Weile. Viel zu präsent war der Alkohol, egal was ich machte oder in welchem Umfeld ich mich aufhielt. Selbst meine erste MPU änderte nichts, auch nicht mein Arbeitsplatz, wo Alkohol ein ganz eigenes Thema war. Gerade in meiner Tätigkeit am Flughafen spielte der Alkohol eine solche Rolle, dass man sich damals bei Saufgelagen die nötigen Verbindungen aufbauen konnte, die einen beruflich weiterbrachten – an Flughafentankstellen, Imbissen, in Kneipen, bei Meetings … Mit Alkohol ging immer was, ohne war es schwieriger. Wer schon mal als *Spielverderber* bezeichnet wurde weiß, was ich meine.
Ob bei Arbeit, Fußball, Partys oder Reisen: Alkohol nahm in mancher Hinsicht Einfluss auf mein Leben. Ich war sicherlich kein Vollblutalkoholiker, aber zumindest äußerst trinkfreudig. Alkohol war und ist gang und gäbe in unserer Gesellschaft, das kann schnell dazu führen, dass man abrutscht. Auch wenn es im Laufe meiner Zwanzigerjahre und durch meinen Berufsweg etwas nachließ, so kam meine persönliche Wende erst mit der zweiten MPU. Durch das Erlebnis der medizinisch psychologischen Untersuchung, die

ich mir gerne erspart hätte, wurde mein Leben auf den Kopf gestellt, was ich dem Alkohol zu verdanken hatte. Das hinterließ seine Spuren. Entscheidend war dahingehend nicht die MPU an sich, sondern das, was ich daraus machte und wie es mich veränderte. Wie gesagt ein Wendepunkt. Die MPU ist meiner Meinung zwar der letzte Scheiß und insgesamt mehr als fragwürdig, aber diese kostspielige Demütigung brachte mich dazu, über mein Alkoholproblem nachzudenken. Letztlich war die MPU eine Art Arschtritt, der dann sogar auf anderen Gebieten weiterhalf, aber dennoch würde ich keinem empfehlen, es überhaupt so weit kommen zu lassen. Wer es so weit treibt, sich der MPU unterziehen zu müssen, hat sich wirklich tief in die Scheiße geritten. Was ich stattdessen empfehlen kann ist, es mal ein Jahr ohne einen Tropfen Alkohol zu versuchen. Dieses *stell dich nicht so an* und *sei kein Spielverderber* muss man natürlich ignorieren können, meine Erfahrungen mit dem Alkoholverzichten waren aber genau das, was mich zum Umdenken brachte und mir den richtigen Umgang mit Alkohol ermöglichte.

In den ersten drei, vier Wochen war es recht hart, doch je mehr Zeit verging, desto einfacher wurde es. Nachdem ich mich die ersten Wochen mit irgendetwas ablenkte, um nicht daran denken zu müssen, wie geil es jetzt wäre, saufen zu gehen und Party zu machen, fing ich langsam an doch wieder auf Partys zu gehen, aber halt ohne Alkohol. Ich konnte nun mit klarem Kopf zusehen, wie der Alkohol die Menschen veränderte und was dabei herauskam. Das waren eindrückliche Beobachtungen und Erfahrungen, sodass es für mich immer cooler wurde, derjenige zu sein, der über Selbstbeherrschung verfügte. Im Grunde war der Verlauf immer der gleiche: Anfangs sorgte der Alkohol für lockere Stimmung und Spaß, beim einen mehr, beim anderen weniger, je nach Trinkgeschwindigkeit und -festigkeit. Dann steigerte sich der Konsum und die Leute wurden extrovertiert bis albern oder ruhig, je nachdem. Dann kam die letzte Phase, das Volllaufenlassen, da wurden dann Tränen vergossen oder *tiefsinnige* Gespräche geführt. Ich war zu jedem Zeitpunkt in der Lage zu sagen, wie viel jeder Einzelne getrunken hatte. Es machte regelrecht Spaß, für jede Person hochzurechnen, wann welche Phase erreicht sein würde. Da ich ja wegen dem Suff keinen Führerschein mehr hatte, hielten sich die Sprüche mir gegenüber zum Glück in Grenzen, denn jeder wusste ja, warum ich nichts mehr trank, nämlich um den Führerschein irgendwann mal wiederzubekommen. Was die aber mitbekamen war, dass ich trotzdem meinen Spaß hatte, auch ohne Alkohol. Da man mich aber sowieso für etwas verrückt hielt, schob man es darauf.

Auch wenn ich es durchzog und Spaß dabei hatte, gab es für mich ein oder zwei Situationen, in denen ich gerne mal zugelangt hätte. In einem Fall war es ein besonderes Championsleague-Finale, das zwischen zwei deutschen Mannschaften ausgetragen wurde – was für ein Grund zu feiern! Aber, na ja, ich zog das durch und blieb auch in diesem Fall trocken.

Nachdem ich meinen Führerschein wiedererlangt hatte, war das Erste, was ich machte, mir ein Kölsch zu kaufen. In Anbetracht dessen, dass ich den Prüfern erzählen musste, dass ich nie wieder Alkohol konsumieren würde, war das ein besonderen Moment. Wie gesagt ist die MPU aus meiner Sicht technisch eine Farce, eine einzige sinnlose Demütigung. Genauso könnte man die Delinquenten auspeitschen, um ihnen klarzumachen, dass sie nicht mehr saufen sollten. Dieses Bier war jedenfalls ein Erlebnis, weil ich es sehr bewusst genießen konnte – ich hatte schließlich jahrelang darauf warten müssen und hatte es mir verdient. War ich jetzt alkoholabhängig, weil ich gegenüber den Prüfern gelogen hatte? War ich unfähig, dauerhaft zu widerstehen? Nein, sicher nicht, wenngleich mir der Gedanke nach dem Bier kam. – Hatte ich nichts gelernt? Doch, hatte ich.

Es kam dann aber durchaus noch mal vor, dass ich mich betrank, wenn auch nur noch sehr selten. Im Suff zu fahren kam jedoch nie wieder vor, diese Lektion hatte ich gelernt. Im Gegensatz zu früher konnte ich mir aussuchen, wann ich trank und wann nicht, sozusagen eine bewusste Entscheidung treffen. Da ich den Führerschein brauchte, ergab sich daraus, dass Besäufnisse für mich zu einem seltenen Luxus wurden, und dementsprechend ging ich damit um.

Ein weiterer Aspekt war, dass ich ohne die ständige Sauferei nun mehr Zeit hatte, Probleme klären zu können, und diese waren halt immer präsent. In der Zeit davor und auch danach. Dass ich mit meiner Selbstbeschränkung in Sachen Alkohol richtig lag, zeigte sich anhand meiner persönlichen Erfolge, die sich dadurch verstärkten.

Eine andere Erfahrung, fast schon eine Bestätigung, sollte sich ein paar Jahre später ergeben, als ich zurück in mein heimatliches Dorf zog. In vollem Umfang erlebte ich mit, wie sich mein alkoholkranker Nachbar von oben, den ich schon lange Zeit vorher vom Fußball her kannte, zu Tode soff. Es war einfach nur traurig zu sehen, wie er besoffen vor meiner Haustür lag und ich ihm immer und immer wieder hoch helfen musste, dass er immer mehr verwahrloste, teilweise nur mit einem Schuh rumlief und aufgrund seiner Stürze von blutigen Schrammen übersät war. Das ist sicherlich kein Vergleich zu mir oder anderen, die gerne mal einen über den Durst trinken, aber ein Beispiel, wohin es führen kann, wenn man nicht aufpasst und beizeiten die Kurve kriegt. Als ich nach seinem Tod mit seiner Witwe ein immer besseres Verhältnis bekam, erzählte sie mir Dinge, die mich sprachlos werden ließen. So erzählte sie mir von den Selbstmordversuchen ihres verstorbenen Mannes. Ob es nun ein Messer war, das er sich in den Bauch rammte, oder Glasscherben, mit denen er versuchte, sich den Puls aufzuschneiden – es war grausam. Das Schlimme daran war noch nicht mal er selbst, sondern die Last, die er seiner Frau aufbürdete. An jedem Tag, an dem er noch lebte, war sie mürrisch und unfreundlich. Nie hätte ich mir vorstellen können, einen Kaffee mit ihr zu trinken geschweige denn Zeit mit ihr zu verbringen. Nur der Alkoholmissbrauch ihres Mannes hatte diese große Unzufriedenheit in ihr Leben gebracht. Diese Geschichte setzte sich in meinem Kopf fest, sodass beim Thema Alkohol fortan immer Alarmglocken in mir losgingen.

Ich bin kein Freund davon, Alkohol zu verteufeln. Es geht meiner Meinung nach um den richtigen Umgang und die dafür nötige Selbstbeherrschung.

Alles in allem würde ich meinem jüngeren Ich heute raten, durchaus mal über die Stränge zu schlagen und auch mal betrunken zu sein, aber nie zu riskieren, die Kontrolle zu verlieren, in Abhängigkeit zu geraten und so wertvolle Zeit zu verlieren, die sich auch besser nutzen lässt, als mit Dingen, an die man sich hinterher gar nicht mehr richtig erinnern kann, Kotzerei und Kopfschmerzen. »Julian, wenn eine Zeitmaschine Dir diese Seiten zutragen sollte: Mal ist okay, aber nicht jedes Mal, okay?«

Background 6.4: Reisen
(0 bis 38 Jahre)

Die Welt ist ein Buch. Wer nie reist, sieht nur eine Seite davon
Augustinus Aurelius.

Eine riesige Bedeutung hatte für mich meine Reiserei, die mich auf fast jeden Kontinent führte. Ein Aspekt, der in meiner Achterbahn eine immens hohe Bedeutung hatte.

Da meine Reisen ja nicht nur zahlreich, sondern vor allem sehr unterschiedlich waren, war mir doch schon zu einem relativ frühen Zeitpunkt klar, welchen Einfluss dies auf mein Leben haben sollte, vor allem hinsichtlich meiner Weiterbildung bezüglich anderer Kulturen und Ansichten im Rest der Welt, was mir allerdings erst später bewusst wurde. Dieser Rest der Welt stand im Gegensatz zu dem Dorf, in dem ich aufwuchs, wo teilweise eine Bahnfahrt in die nächst größere Stadt schon als *Reise* angesehen wurde.

Ich hatte das Glück, eine Reisefamilie zu haben, und so die Reiselust schon früh für mich zu entdecken. Werte, Dankbarkeit, eine andere Sichtweise und vieles mehr konnte ich durch diese Reisen kennenlernen, ganz im Gegensatz zu vielen Dorfbewohnern, die lieber in sicheren Gefilden blieben, sich aber so die Chance nahmen, sich weiterzuentwickeln. Nicht dass es dort keine reisenden Menschen gab, aber es war eben nicht zu vergleichen mit den Abenteuern, die ich erleben durfte.

Ich reiste schon als Kind mehrmals im Jahr durch Deutschland, Europa oder die Welt. Da es den Rahmen dieses Buches sprengen würde, jeden einzelnen Ort aufzuführen, beschränke ich mich auf einen groben Überblick und die prägendsten Reisen.

Das Ganze begann mit ein paar Deutschlandtrips sowie Touren nach Holland und Dänemark. Auch die Kanarischen Inseln waren mir von Kindesbeinen an lieb und teuer, wenn auch anfangs nur wegen Sonne, Sand und Meer. Auch meine beiden Kurzen zähle ich dazu, weil ich dabei ja das erste Mal eigenverantwortlich reiste, als ich ausbüxte.

Als Nächstes erinnere ich mich an *Disneyland Paris*, weil ich da das erste Mal die Angst vorm Loopingfahren überwand. Dann waren da Kurztrips mit meinen Großeltern in die Eifel, aber auch die Mallorca-Reise, bei der ich das Schwimmen erlernte, einer der Grundsteine für meine Liebe zum Meer.

Kaum dass ich den Führerschein hatte, machte ich Fahrten nach Paris, Luxemburg und zu anderen Zielen, aber ich fuhr auch wieder nach Mallorca, diesmal mit der Fußballmannschaft. Ich verlängerte jedoch für mich, da war ich gerade mal 18 Jahre alt, um zu testen, ob ich alleine reisen konnte. Ich buchte ein Hotel in Flughafennähe mit Meerblick und Halbpension, sodass ich im Notfall verpflegt war. Dann erkundete ich mit einem Roller die Insel. Voller Neugier kletterte ich über Stock und Stein, um den im gekauften Reiseführer empfohlenen Strand zu finden. Dieser war tatsächlich so schön, wie ich es erwartet hätte. An meinem letzten Abend ging ich dann zu den bekannten Diskotheken und lernte direkt neue Leute kennen.

Noch öfters als Mallorca bereiste ich Kanarischen Inseln, die es mir einfach angetan hatten. Die bereits erwähnte Reise nach Gran Canaria war wohl die, die im Vergleich zu allen anderen den größten Einfluss auf mein Leben hatte. Die Menschen, die ich dort kennenlernte, waren definitiv keine, bei denen man Vorurteile haben durfte, denn sie lebten sich dort so aus, wie an keinem anderen mir bis dahin bekannten Ort. Da waren Transsexuelle, Dragqueens, Lack- und-Leder-Fetischisten … es war alles dabei. Alles waren gut drauf und es war so richtig *Friede, Freude, Eierkuchen.* Diese Reise stand für mich dafür, zu sich selbst zu stehen und so zu sein, wie man ist. Ich erkannte, dass ich homosexuell war, was das bedeutete, was es bedeutete, frei zu sein und ein selbstbestimmtes Leben zu führen.

Daraufhin wollte ich mehr erleben und flog schließlich das erste Mal alleine in die Dominikanische Republik. Wieder mal entdeckte ich eine neue Welt, die auch diese Reise einzigartig machte: das Tauchen. Dort herrschte eine völlig andere Kultur, als die, die ich bisher kennengelernt hatte, auch das Klima war anders. Aber trotz allem war es ein Partyziel und dementsprechend kam ich schnell klar. So lernte ich neben Amerikanern dort auch ein paar deutsche Urlauber kennen, mit denen ich genau das tat, was ich zu dieser Zeit sehr gut konnte: saufen. Wahnsinn, was wir für einen Spaß hatten. Natürlich erkundete ich trotzdem die Insel. Die dortige Armut zeigte mir erstmals, in welchem Luxus wir selbst in meinem Dorf lebten. Aber das größere Erlebnis, das diese Reise zu einer weiteren Besonderheit in meinem Leben machte, war das Tauchen. Glücklicherweise war ich schlau genug, vor dem ersten Tauchgang im Meer auf Alkohol zu verzichten. Ein amerikanischer Freund, den ich dort kennengelernt hatte, tat genau das nicht und *fütterte ordentlich die Fische*. Es war im wahrsten Sinne des Wortes eine neue Welt, in die ich da eintauchte. Den Rückflug hätte ich dann wegen eines Abschiedssaufgelages fast verpasst, weil ich am nächsten Tag völlig verkatert war, aber ich schaffte es dann doch noch. Braun gebrannt wie noch nie in meinem Leben kam ich zu Hause an und zehrte eine sehr lange Zeit von meinen dortigen Erfahrungen.

Nun war ich auf den Geschmack gekommen und hatte ein neues Traumziel: die Malediven. Ebenfalls allein und voller Spannung absolvierte ich diese Reise ein Jahr später. Auf dem Hinflug saß ich neben einer Lesbe, mit der ich mich sehr angeregt unterhielt, was mir auch viel brachte. Außerdem lernte ich bereits unterwegs einen Mitreisenden kennen, den anzusprechen ich mich getraut hatte, was sich bezahlt machte. Wir schwammen mit Delfinen, tauchten, schnorchelten und machten wirklich alles, was man sich an diesem Ort nur wünschen konnte. Wir hatten jede Menge Spaß, ohne dass dafür Alkohol nötig war. Das war der junge Mann, dank dem ich Geschmack an gut zubereitetem Fisch entwickelte (wobei *gut zubereitet* wohl einfach nur bedeutete: *nicht wie der von Oma*). Die Urlaubsfreundschaft verlief leider im Sande, aber es waren unvergessliche Tage.

Da ich nun wegen dem anstehenden Umzug etwas kürzer treten musste, entschloss ich mich, auf die Partyinsel Ibiza zu fliegen. Das war eine komplett andere Reise, ein eher niveauloser Rückschritt in meiner Entwicklung. Natürlich war Ibiza eine schöne Insel, aber mit meinen vorherigen Reisen einfach nicht zu vergleichen. Diese Reise wurde verrückt, versoffen, dennoch irgendwie gut. Mein Hotel war in San Anton, im nordwestlichen Teil der Insel. Da es dort keinen größeren Strand gab, suchte ich mir einen Platz an den Klippen, wo ich mich entspannen wollte. Ich beobachtete eine Gruppe Engländer, die von einer höheren Klippe ins Meer sprangen. Verrückt wie ich war, wollte ich das auch. Ich wartete, bis die Engländer weg waren und sprang aus einer Höhe, an die ich früher nicht mal im Traum gedacht hätte. Ich schätze, es waren zehn Meter. Es war sicherlich verantwortungslos, denn ich hatte keine Ahnung, was sich tatsächlich unter Wasser befand, ich hatte mich einfach darauf verlassen, dass es okay war, wenn die Engländer das machten. Zurück im Hotel lernte ich ein Pärchen kennen, das mir empfahl, eine Schiffsfahrt in den Sonnenuntergang zu machen. Das war mit Abstand eines der schönsten Erlebnisse dort. Die Partys und die Leute dort waren mit Mallorca nicht zu vergleichen, es war alles völlig anders. Dort kiffte ich zum ersten Mal und warf auch eine Tablette ein, das war aber gleichzeitig auch das letzte Mal. Man wurde aber einfach mitgerissen von dieser sündhaft teuren Insel und den Gepflogenheiten dort. Der durchschnittliche Urlauber dort passte zu den überdurchschnittlichen Preisen, was mich dazu brachte, mehr Zeit im Zimmer zu verbringen. Gesoffen wurde auch da, aber in anderer Atmosphäre und Stimmung. Man kann durchaus sagen, dass dies schon wieder eine neue Welt war, in die ich eintauchte. Nichts worauf man stolz sein kann, aber eine Erfahrung, die ich dennoch nicht missen möchte. Zwischendurch ergaben sich dann auch Ski-Urlaube in Österreich. Skifahren war schon als Kind mein Wunsch, den ich mir dann mit

22 erfüllte. Auch das war wieder etwas komplett Neues und ein toller Kontrast zu den Strandurlauben. Gesoffen wurde natürlich auch da, aber der Tagesrhythmus war ein anderer, wegen des Schwerpunktes auf der sportlichen Betätigung.

Dann folgten ein paar sehr maue Reisejahre. Sicherlich waren die Touren nach München, Andechs, Berlin oder Polen toll, aber eben keine Highlights.

Die nächste für mich wichtige Reise folgte ein paar Jahre später, als ich Australien besuchte. Gebucht hatte ich im Prinzip nur Hin- und Rückflug sowie eine Zugfahrt mit Namen *Che Chan*, bei der ich inmitten Australiens zustieg und die quer durch das Land verlief. Alles andere buchte ich vor Ort. Durch diese Erfahrung lernte ich wieder einmal eine ganz neue Kultur kennen, die mich persönlich nachhaltig bereicherte. Ich reiste sehr günstig mit dem Bus, machte auch einen Segeltörn durch das *Great Barrier Reef*. Und eine ganz besondere Erfahrung machte ich dort in einem Hostel. Zunächst war ich total happy, als ich von dieser günstigen Art der Unterkunft erfuhr und probierte es gleich aus. Dort teilte ich mir ein Zimmer mit jungen Leuten aus aller Herren Länder beziehungsweise Städte: Rio, New York, Berlin ... Ich ging los, um einen weiteren Segeltörn zu buchen, und vergaß völlig, dass ich ja nun kein Einzelzimmer mehr hatte. Als mir klar wurde, dass ich all meine Wertsachen offen auf dem Bett hatte liegen lassen, bekam ich fast einen Schock, aber siehe da: Denen war mein Zeug völlig egal und wir machten nicht nur Party, sondern ein paar von ihnen schlossen sich meinem Segeltrip auch noch an, sodass daraus fast eine Partyreise wurde. Die Stimmung an Bord machte diesen Trip zu etwas ganz Besonderem. Es wurden getrunken, getaucht und die Natur genossen. Diese drei Tage waren wie Urlaub im Urlaub. Ich besuchte auch den heiligen Berg Uluru, der mittlerweile nicht mehr bestiegen oder überflogen werden darf. In Australien lernte ich in vielerlei Hinsicht eine neue Welt kennen, zum Beispiel den Banker im Anzug, der in seiner zweistündigen Mittagspause keine Akten wälzte oder per Handy auf Stand-by war, sondern die Zeit zum Surfen nutzte. Oder das Hostel, das kein Problem damit hatte, meinen Zimmerschlüssel im Umschlag vor die Tür zu legen, weil ich mich verspätete (um mehrere Stunden, als Folge einer Fehlplanung). Das waren Dinge, die in Deutschland so nicht vorstellbar waren und mich schwer beeindruckten. Wie sehr, das zeigte sich an meinem ersten Arbeitstag nach der Reise. Irgendwie war ich ein anderer Mensch, denn mir fielen auf einmal Dinge auf, die ich sonst nie wahrgenommen hatte. Ich empfand meine Arbeit vorher nie als stressig, zumindest nicht übermäßig, aber plötzlich dachte ich, dass in Deutschland nur noch Roboter arbeiten würden. Es dauerte sehr lange, bis ich mich wieder daran gewöhnt hatte.

Etwas ganz Besonderes war die Autoreise, zu der mich Cecil nach unserer Trennung eingeladen hatte, aber hauptsächlich, weil wir dabei endlich mal so richtig Zeit miteinander verbrachten.

Der Flug im Cockpit einer ATR 72 nach Sofia war ein Privileg, das mir nur dank meines Jobs zugutekam. Ich konnte für diese Zeit in die Welt der Piloten eintauchen, was ich nie vergessen werden.

Ein anderes Privileg war die Reise nach New York und Washington DC, die ich mir damals gar nicht hätte leisten können und die mir wegen der Taufe meiner Nichte von Oma spendiert wurde. Über die Familie meines Schwagers und den Aufenthalt in New York erhielt ich ein weiteres Mal tiefe Einblicke in eine mir bis dahin im Grunde fremde Welt.

Die kontroversesten Reise waren im Grunde zwei aufeinanderfolgende: Es handelte sich zum einen um den Kenia-Trip, den ich zusammen mit meinem damaligen Partner mitten hinein in die schockierende Armut Afrikas machte, und zum anderen um den Flug nach Las Vegas, wo das Geld eine ganz andere Rolle spielte und wo ich einen ganz anderen Teil der USA kennenlernte. In Kenia waren nicht der tolle Strand oder die Safari, die wir dort erlebten, am eindrücklichsten, sondern die dortige Armut zu erleben. Zwar waren wir in einem bewachten Fünf-Sterne-Hotel untergebracht, aber wir verschanzten uns nicht nur im bewachten Bereich, sondern machten auch eine uns angebotene Fahrradtour durch die anliegenden Dörfer. Auffällig dort war der Gestank, weil überall Müll verbrannt wurde. Wir besuchten bei unserer Fahrraderkundung eine kleine Schule, die durch Hilfsgelder unterstützt wurde. Vor allem sahen wir, wie sich die Menschen selbst behalfen. So bastelten sich Kinder einen Fußball aus alten Plastiktüten, um damit spielen zu können. Die Armut traf mich relativ unvorbereitet und so hatte ich nicht viel dabei, was ich verschenken konnte. Die Menschen waren so arm, dass sie sich praktisch über alles freuten, auch wenn es für unsereins keinen hohen Wert hatte, vom Kugelschreiber bis zu gebrauchten Socken nahmen sie alles dankbar an. Trotz der Armut waren die Leute freundlich und fröhlich. Sie jammerten nicht – das beeindruckte mich. Bis auf ganz wenige Urlaubssouvenirs kam ich zu Hause jedenfalls mit einem fast leeren Koffer an. Durch diese Reise wurde mir erstmals richtig bewusst, wie gut es mir in Deutschland geht, was mich wieder mal in meiner Weiterentwicklung voranbrachte.

In Las Vegas erlebte ich dann das krasse Gegenteil von Kenia. Nicht nur, dass der Luxus in diesem Spielerparadies mehr oder weniger dazugehörte, war das Spielen um Geld dort in Hinblick auf die Armut in Kenia geradezu ein Hohn. Obwohl ich Las Vegas genoss, brachten mich diese beiden Erlebnisse zusammen zum Nachdenken und ließen mich meine Position in der Welt etwas deutlicher erkennen.

Dann kam die Reise nach Miami, wo ich auch meine Leidenschaft für Football neu belebte. Miami war für mich das Sinnbild all meiner Reisen. Dort gab es Armut, Natur, Reichtum, Sport, Strand, Meer, Wärme, verschieden Kulturen, ein buntes Treiben und Offenheit, die ja auch zu einem Teil meines Lebens geworden war.

Eine weitere kulturelle Reise, die durchaus in meinem Leben eine Rolle spielte, führte mich nach Rom. Ich war überrascht, wie gut mir die Stadt gefiel, stand sie doch sinnbildlich für den fanatischen Glauben meiner Oma. Diese Reise verhalf mir in den folgenden Jahren besser mit meiner Oma umgehen zu können, da ich ihr von der für sie so wichtigen Stadt viel erzählen konnte. Dass ich dort eine Schwulenbar besucht hatte, ließ ich natürlich weg.

Da auch Europa sehr viele unterschiedliche Kulturen hat, wollte ich auch dies aus eigener Erfahrung beurteilen können. Unter anderem landete ich auch in der Gegend um Monaco und St. Tropez, wo es Luxusautos und Jachten wie Sand am Meer gab. Der ganze Reichtum, der dort zur Schau gestellt wird, dieser ganze überkandidelte Lifestyle, den man als Tourist zu sehen bekam, war eigentlich nur Show. Was hinter den Kulissen passierte, weiß ich natürlich nicht.

Eine ganz andere Art von Show erlebte ich unter anderem in Katar, wo man sich die Regeln, die religiösen Regeln, auf die man so pochte, nach Belieben zurechtbog und zum Beispiel das Alkoholverbot umging, indem man sich einfach als Gast in ein Hotel einbuchte und es dann so richtig krachen ließ.

Auch Israel bereiste ich. Gerade die Fahrt zwischen Tel Aviv und Jerusalem war seltsam für mich. Rechts und links entlang der Straße waren hohe Mauern oder Zäune, als ob man durch ein Gefängnis fahren würde. Überrascht war ich jedoch von den unglaublich hohen Preisen. Ich war ja auf Dienstreise mit meinem Vorgesetzten da. Am Tag des Sabbats wunderten wir uns, dass der Aufzug auf jeder Etage hielt, egal ob da jemand wartete oder nicht. Wir fragten nach und man erklärte uns, dass an diesem Tag ein gläubiger Jude keine Arbeit verrichten dürfe und das dazu auch das Knöpfedrücken im Aufzug zähle. Das war irgendwie schon verrückt. Bei der Ausreise wurde mein Vorgesetzter dann durchgewunken, ich jedoch nicht, da ich zuvor bereits ein muslimisches Land, Marokko, besucht hatte. Ich wurde aussortiert und musste Rede und Antwort stehen. Sie befragten mich nach wirklich allem, außer dem Toilettenpapier, das ich dort benutzt hatte. Das hatten sie aber vermutlich nur vergessen. Schließlich ließen sie mich aber ziehen. Eigentlich sollte man so eine Prozedur ja eher bei der Einreise erwarten. Na ja.

Schließlich fehlte mir dann nur noch die asiatische Kultur, so entschloss ich mich zu einer Asienreise. Diese führte mich zunächst nach Hongkong, das ich bis dato zu einer der interessantesten Städte der Welt zähle. Weiter ging es nach Singapur, in die bis dahin offiziell sauberste Stadt der Welt. Ich merkte jedoch, dass auch dort die offiziellen Regeln gebrochen wurden und sehr wohl Kippen auf der Straße lagen. Zudem fand ich ein Restaurant, in dem ich Katzen hätte verspeisen können. Ich war zwar nicht vegan, aber das ging mir dann doch zu weit. In Thailand erfüllte ich mir einen fragwürdigen Traum und streichelte einen angeketteten Tiger. Ich liebte Tiger, umso schwieriger waren die fast schon tragischen Umstände für mich, ich vertrat jedoch die Ansicht, dass nur die Regierung etwas an den dortigen Gepflogenheiten ändern und man mit einem Besuch wenigsten die Tiger am Leben halten konnte, weil man sie ohne Touristen wahrscheinlich verrecken lassen würde. Ich war aber mal wieder ein Draufgänger oder eher ein Idiot: Man durfte den Tiger nur von hinten streicheln und nur bis zu den Schulterblättern. Ich streichelte ihn natürlich etwas höher, woraufhin sich der Tiger fauchend umdrehte. Der Sicherheitsmann ging dann mit seinem Stock dazwischen. Sicher kann man sich darüber streiten, ob ich da überhaupt hätte mitmachen sollen, aber ich tat es nun mal und war eine Erfahrung reicher.

Dann war da noch die Traumreise zum *Superbowl*, für die die lange gespart hatte. Das Ereignis fand in diesem Jahr in Miami statt, wo ich mich ja ohnehin wie zu Hause fühlte. Tatsächlich war es wie ein Nachhausekommen, dieses Gefühl kannte ich bisher nur von Gran Canaria. Danach machte ich noch eine Kreuzfahrt durch die Bahamas, wobei ich allerdings feststellte, dass diese Art zu reisen nichts für mich ist, man ist da zu gebunden.

Ich kann nur jedem empfehlen, möglichst viel zu reisen und die Welt in ihrer ganzen Vielfalt kennenzulernen. Das erweitert nicht nur den Horizont, sondern erleichtert auch das Verständnis für andere Völker und Kulturen. Natürlich sollte man dabei auch auf seinen CO_2-Fußabdruck achten. Meinem jüngeren Ich würde ich jedenfalls ans Herz legen, alles wieder genauso zu machen – jedenfalls was die Reisen angeht.

Background 6.5: Äußere Einflüsse
(0 bis 38 Jahre)

Lebe dein Leben so, wie du es gerne hättest, denn du lebst dieses Leben und sonst keiner.

Den ersten äußeren Einfluss nebenmeinen Eltern kann ich sicherlich meinen Großeltern zuschreiben. Welche Großeltern sind keine Bereicherung für ein Kind? Bei mir war es vielleicht anders, als bei anderen Kindern, aber dennoch … Zwar hatte meine Oma einen viel zu großen und meiner Meinung nach nicht immer guten Einfluss auf mich, in ihrem religiösen Wahn, aber ich habe ihr trotzdem viel zu verdanken, habe durch sie viel gelernt und bin durch sie und an ihr gereift.

Oma übte aber nicht nur uns Kindern gegenüber Einfluss, sondern mischte sich auch bei meinen Eltern ein, was oftmals zu Streitigkeiten führte. So kaufte sie meinen Eltern, während wir uns im Urlaub befanden, eine Küche und richtete sie nach ihrem Geschmack ein. Eigentlich sehr nett, allerdings geschah so was immer zu ihren Bedingungen.

Auf der anderen Seite war sie für mich da, als mein Vater mich rauswarf. Als ich bei meinen Großeltern lebte, ging Opa noch arbeiten, sodass ich einen sehr intensiven Kontakt mit Oma hatte, die die Rolle einer klassischen Hausfrau nach ihren Vorstellungen erfüllte. Sie kochte für mich und umsorgte mich, wie die beste Oma der Welt. Das Problem war ihr Fanatismus. Meine Dankbarkeit auf der einen Seite und mein Problem mit ihren religiösen Ansichten auf der anderen führten dazu, dass ich von Kindesbeinen an sehr viel Arbeit damit hatte, mein Leben unter diesem Aspekt halbwegs nach meinen Vorstellungen führen zu können. Ich musste ihr nicht nur die Heterosexualität vorspielen, sondern auch einen Glauben, den ich in der Form gar nicht hatte. So zwang sie mich aus falsch verstandenem Glauben heraus, zu lügen und sie zu hintergehen. Dass ich dann mit Mitte 20 gezwungen war, sie zu versorgen, machte die Sache nicht besser, insbesondere weil ich dadurch weiter zu dem Lügengespinst gezwungen und weiterhin ihren Beeinflussungsversuchen ausgesetzt war. So hielt sie Urlaub im Ausland zum Beispiel für unnütz, wenn es nicht gerade eine Wallfahrt nach Medjugorje oder dergleichen war. Ihr reinen Wein einzuschenken, war praktisch unmöglich, denn meine Oma ekelte sich regelrecht vor Schwulen, man müsste homosexuellen Menschen den Teufel austreiben, fand sie. Sie hatte auch eine sehr destruktive Ader. Alles was ich machte, war falsch. Sie machte jede Mücke gleich zum Elefanten.

Um mich endlich von ihr zu lösen, erzählte ich von meinen Nebenjobs, die ich aus finanziellen Gründen brauchte, und da *kaufte* sie mich einfach und überwies mir fortan das Geld, das ich in einem der Nebenjobs verdiente. Dafür musste ich mich aber auch mehr um ihre Angelegenheiten kümmern als zuvor, unter anderem um die Verwaltung ihres Mietshauses.

Je älter sie wurde, desto eigenwilliger wurde sie. Nichts ging ihr schnell genug und ich musste springen, wenn sie es sagte. Die Aufgaben wurden mehr und mehr. Erst als sie das Miethaus verkauften, wurde es etwas weniger. Da sie aber dann merkte, dass es weniger Gründe gab, mich anzurufen oder mich zu ihr kommen zu lassen band sie mich in jede unnötige Arbeit ein, die es nur gab. Sie drängte mich auch dazu, keinem zu sagen, dass ich etwas von ihr bekommen würde. Auch sie war trotz ihres tiefen Glaubens ein Meister des Vertuschens. *Notlügen* nannte sie das.

Die Belastung für mich wuchs und wuchs. Mit der Zeit verstarben immer mehr ihrer Gebetsfreunde, was dazu führte, dass sie mich moralisch immer mehr in ihre kirchlichen Belange einband. Fortan war ich neben den anderen Baustellen, die ich noch so hatte, auch immer mehr Psychologe, Ehemann, Pfleger, Sohn und irgendwo auch noch Enkel. Es wurde fast schon zu einem Vollzeitjob. Darunter litt nicht nur meine Psyche, auch mein Liebesleben konnte unter diesen Umständen nicht erblühen. Es musste etwas geschehen.

Ich organisierte ein Treffen zwischen mir und meinen Onkeln, die sich sehr viele Jahre nicht mehr gesehen hatten, und haute alles auf den Tisch: Omas Gesundheitszustand, ihre Finanzen und alles, was es an Verheimlichungen gab. Ich ging mit gutem Beispiel voran und sagte, was ich von meiner Oma erhielt. Es wurde ein Befreiungsschlag und beschlossen, dass meine Oma in einem Pflegeheim untergebracht werden sollte. Das war der Moment, als ich die Panikattacken bekam, weil die ganze Last mit einem Schlag von mir abgefallen war. Aber ich erholte mich schnell und fühlte mich endlich frei.

Was meinen Opa anging, so ist dies ein Punkt, der mich immer traurig, aber auch stolz macht, wenn ich an ihn denke. Er war einer meiner Helden und wird es immer bleiben. Menschlich hart aber herzlich, das war Opa. Vor allem aber das Gegenteil meiner Oma.

Natürlich waren da noch viel mehr Menschen, von denen ich etwas lernen durfte, darunter reale Personen, aber auch Vorbilder aus Film und Fernsehen. Ich wurde im Grunde von einer bunten Mischung beeinflusst, insbesondere seit das Internet die Möglichkeit bietet, unkompliziert mit noch mehr Menschen in Kontakt zu treten (und damit meine ich jetzt nicht die Dating-Plattform). Ohne mein iPad wäre ich praktisch verloren, ich mache alles damit, einschließlich Bücher lesen. Aber ich bin eigentlich als *Freiluftkind* aufgewachsen. Aufgrund meiner zahlreichen sportlichen Aktivitäten verbrachte ich als Kind mehr Zeit im Garten und auf dem Bolzplatz als vor dem Fernseher oder mit der Nase in Büchern. Der Siegeszug der elektronischen Medien hielt bei mir erst sehr viel später Einzug, dann aber richtig.

Mein persönlicher Lernprozess begann zunächst mit einem ganz normalen Buch: *Der Weg des Seal* von Mark Divine. Nach diesem Einstieg folgten dann auch andere Bücher und schließlich das Internet. Aber von Mark Divine lernte ich, Probleme als Aufgaben zu betrachten, als Missionen, die zu bewältigen waren. In diesem Zusammenhang, auch angeregt durch die Serie *Dr. House*, kaufte ich mir ein Flipchart, um meine Gedanken zu visualisieren. Das half mir tatsächlich, Klarheit in meine Gedanken und dadurch auch in mein Leben zu bekommen.

Auch die Biografie von Bud Spencer beeinflusste mich in gewisser Weise, weil seine Einstellung zum Leben in meinen Augen nachahmenswert war. Er wollte auch mit 80 Jahren immer noch Neues lernen und hatte eine Lockerheit, die ich an mir vermisste.

Ein Buch, das an dieser Stelle ebenfalls erwähnt werden muss, ist der Bestseller *Wer wagt, gewinnt – Leben als Experiment* von Jenke von Wilmsdorff, denn es brachte mich in meiner Entwicklung weiter, als ich es je für möglich gehalten hätte. Ich erkannte darin viele Parallelen zu meinem Leben. Das Ziel der von ihm beschriebenen Experimente war im Grunde, die Dinge mal von einer anderen Seite zu sehen. Auch ich experimentierte rum und durch diese Denkweise stellte ich dann vieles infrage, so auch das Buch *Der Weg des Seal*, da es mir eine sehr einseitige Sicht der Dinge vermittelt hatte.

Das Hörbuch *Einen Scheiß muss ich* von Sean Brummel brachte den nächsten Durchbruch: Ich erkannte mich in diesem humorigen Werk wieder und konnte über mich selbst lachen. Auch hier fand ich wieder die Anregung, die Dinge erneut von einer anderen Seite zu betrachten. Das Buch machte mir klar, dass es nicht immer darum ging Erster zu sein, dass man auch mal faul sein durfte, rumhängen, saufen und nicht wegen jedem Dreck ein schlechtes Gewissen haben musste. Was hatte man von einer Party oder einem Urlaub, wenn man sich den Effekt mit schlechtem Gewissen verdarb? Leider habe ich mich dem zunächst etwas zu intensiv hingegeben, bis ich den goldenen Mittelweg fand.

Der Zivildienst war mein nächster großer Einflussfaktor, denn er erweiterte mein Weltbild, meine Empathiefähigkeit und mein Verantwortungsbewusstsein. Ich lernte dort nicht nur, anderen zu helfen, sondern dadurch auch mir selbst zu helfen.

Meine Mutter war, nach der Trennung von meinem Vater, ein weiterer Einflussfaktor für sich, indem sie mich unendlich stresste, mich geradezu stalkte und immer wieder in peinliche Situationen brachte. Da sie es sich mit dem Rest der Familie verscherzt hatte, war ich leider ihr einziger verbliebener Ansprechpartner. Immerhin konnte ich von ihr lernen, wie ich nicht werden wollten.

Nachdem ich bereits so weit war, dieses Buch zu beginnen, stolperte ich über einen weiteren Einflussfaktor, einen *Youtube*-Kanal von einem Psychologen. Er bot auch Seminare an, bei denen man ihn live erleben konnte, und genau darauf ließ ich mich ein. Ein weiteres Experiment. Im Gegensatz zu anderen war dieser Mann echt und kein Schauspieler. So nahm ich all meinen Mut zusammen, übergab ihm das bisher fast unbearbeitete Skript meines Buches und bat ihn, mir Feedback zu geben. Tatsächlich bekam ich von ihm konstruktive Kritik. Seine Hinweise motivierten mich sogar noch, sodass es mir fortan etwas leichter fiel weiterzuschreiben.

Welchen Einfluss der Fußball auf mein Leben hatte, werde ich an dieser Stelle nicht noch mal ausführen. Der Mannschaftsgeist und Gemeinsinn waren immer wichtige Aspekte in meinem Leben, doch habe ich mich aus diesem Umfeld eher herausentwickelt, sodass ich Fußball selbst nicht als direkten Einfluss für mein späteres Leben anführen will.

Kapitel 7

Welchen Ausgang muss ich nehmen?

Du darfst mir gerne helfen, wenn ich schwach bin,
Auch darfst du es gerne nutzen, wenn ich schwach bin,
Aber Charakter wird sich zeigen, wenn ich wieder auf der Höhe bin,
Denn es wird sich zeigen, ob du, wir beide oder ich stark bin.

Julian Mores

Warum es noch nicht zu Ende ist
Abschließend möchte die für mich entscheidenden Prozesse genauer betrachten. Ich möchte zeigen, wohin mich meine bisherige Reise geführt hat und auch wie. Ich betrachte meinen bisherigen Weg als Erfolg, obwohl ich weder Millionär noch Superstar geworden bin. Der Erfolg besteht für mich darin, meine Probleme überwunden und zu einem glücklichen Leben gefunden zu haben. Das scheint mir die grundsätzliche Aufgabe des Lebens zu sein: Widerstände zu überwinden, ohne daran zu zerbrechen, und so die Achterbahn zu meistern. Es ist das stetige Wachsen und Lernen, das den eigentlichen Erfolg ausmacht. Besonders das *Wie* ist entscheidend. Natürlich genügt es nicht, ein Buch darüber zu lesen, das kann nur eine Anregung und vielleicht sogar Orientierung sein, aber machen muss es jeder für sich – jeder auf seine eigene Weise.

Im Folgenden möchte ich noch einmal verdeutlichen, dass ich nicht nur Dinge erlebte, sondern eben lernen durfte und dadurch überhaupt erst in der Lage war, diesen Prozess zu erkennen, den ich in diesem Buch wie ein Puzzle zusammengefügt habe. Entscheidungen sind nicht immer richtig, sie hängen von den jeweiligen Umständen ab. Wenn man die Fehler erkennt, kann man sie korrigieren, sobald sich die Umstände und damit auch die Sichtweise ändern.

Botschaft 1: Schattenthemen

Was sind Schattenthemen überhaupt?

Schattenthemen sind unterdrückte unerwünschte Züge. Dinge die dir irgendwann in deinem Leben passiert sind, dir wehgetan und verletzt haben, sodass du sie zum Selbstschutz in dein Unterbewusstsein verdrängt hast. Und genau dort nehmen wir diese Schattenthemen nicht mehr wahr, weil sie eben unbewusst sind. Dennoch wirken sie auf einer emotionalen und seelischen Ebene.

Viele Lebenssituationen entwickeln sich auf Basis dieser Schattenthemen. So suchen wir uns beispielsweise Partner, die in unser Weltbild passen. Partner, die uns das geben, was wir vielleicht als Kind vermisst haben. Schattenthemen belasten! Eine emotional und seelische Last!

Schattenthemen belasten, sie sind eine seelische Last. Und wer Last mit sich trägt, ist emotional nicht frei, kann sein Leben also nicht genießen. Dies führt zu einer trüben Wahrnehmung in Bezug auf die Mitmenschen, das Leben, die Lebensfreude und vor allem für einen selber. Mit der Zeit werden diese Themen, sofern du sie nicht angehst, immer schwerwiegender und erdrückender.

Wo Licht ist, ist auch Schatten. Es geht darum, den Schatten zu nutzen. Demzufolge ist der Schatten nicht zwangsläufig schlecht, man muss ihn nur für sich zu nutzen wissen.

Ich zum Beispiel merkte, dass ich etwas ändern musste, wenn ich nicht mehr gut schlafen konnte, die Partnerschaft nicht mehr funktionierte, der Job nicht mehr erfüllen war, wenn ich also fühlte, dass ich nicht mehr glücklich war.

Meine Schritte:
1. Verstehen meiner Schattenthemen

Ich führte ein kurzes Gespräch mit meinem jüngeren Ich, um meinen Schattenthemen auf den Grund zu gehen:

Julian, was spürst du, wenn du an deine Kindheit und Jugendzeit denkst?
Ich war auf so vielen Schulen und wollte doch eigentlich lieber zu Hause sein und mit meinen Freunden Fußballspielen. Ich war immer allein zu Hause, wenn ich von der Schule kam.

Dabei bemerkte ich diese Traurigkeit in mir, die ein Schattenthema war. Ich ergründete daraufhin all meine Schattenthemen, indem ich mir jede Situation aufschrieb. Da gab es fehlende Liebe, die Trennung meiner Eltern, die frühe Verantwortung, der ich glaubte, gerecht werden zu müssen, und natürlich die Streitigkeiten.
Ich machte mir also im ersten Schritt meine Schattenthemen bewusst. Dafür suchte ich mir einen Ort, an dem ich nur für mich war, ohne Ablenkung durch Handy oder dergleichen, und stellte die folgende Liste auf:

1. **Ängste**
   Ich musste erkennen, dass es sich bei meinen Ängsten nicht nur um das traumatische Erlebnis bei meinem damaligen Kinderarzt handelte, sondern dass da noch mehr war, unter anderem die Angst, dass sich meine Eltern scheiden lassen könnten.

2. **Einsamkeit**
   Ich musste erkennen, dass ich mich alleine gelassen und bei meiner Kur vielmehr sogar abgeschoben fühlte.

3. Anerkennung

Ich musste erkennen, dass mir bis hin zu meiner zweiten Kur nie Anerkennung entgegengebracht wurde, und wenn doch, dann die falsche.

4. Schicksalsschlag

Ich musste erkennen, dass sich der Schicksalsschlag für meine Mutter, der viele Tabletten und Arztbesuche etc. nach sich zog, zu einem Schattenthema für mich entwickelt hatte.

5. Traurigkeit

Ich musste erkennen, dass ich durch die vielen Schulwechsel ein immer trauriger Mensch wurde und somit Zorn entwickelte.

6. Liebe

Ich musste erkennen, dass ich mir durch die fehlende Liebe meiner Eltern immer beweisen musste, dass ich es wert war, geliebt zu werden.

7. Finanzen

Ich musste erkennen, dass ich mir aufgrund meiner finanziell guten Bedingungen nie Sorgen um Geld zu machen brauchte.

8. Glaube

Ich musste mir bewusst machen, wie früh und intensiv ich mit dem Fanatismus meiner Oma in Berührung kam.

Ich hatte also meine Schattenthemen gefunden und sie mir bewusst gemacht. Dann kam der nächste Schritt:

2. Akzeptieren meiner Schattenthemen

Julian, was hast du gemacht, wenn du dieses scheiß Gefühl hattest?
Na ja, es war ja an sich kein Problem. Ich habe dann beispielsweise Party gemacht und gesoffen. Ich habe mir irgendwelche Sex-Dates gesucht. Später ging es dann auf weite Reisen, die mich allerdings im Gegensatz zum Alkohol bereicherten.

Ich war also einfach weggelaufen. Das hatte ich mir nur bewusst gemacht und dabei erkannt, dass die Flucht mir nichts gebracht hat, die Probleme wurden dadurch nicht gelöst und ließen sich auch nicht aussitzen.
Ich musste aber auch klären, ob es nicht auf gute Seiten in meiner Vergangenheit gab, denn das darf bei einer solchen Betrachtung nicht untergehen, es gehört immer beides zusammen. Also fragte ich mich:

Julian, gibt es Positives in deiner Vergangenheit?

Und das gab es, das durfte ich auf keinen Fall übergehen:
- Es war cool, Fußball zu spielen.
- Die Reisen waren eine Bereicherung in vielerlei Hinsicht.
- Ich hatte einen guten finanziellen Hintergrund und mehr Möglichkeiten, als viele andere Menschen.
- Ich wuchs in einem gesunden und guten Umfeld auf.

Ich konnte mir nun klarmachen, dass es Gutes wie auch Schlechtes in meiner Vergangenheit gab. So fiel es mir leicht, meine Vergangenheit zu akzeptieren.

3. Auflösen meiner Schattenthemen

Nun war es Zeit, sich von den Schattenthemen zu lösen und in die Zukunft zu starten:

Julian, wie kannst du dein jetziges Wissen über deine Schatten-themen nutzen und wo siehst du dich in 10 Jahren?

Ich stellte mir die Reisen vor, die ich unternahm, und ging emotional die Reisen meiner Kindheit durch. – Das war toll, das wollte ich auch in Zukunft. Ich stellte mir vor, wie ich in meiner Vergangenheit traurig vor verschlossener Haustür stand und alleine war. So stellte ich mir für die Zukunft vor, dass ich niemanden im Regen stehen lassen und ein verlässlicher Partner sein wollte.

Ich hatte nun meine Schattenthemen verstanden, angenommen und akzeptiert, dass sie Teil meiner Vergangenheit waren. Sie gehörten aber nicht mehr zu meiner Zukunft.

Wenn ich meinem jungen Ich Ratschläge mit auf den Weg geben könnte, dann diese:
1. Geh deinen eigenen Weg!
2. Mach die Probleme anderer nicht zu deinen!
3. Du bist kein schlechter Mensch, wenn du deinen Weg gehst und nicht immer anderen helfen kannst!
4. Nur weil es anderen schlecht geht, muss es dir nicht schlecht gehen, denn es ist nicht deine Verantwortung.
5. Fehler darf jeder machen, doch entscheidend ist zu verstehen, dass man draus lernen kann.
6. Deine Vergangenheit spielt keine Rolle mehr, sieh das Gute darin.

7. Hilf gern, wenn du die Kraft hast, aber kümmere dich zuerst um dich selbst, um in der Lage zu sein, anderen zu helfen!

Der Anfang war gemacht, doch es folgten weitere Schritte, um dahin zu kommen, wo ich hinwollte.

Botschaft 2: Innerer Frieden

Was verbirgt sich überhaupt hinter dem *inneren Frieden*?
Schon in meiner Teenagerzeit war viel los – die diversen Schulen, der Fußball, meine Aufgaben … Eine Sache nahm ich in dieser Zeit überhaupt nicht wahr: Ich kam nicht zur Ruhe und hatte somit keinen inneren Frieden. Ich bin mir sicher, dass ich durch die Turbulenzen soviel zu tun hatte, dass ich den Blick auf mich selbst verlor. So lebte ich nicht mein Leben, sondern hangelte mich von einer Schule zur nächsten. Hinzu kamen noch meine anderen Schattenthemen. Dass ich nie ein Problem draus machte, lag einzig und allein am Fußball, der der war mein Haltepunkt, der mein Leben in der Waage hielt. Das ließ mich jedoch übersehen, dass ich mich überhaupt nicht mit der Frage auseinandersetzte, wer ich war beziehungsweise wer ich sein wollte.
Hätte ich mich beizeiten mit diesen wesentlichen Fragen befasst, wäre ich sicherlich viel früher darauf gekommen, dass ich schwul bin. Im Umkehrschluss hätte so die Möglichkeit bestanden, dass mein Leben nicht so eine turbulente Achterbahn geworden wäre. Die für mich so wichtige Sozialgemeinschaft beim Fußball stand nicht mit meinen unbewussten Bedürfnissen im Einklang. Jedes Mal, wenn über schwule Männer gelästert wurde, lachte ich mit, was sich dann natürlich zu einem ziemlichen inneren Widerspruch

entwickelte, von meiner Oma mit ihren Ansichten gar nicht erst zu reden. Gemerkt habe ich es dann tatsächlich erst während der Gran-Canaria-Reise, als ich völlig frei war. Da erst fand ich zu meinem inneren Frieden – zumindest ein Stück weit.

Ich ließ diese neuen Gedanken jedenfalls zu und befasste mich mit mir selbst. Mir war klar, dass ich Menschen vielleicht verletzen würde, ich selber angegriffen werden könnte, aber da musste ich durch. Alles stand miteinander in Verbindung, das eine ging ohne das andere nicht. Wenn ich, wie beschlossen, erst an mich selbst dachte, damit ich stark genug war, auch für andere da zu sein, war das in dieser Situation das Beste. Und so bahnte sich mein unerlässliches Coming-out an.

Du musst verstehen, dass du keineswegs immer alles falsch gemacht hast.

Cecil ist derjenige, bei dem ich lange brauchte, um zu verstehen, dass ich nicht alles falsch gemacht hatte. Cecil war für mich ein Sechser im Lotto, den ich bei offenem Fenster auf die Fensterbank legte und einfach nicht wertschätzte. Das wiederum war der Tatsache geschuldet, dass ich es einfach nicht erkannte. Ich ärgerte mich jahrelang über diesen Fehler. Vor allem ärgerte ich mich, Gefühle verdrängt zu haben, als ich das erkannte. Wie sollte ich mir das nur verzeihen?

Als ich den Fehler an sich erkannt hatte und schließlich auch den Fehler im Umgang mit dieser Erkenntnis, konnte ich damit abschließen. Ich war einfach noch nicht reif genug gewesen, das Glück, das Cecil für mich darstellte, in seiner Gesamtheit zu erkennen. Das war alles. Darüber brauchte ich mich nun auch nicht mehr länger zu ärgern. Und damit konnte ich auch Cecil loslassen, sodass er sein weiteres Leben leben konnte, ohne mich dabei zu belasten. So gesehen entlastete ich dadurch auch ihn, obwohl er davon natürlich nichts mitbekam, denn unsere Wege hatten sich für immer getrennt. Ich war und bin in dieser Sache mit mir im Einklang. Was bleibt, ist der Dank dafür, dass ich Cecil in meinem Leben hatte, wenn auch nicht für immer.

Botschaft 3: Dankbarkeit

Dankbarkeit ist einer meiner wichtigsten Bausteine und Werte, denn Dankbarkeit macht mich selber glücklich.

Zunächst einmal danke ich mir selbst. Das zu tun und offen dazu zu stehen führt zunächst zu Irritationen, ich wurde belächelt, doch davon ließ ich mich nicht beirren und der Erfolg gibt mir recht. – es funktioniert. Auf Anregung des *Youtube*-Kanals *Redefabrik* von Benedikt Held probierte ich auf meine eigene Art und Weise etwas aus, was ich *mein Dankbarkeitsplakat* nannte. So fing ich an, mir jeden Tag Gedanken darüber zu machen, für welche Geschehnisse, Personen oder Dinge ich jeden einzelnen Tag dankbar sein konnte. Alleine das Aufschreiben bewirkte, das ich positive Gedanken hatte. So war ich an einem Tag dankbar für das Wetter, an einem anderen vielleicht für eine bestimme Person in meinem Leben oder einfach nur für meine Fehler, aus denen ich gelernt hatte. Aber ich übte mich auch in grundsätzlicher Dankbarkeit, zum Beispiel dafür, in diesem reichen Land geboren zu sein, genug Wasser und ein Dach über dem Kopf zu haben – für den größten Teil der Menschheit alles andere als selbstverständlich. Vor allem für meine Gesundheit war ich immer wieder bewusst dankbar. Auch für das Glück, das ich immer wieder hatte, selbst dann, wenn ich selbst zum Gelingen der einen oder anderen Sache beitrug – es hätte ja auch schiefgehen können.

Ich fragte mich, was meine glücklichsten Momente waren, die ich bewusst wahrgenommen hatte? Ich hatte zwar zwei bestimmte Momente im Kopf, aber diese konnten doch nicht ernsthaft mein größtes Glück gewesen sein? Ich musste mich mehrfach hinterfragen, ob ich zumindest die zweite Sache hier integrieren konnte. Und ja, es war nun mal einer der beiden schönsten Momente meines Lebens, für die ich ewig dankbar sein muss. Bevor ich mich entschloss, diese Antwort zu integrieren, dachte ich zunächst über die Konsequenzen nach. Diese sprachen eindeutig dagegen. Doch schnell wurde mir klar, dass es eben auch ein Teil meiner Achterbahn war, der nun vorüber war. Hätte ich es nicht integriert und mich selbst geleugnet, würde ich meinen gesamten Weg einschließlich dieses Buches leugnen.

Da war zum einen der Moment, als ich auf Gran Canaria das erste Mal einen Mann küsste, mit ihm schlief und erkannte, dass ich schwul war. Ich nahm bewusst und unterbewusst war, dass ich in diesem Moment glücklich war. Bewusst, weil ich mich ein bisschen verguckt hatte, aber unterbewusst, weil ich das erste Mal in meinem Leben mit mir im Reinen war. Es war innerer Frieden.

Der zweite Moment verdeutlicht, wie wichtig mein Verständnis bezüglich meiner Schattenthemen ist. Es war der Moment, als ich betrunken bei Cecil übernachten wollte und er mich zum Bahnhof fuhr. Lange haderte ich mit mir, ob es gerade diese Geschichte war, aber sie war es tatsächlich. Es ging dabei um das Verständnis für mein Schattenthema der fehlenden Liebe. Ich tat nichts für dieses Treffen mit Cecil und mit dieser Einladung und seiner Entscheidung, mich zum Bahnhof zu fahren, zeigte er mir Liebe, indem er mir eine Chance gab, Liebe zu finden. Und inzwischen bin auch ich in der Lage, ihm diese Liebe zu geben, indem ich es ihm gönne, jemanden gefunden zu haben, der ihn glücklich macht – denn das war es ja, was ich eigentlich wollte: ihn glücklich machen. Alles andere und meine damalige Einstellung waren eher egoistisch und sehr ich-bezogen. Ich gab dafür die Verantwortung in seine Hände. Ich wollte glücklich sein, doch im Grunde war ich es nur selbst, der sich glücklich machen konnte. Doch so etwas überhaupt erlebt zu haben, erfüllt mich mit tiefer Dankbarkeit.

Und genau hier liegt auch der Umkehrschluss, den ich für so wichtig halte: Ohne meine Eltern, die mich zur Welt brachten, hätte ich diesen Moment nicht erleben dürfen. Ohne den Führerscheinverlust durch Alkohol hätte ich vielleicht nie erfahren, wie es ist, ohne Alkohol gut zu leben. Im Grunde konnte ich für alles dankbar sein, was ich so erlebte, denn hier schloss sich für mich der Kreis. Ich konnte sagen: *Ich danke mir selbst, mich so weit entwickelt zu haben.*

Einen der größten Anteile daran hatte mein Großvater: *Opa, ich hab dich lieb, Gott segne dich!* Das sage ich ausdrücklich so, obwohl ich nicht für meinen Glauben bekannt bin. Aber Opa war gläubig und war und ist mein Schutzengel. Ich bin ihm im wahrsten Sinne des Wortes dankbar für mein Leben. Ich möchte sicherlich auch nicht meine Oma vergessen, die natürlich auch ihren Anteil daran hatte, doch mein Opa war anders. Er war und ist mein Vorbild für sehr vieles in meinem Leben. Er war sehr hart, konnte cholerisch sein und hatte sicherlich Dinge an sich, mit denen er nicht zufrieden war. Er war nun mal ein Mensch. Doch anstatt es sich leicht zu machen, ging er immer den aus seiner Sicht richtigen Weg. Er hätte mehrfacher Multimillionär sein können, doch er entschied sich für Werte. Er wusste, wofür er stand, etwas, bei dem ich lange brauchte, um hinzukommen. Er nahm kein Blatt vor den Mund und sagte mir rundheraus, wie blöd man sein musste, besoffen Auto zu fahren. Ich hatte damals sogar Angst, dass er mich rauswerfen würde, doch genau das tat er nicht. Im Gegenteil, er dachte bereits im Moment des Anschisses an die Zukunft und befahl mir in herzlichem Ton, nach Hause zu kommen, damit wir uns überlegen konnten, wie wir das Beste aus der Scheiße machten. Er war hart, aber herzlich. Ich bin dankbar, dass ich so einen Opa haben durfte, überhaupt in solchen letztlich doch sehr guten Verhältnissen groß geworden zu sein.

Und last but not least zeigt uns gerade die Coronazeit, wie dankbar man sein muss, in Deutschland zu leben, denn es sieht so aus, als kämen wir mit einem blauen Auge davon. Unser Gesundheitssystem ist wohl tatsächlich eins der besten.

Dankbarkeit heißt nicht, dass man alles toll findet, aber für das, was gut ist, darf und sollte man auch dankbar sein. Nicht wegen der anderen, sondern für einen selbst. Es tut einfach gut.

Botschaft 4: Wachstum

Ich hatte zwar schon viel verstanden und mich weiterentwickelt, doch auch am Anfang meiner Dreißigerjahre war ich noch nicht so weit, wie ich sein wollte. Ich musste weiterwachsen. Musste? Ja, weil Wachstum für mich ein Grundbedürfnis ist – Wachstum im Inneren und Äußeren.

Immer wieder war ich von einem Scheiß zum nächsten geschlittert. Zunächst war mir gar nicht bewusst, dass auch das teilweise an mir lag. Aber auch, als ich schon viele verstand, passierten mir immer noch Dinge, die eigentlich nicht hätten passieren dürfen. Sofern ich selbst dafür verantwortlich war, war das kein Problem, doch mittlerweile wurden immer mehr Dinge an mich herangetragen, für die ich nichts konnte. Ich wusste nun zwar, dass ich selbst für den eigenen Schaden verantwortlich war, doch warum ich immer wieder neue Baustellen bekam, mit denen ich nichts zu tun haben sollte, verstand ich nicht. Genauso wenig wie den Umstand, dass ich auch daran wachsen konnte und sollte: meine Oma, die mich mit ihrer Weltsicht belastete, meine Schwester, die selbst ja auch nichts dafürkonnte, dass sich mein Schwager erschoss ... Irgendwann fiel dann der Groschen und es ging weiter mit meiner Entwicklung. Das erste Anzeichen dafür war das erste Mal, dass ich selbst eine Beziehung beendete.

Erreicht hatte ich diesen Fortschritt über eine Art meditativen inneren Gedankenaustausch mit meinem Opa. Ich fragte mich damals, ob das bei Menschen, die zu Gott beten, einen ähnlichen Effekt hat. Der Gedanke war mir früher nie gekommen. Auf jeden Fall half dieser innere Dialog, fast schon Disput mit einem imaginären Gesprächspartner. Ich wusste ja, was mein Opa zu diesem oder jenem gesagt hätte, und konnte daher seinen Anteil an der Auseinandersetzung gut mitbestreiten. Die Erkenntnis daraus war, dass ich die Lösung also schon immer in mir hatte, ich war mir ihrer nur nicht bewusst.

Botschaft 5: Reife

Reife ergab sich nicht wegen der einen oder anderen Sache, sondern war ein Prozess, bei dem ich verstehen durfte, dass es gerade meine Achterbahn war, die mich reifen ließ. Doch immer wenn ich dachte, dass ich reif sei, traten Situationen ein, in denen ich mich alles andere als reif zeigte. Insgesamt hatte ich aber bereits einen Reifeprozess durchlaufen, den ich durch die Arbeit an diesem Buch noch weiter intensivierte, denn ich setzte mich dadurch immer mehr mit mir auseinander, gewann neue Erkenntnisse und stellte fest, wie gut ich mir schon selber helfen konnte. Ich versuchte herauszufinden, welche Werte ich hatte, welche Ansichten ich hatte, welche Ziele und wie ich mich selbst sah, indem ich mich fragte:

- Wofür stehst du oder welche **Werte** vertrittst du?
- Wofür **brennst** du?
- Bist du bereit, dafür **Risiken, Verluste und Fehlschläge** in Kauf zu nehmen?
- Bist du bereit, auf **Annehmlichkeiten** zu verzichten?
- Welchen **Daseinszweck** erkennst du für dich?
- Möchtest du positive oder negative **Werte** verinnerlichen?
- Bist du bereit **aufzuräumen,** um klare Gedanken zu schaffen?
- Auch wenn es scheiße gelaufen ist, bist du bereit das, **Positive** darin zu sehen und daraus zu lernen?
- Welche **realistischen Ziele** kannst du auch unter widrigen Umständen erreichen?
- Wofür **möchtest** du in deinem Leben dankbar sein?
- Möchtest du nur **kompensieren und flüchten** oder dich **dem Leben stellen** und akzeptieren, wie es ist?
- Was kannst deinen **Erfahrungen** und Fehlern Positives abgewinnen?
- Möchtest du ein **starker Mensch** sein oder derjenige, der sich einfach von allem mitreißen lässt?
- Möchtest du in **Frieden** oder **Hass** leben und was kannst du dafür tun?
- Wie groß ist deine **Komfortzone**?
- Möchtest du **jetzt leben** oder dich nur mit der Vergangenheit beschäftigen?
- Möchtest du die **Augen offenhalten** und sehen was passiert oder träumen und alles geschehen lassen?
- Bist du in der Lage, dein heutiges Leben so **anzupassen,** dass du dich in jeder Situation zurechtfinden kannst?
- Wo kannst du dich am besten **entspannen**?
- Was sind deine Ziele, an denen du gerne arbeitest?
- Welche Aufgaben kannst du erledigen, um dein **Ziel** zu erfüllen?

- Welche **Investitionen** musst du tätigen, um deine Ziele zu erreichen?
- Welche **Verantwortlichkeiten** kannst du abgeben, um dich besser auf dich zu konzentrieren?
- Warum fängst du nicht jetzt **sofort** an?
- Was gibt es, was du jetzt machen kannst?
- Welchen **Beitrag** möchtest du in der Gesellschaft leisten und wofür möchtest du anerkannt werden?
- Möchtest du **weiterwachsen**?
- Sicherheit ist sehr schön und wichtig, aber wo und durch welche Veränderungen kannst du **Abwechslung** für deine Balance finden?
- Wo möchtest du **Kontinuität, Vertrauen** oder materielle Sicherheit haben?
- Wo kannst du dir selbst **Wertschätzung** geben?
- Wie kannst du dir **selbst** helfen?
- Nimmst du dir **Zeit für dich**?
- Was lernst du von **Jung und Alt**?
- Bist du dir im Klaren darüber, was du erreicht hast, und bist du **zufrieden** damit?
- Wo bist du **zufrieden** und wo nicht?
- Worauf bist du am meisten **stolz**?
- Wo kannst du **Kompromisse** eingehen?

Botschaft 6: Reflexion

Einige meiner Fragen waren nun geklärt. Es wurde Zeit, glücklich zu werden und dieses ewige Nachdenken sein zu lassen. Ich wusste erst mal genug. Dennoch gab es nun doch noch etwas, was es zu reflektieren gab: die Bereiche, die mich wahrscheinlich am meisten prägten, denn nun ging es auf die letzten Meter meiner Achterbahn – sie trudelte langsam aus. Ich hing im Sitz und dachte über die bewegenden und prägenden Momente nach:

Julian, was hast du in deiner Reflexion aus deinen prägendsten Erfahrungen mitnehmen können?

Was den **Fußball** angeht, werden mir wahrscheinlich diese besonderen Momente in einer Fußballmannschaft vor dem Spiel im Kopf bleiben. Diese Motivation, alles zu geben und für einander da zu sein. Dann natürlich der Moment, in dem ich mich vor der Mannschaft outete, das war sehr speziell. Es zeigte, dass es nicht darum ging, was ich für Vorlieben hatte, sondern ob ich meine Leistung für die Mannschaft brachte oder nicht.

Bezüglich der **Homosexualität** bin ich heute stolz darauf, zu sein, wer und wie ich bin. Letztlich dauerte es aber viel zu lange, bis ich mit mir selbst dahingehend im Reinen war. Doch ich merkte auch, dass die Toleranz, die schwule Männer so oft einfordern, doch meiner Meinung nach oft selbst nicht gegeben ist. Werte spielen oftmals keine Rolle, musste ich feststellen.

Alkohol ist eine Droge, ein Genussmittel. Das ist zwar nichts Neues, aber so ist es nun mal. Warum ich in meiner Zeit um die 20 Lebensjahre so viel trank, erläuterte ich ja bereits. Und ich mache sicher keinen Hehl daraus, dass ich auch eine Menge Spaß daran hatte. Das Problem war, das ich das Leben in genau dieser entscheidenden Zeit nicht annahm und mich so an vielem hinderte. Verteufeln werde ich diese Zeit aber nicht, denn ich hatte meinen Spaß daran. Die Reflexion darüber ist ein Beispiel dafür, dass ich nun in der Lage war oder bin, das Leben anzunehmen, ohne es mir schön saufen zu müssen. Ich hatte zwar zu jener Zeit Spaß, aber im Nachhinein schmerzt die Erkenntnis, wie viel Zeit mich der Alkohol kostete, der mich in meiner Entwicklung stark bremste, denn sich die Welt schön zu saufen ist ja nicht anderes, als den nötigen Entwicklungsschritte aus dem Weg zu gehen und alles vor sich herzuschieben. Ein bisschen Spaß aber auch viel Zeitverschwendung. Könnte ich meinem jungen Ich raten, dann würde ich ihm sagen: *Weniger ist mehr.*

Ja, ich hatte Spaß, aber heute versuche ich statt diese schnellen oberflächlichen Schweinvergnügen, die Lebenszeit intensiver zu nutzen.

Meine **Reisen** erweiterten meinen Horizont am intensivsten, halfen mir in jeder Hinsicht, zu wachen. Das Dorf ist wie gesagt der Feind jeder Veränderung, die Begrenztheit Teil der Idylle. Um der zu werden, der ich bin, musste ich das raus, über den Tellerrand schauen und über das *Wenn ich den Kirchturm nicht mehr sehe, hab ich Heimweh!* Hinaus. Die Komfortzone verlassen, sich Neuem öffnen, auch wenn es zunächst fremd und bedrohlich erscheint. Für mich unabdingbar. Auch hier würde ich dem jungen Julian raten: *Reise so viel, wie du kannst, um deine Heimat schätzen zu lernen.* Ich erlebte auf meinen Reisen die tollsten Menschen und andere Kulturen.

Unweigerlich kam ich in meiner Reflexion auf **äußere Einflüsse.** Hierzu stellte ich fest, dass ich unterscheiden musste zwischen äußeren Einflüssen in materieller Hinsicht und den Dingen, die an mich herangetragen wurden. Viel zu lange hinderten mich Letztere daran, mich schneller und gesünder zu entwickeln. Die Schuld lag hierbei aber nicht nur an denen, die an mich herantrugen, sondern auch an mir, der dies zuließ. Mit der Zeit habe ich dann gelernt, diese Dinge für mich als Lerneffekt zu nutzen oder gar nicht erst an mich heranzulassen.

Alles führte aber letztlich zu der Kernbotschaft *Selbstbewusstsein* die ich, wie eigentlich das ganze Buch, emotional mit dem Song *Zeig dein Gesicht* von *Gewitter im Kopf* verbinde.

Botschaft 7: Selbstbewusstsein

Die Achterbahn machte jetzt eine Pause. – Eine Pause, bei der ich mir einen Weg nach draußen suchen musste. Nach all dem Hin und Her war mir schlecht. Aber ich hatte nun etwas erreicht, was sich wohl *Reife* nannte. Diese Reife verhalf mir dazu, den für mich richtigen Weg nach draußen zu finden. Es gab nämlich mehrere Wege: den des Dorfes und des Fußballs, den homosexuellen Weg, den Weg des Arbeitens, den Weg des Vergnügens und wahrscheinlich noch einige mehr. Ich wollte ja irgendwie alles. Aber ich kannte auch die Probleme damit. Und letztlich ging ich den einen – meinen Weg; den, den ich für richtig hielt. Alle Wege waren schmackhaft, aber nun war ich selbstbewusst genug, um mich von einigen zu trennen beziehungsweise zu distanzieren. Ich zerschlug und baute neu auf. Mein Weg führte mich ins Selbstbewusstsein. Das ist keine Selbstverständlichkeit. Wem es an Selbstbewusstsein mangelt, der versteht das. Aber sicher ist: Selbstbewusstsein lässt sich erreichen – für jeden.

Kapitel 8

Die Achterbahn geht weiter.

Du schläfst genug, wenn du tot bist.

Das Buch über meine Achterbahnfahrt war geschrieben, doch ich war mir nicht sicher, ob die Quintessenz daraus für jeden verständlich war. Das war aber im Grunde nicht wichtig, denn das Wichtige war, dass ich etwas aus der Arbeit an diesem Buch gelernt hatte. Es hätte nicht funktioniert, hätte ich nicht ernsthaft vorgehabt, es letztlich auch zu veröffentlichen, zu verlockend wäre es gewesen, es sich an der einen oder anderen Stelle einfach zu machen, zu schludern oder *Fünfe gerade sein zulassen*. Aber das Ergebnis dieser Arbeit ist unbestreitbar da.

Es gibt einmal den bewussten Erfolg, den man zählen kann, wie zum Beispiel die Aufstiege im Fußball, Aufstiege im Job etc., eben das, was sich leicht nach außen präsentieren lässt. Doch viel wichtiger sind die inneren Erfolge, die andere nicht unbedingt als Erfolg werten, wenn sie sie denn überhaupt erkennen. Innerer Erfolg ist das, was man selbst als Erfolg erkennt.

Dieses Buch ist mein persönlicher Erfolg, egal ob es sich gut oder überhaupt verkauft, egal ob es von den Lesern angenommen wird, egal ob sich die darin vorgestellte Inspiration von anderen genutzt werden kann. Es ist nicht nur mein Erfolg, sondern auch dessen Dokumentation, denn indem ich mich damit angreifbar mache, stehe ich dazu, und das ist das Wichtige: Ich kann zu meiner Vergangenheit, meinen Fehlern und Schwächen stehen, sie annehmen, sie dadurch überwinden und aus ihnen lernen. Wenn ich dabei dem einen oder anderen eine Inspiration sein kann, umso besser.

Und an dieser Stelle noch mal ganz ausdrücklich: *Opa, ich habe dich lieb, und ich merke, dass du bei mir bist!*

Nachtrag

Es geht weiter

Lebe dein Leben.

Meine Achterbahn geht nun weiter – vielleicht anders als andere. Bewusst habe ich versucht, meine finanzielle Situation weitestgehend rauszuhalten, da meine Achterbahn nicht wie gewöhnlich von unten losfuhr, sondern in der Mitte. So tauschte ich Zeit gegen Geld. Doch darum ging es nicht. Geld war nie mein Antrieb. Sicherlich lässt sich so etwas einfach sagen, wenn man immer eine Notfallfinanzspritze im Rücken hat, doch genau aus diesem Grunde dieser Nachtrag. Ich würde meinen jungen Ich heute mit auf den Weg geben: *Mach einfach und finde das, was dein Leben erfüllt! Probier dich aus! Geld darf nie dein Antrieb sein, denn wenn du deine Passion gefunden hast, wird der Erfolg automatisch kommen. Wenn du deiner Passion nachgehst, wirst du alle Rückschläge verkraften und bist bereit, Risiken einzugehen! Deine Passion darf oder kann sich im Laufe vieler Jahre verändern, aber wenn du alles dafür gegeben hast, kannst du mit dir zufrieden sein, neue Erfolge feiern und somit oben bleiben.*

Dieses Buch ist auch für mich eine Inspiration, eine Art der Kommunikation mit mir selber über den Umweg des Schreibens – praktisch ein Spiel über Bande, ein bisschen wie den Ball an die Wand zu kicken. Ich hatte keine Ahnung, was passieren würde oder wird, mit welchen Augen mich Freunde, Bekannte oder Kollegen sehen würden. Ich ging dieses ein Risiko ein, nahm eventuelle Rückschläge in Kauf und interessierte mich vorsätzlich nicht dafür, ob jemals jemand dieses Buch kaufen würde, denn dafür habe ich es nicht geschrieben, es ist vielmehr eine Investition in mich selbst.

Was die Zukunft bringt, steht in den Sternen, ich habe jedoch nun den Kopf frei für neue Ziele.

MIX
Papier | Fördert
gute Waldnutzung
FSC® C083411

Zeitfracht Medien GmbH
Ferdinand-Jühlke-Straße 7
99095 Erfurt, Deutschland
produktsicherheit@kolibri360.de